Texte détérioré — reliure défectueuse

NF Z 43-120-11

**Symbole applicable
pour tout, ou partie
des documents microfilmés**

LA PHILOSOPHIE DE HOBBES

PAR

GEORGES LYON

Maître de conférences à l'École normale supérieure

PARIS

ANCIENNE LIBRAIRIE GERMER BAILLIÈRE ET Cie

FÉLIX ALCAN, ÉDITEUR

108, BOULEVARD SAINT-GERMAIN, 108

—

1893

Tous droits réservés.

LA PHILOSOPHIE

DE

HOBBES

LÉVIATHAN (V. page 18).

LA PHILOSOPHIE DE HOBBES

PAR

GEORGES LYON

Maître de conférences à l'École normale supérieure

PARIS

ANCIENNE LIBRAIRIE GERMER BAILLIÈRE ET Cⁱᵉ

FÉLIX ALCAN, ÉDITEUR

108, BOULEVARD SAINT-GERMAIN. 108

—

1893

Tous droits réservés.

LA PHILOSOPHIE DE HOBBES

CHAPITRE PREMIER

LA VIE ET L'ŒUVRE

I. — Parmi les secrétaires dont s'aida Bacon de Vérulam, il en est un que le célèbre lord avait particulièrement en affection : celui-là même qui devait, aux yeux de la postérité, tenir en balance sa gloire d'initiateur. Si nous nous en rapportons au dire d'un biographe (1), non seulement le chancelier mit Thomas Hobbes à contribution comme traducteur latin de quelques-uns de ses ouvrages, tels que celui qui porte ce titre : *De la Vraie Grandeur des Royaumes et des Etats* ; mais de plus il rechercha, apprécia hautement le commerce de ce secrétaire ; il aimait à l'emmener dans ses promenades, à deviser avec lui des grands problèmes, à lui faire noter au vol les idées qui traversaient son esprit, sauf à ne plus entendre ni l'un ni l'autre les pensées ainsi surprises, lorsque ensuite ils les relisaient. En toute vraisemblance, cette quasi-intimité dut naître durant les dernières années de la vie du chancelier, années si laborieuses, consacrées sans partage à l'avancement comme à la revision de son œuvre philosophique.

Sans les affirmations d'Aubrey, personne ne se fût avisé que des relations personnelles eussent uni ces deux penseurs. Hobbes n'a guère cité son devancier, non pas même aux endroits où ce nom eût dû se présenter de lui-même sous sa plume. C'est ainsi que, dans une préface où il passe en revue les modernes bienfaiteurs des sciences :

---

(1) Aubrey, *Vie de Thomas Hobbes*.

Copernic, Galilée, Harvey, Kepler, Gassendi, Mersenne même, l'on chercherait en vain le nom de Vérulam. Nulle allusion n'est faite, fût-ce incidemment, à la grande *Instauratio* ni au programme grandiose qu'elle déroulait. Si Bacon a goûté son jeune confident, on ne peut pas dire qu'il ait été payé de retour.

Cette tiédeur, ce silence, ont, au premier abord, de quoi surprendre. Hobbes n'apparaît-il pas comme l'héritier de Bacon ? Ne travaillera-t-il pas, lui aussi, à la ruine de l'esprit métaphysique ? N'a-t-il pas enfin de grosses dettes envers l'auteur du *Novum Organum ?* M. Kuno Fischer a montré que, pour sa physique générale comme pour son Éthique, le second des deux grands empiristes était, à n'en pas douter, le disciple du premier; qu'il lui avait emprunté, d'une part, sinon dans leur lettre, du moins dans leur esprit, les axiomes de son universel mécanisme, d'autre part ce principe du bien le plus général d'où devait découler sa philosophie des devoirs. Rien n'est plus exact, et l'on pourrait relever bien d'autres indices de parenté. L'un et l'autre, notamment, sont animés de la même inspiration noblement utilitaire. Tous deux entendaient que la spéculation ne fût pas à elle-même son terme, mais que la science poursuivît une fin active. Cette fin, il est vrai, ils l'ont différemment conçue : pour l'un comme pour l'autre, elle consiste bien dans le bonheur des hommes, mais atteint, suivant le premier, grâce surtout à leur empire sur la nature, suivant le second, par leur universelle et absolue soumission aux lois rationnelles qui fondent et sauvegardent l'État (1).

Pour s'expliquer la médiocre admiration dont Hobbes fait preuve à l'égard de celui qui lui avait frayé les voies, il faut dégager des analogies superficielles les différences profondes qui séparent les deux précurseurs. Bacon a pu

(1) Ce n'est pas que Bacon ait négligé dans sa réforme générale l'art du gouvernement. Loin de là. La *Doctrina de arte imperii* occupe le livre VIII de son *De Augmentis*. Mais la notion de l'État omnipotent n'est pas pour lui l'objet auquel doive se subordonner toute spéculation.

expérimenter plus ou moins inhabilement ; il n'en a pas moins été, au cours de sa vie entière, l'apôtre de l'expérimentation, encourageant de ses exhortations redoublées les ouvriers présents et futurs de cette gigantesque entreprise, au succès de laquelle suffiraient à peine les ressources d'un pape ou d'un roi (1). Il n'a nul goût pour les sciences pures et condamne toute tentative d'installer le raisonnement syllogistique en maître, soit dans la philosophie, soit dans la science (2). Ce serait là, sous de nouveaux dehors, recommencer, estime-t-il, l'aventure scolastique. Hobbes, au contraire, ne fut jamais, même d'intention, un expérimentateur. Il a beau ne se montrer qu'un mathématicien médiocre et un géomètre chimérique, sa philosophie se déploie sur le modèle des sciences exactes. Elle est toute déductive et tire analytiquement de définitions posées les conséquences qui, de proche en proche, expliqueront le monde, l'homme et l'État. Sa manière ressemble trait pour trait aux procédés en honneur parmi ces métaphysiciens qu'il réprouve ; il ne diffère d'eux qu'en ce qu'il n'a jamais recours à des vérités à priori et que les données qu'il admet se ramènent à des faits contingents attestés par la conscience ou à des éléments « arbitraires » fixés une fois pour toutes dans des définitions. Bacon a la haine de la syllogistique ; cet art est par Hobbes complaisamment pratiqué. Au contraste des deux penseurs devait correspondre une égale dissemblance entre les deux écrivains. Bacon procède par développements disjoints, saute d'une idée à une autre, d'une observation ou d'une expérience à une toute différente, charmé par la beauté des vues qui sollicitent sa pensée, ne sachant point donner corps à ses réflexions, sans cesse entraîné hors de ses voies par les hasards de l'expression et l'imprévu des figures. On a dit assez justement de lui qu'il pense par métaphores. Hobbes

(1) *Opus... plane regium aut papale... Epistola ad Fulgentium* (*Lord Bacon's Letters and Life*. J. Spedding, t. VII).
(2) Il ne lui donne dans la physique, qui est à ses yeux la science par excellence, qu'un rôle de second plan et une fois l'œuvre de l'induction révolue. (V. notamment sa lettre au Père Baranzan, *ibid.*).

ne connaît ni les digressions ni les épisodes; il suit en toute docilité la pente de son raisonnement ; ses déductions composent une trame serrée que nul accident ne déchire; il arrive, sans y songer, à l'éloquence, par le seul prestige d'une logique pressante et d'une expression sincère. Sa philosophie entière apparaît comme le développement continu de ses prémisses initiales : sa conception de l'État découle de ses théories morales; celles-ci naissent de ses notions psychologiques, lesquelles, à leur tour, se dégagent de ses principes généraux sur la nature, la pensée et leurs lois. Le souffle de la grande spéculation anime ses ouvrages, étrangers pourtant à toute ontologie. Il demeure positivement, dût l'alliance de ces deux mots sembler un intolérable paradoxe, le métaphysicien de l'empirisme, comme François Bacon en avait été le poète.

II. — Avant d'exposer le système de Hobbes, il importe d'autant plus de résumer les événements qui remplirent sa longue existence que l'action n'en fut assurément pas indifférente sur le cours de sa pensée. Quelques-uns même, par une exagération empreinte de malveillance, ont grossi cette influence jusqu'à vouloir que les paradoxes du moraliste aient été les contre-coups des frayeurs ressenties par le citoyen en un temps et en un pays que bouleversaient les révolutions. Sans tomber dans cette injustice, on ne saurait contester que d'aussi terribles secousses l'aient induit à attendre de la haute spéculation les durables palliatifs de tant de maux. La bibliographie de l'écrivain est inséparable de la biographie de l'homme; ce n'est que par celle-ci que se peut démêler l'imbroglio de celle-là. L'ordre rationnel de ses écrits, tel qu'il l'a lui-même à diverses reprises tracé, est strictement inverse de leur ordre chronologique. Son premier grand traité, le *De Cive*, est celui qui, en bonne logique, eût dû le dernier être mis sous presse. Mais il lui parut que les tragédies politiques qui se préparaient dans sa patrie commandaient cette dérogation à son plan. Il fallait aller au plus pressé, c'est-à-dire à la théorie de l'État, sauf à se priver momentanément du support que cette théorie réclamait (1). L'œuvre de Hobbes ne serait qu'imparfaitement intelligible à qui ne se rappellerait point sa vie.

Cette vie, lui-même, par deux fois, s'en est fait le narrateur : d'abord, en prose latine (2) ; plus tard, en distiques latins, à l'âge de quatre-vingt-quatre ans (3). Nous avons, de plus, sa biographie écrite en 1681, deux ans après sa mort, par Richard Blackbourne, sans oublier celle d'Aubrey, publiée en 1813. Ajoutons qu'un récent historien et interprète de Hobbes, le professeur Croom Robertson (4), a eu accès aux manuscrits que possède la famille Devonshire et qu'il a puisé dans ces inédits conservés à Hardwick Hall de précieux renseignements.

Nous distinguerons dans la vie de Hobbes trois périodes très inégales, que les événements politiques ont eux-mêmes marquées et qui coïncident, ou peu s'en faut, avec les trois principales divisions que l'on peut tracer dans la carrière de l'écrivain. La première se prolonge jusqu'au jour où, sous la menace de plus en plus pressante de la Révolution, il cherche un refuge en cette France qu'il avait déjà parcourue et où il s'était acquis quelque renommée scientifique : ère de recueillement, durant laquelle il arrête les grandes lignes de son système et en anticipe, par ses publications, le couronnement. Nous étendrons la seconde jusqu'à la Restauration ; c'est la mieux remplie : Hobbes ferme le cycle de sa spéculation, assure à ses théories la base philosophique qui leur manquait, synthétise ses vues sur le monde, l'homme, l'État et la religion, dans son chef-d'œuvre le plus réputé. La troisième est occupée par ses luttes contre les mathématiciens et par ses vicissitudes de faveur et de disgrâce, selon que l'esprit de tolérance ou de fanatisme soufflait à la cour du nouveau roi.

III. — Thomas Hobbes naquit à Malmesbury (nord du comté

(1) V. la préface du *De Cive*.
(2) T. H, *Malmesburiensis Vita*.
(3) T. H, M., *Vita carmine expressa*.
(4) V. son *Hobbes* (Londres, 1886).

de Wilts), le 5 avril 1588. Sa mère l'avait eu avant terme, sous l'épouvante causée par la nouvelle que l'invincible Armada venait d'appareiller (1). Son père était vicaire de Charlton et Westport : c'était, au dire d'Aubrey, un homme médiocre et colérique, qui dut, en conséquence d'un acte d'emportement commis à l'entrée même de son église, s'enfuir à Londres, où il mourut. Ce qui nous est revenu de la vie de l'écolier, à Westport Church, puis à Malmesbury et de nouveau à Westport, est à l'éloge de sa précocité. A six ans, il apprenait le latin et le grec ; il n'avait pas quatorze ans qu'il était en état de traduire en iambes latins la *Médée* d'Euripide. En 1605, il entrait à Magdalen Hall (Oxford) et il y était témoin de mœurs bien grossières, à en juger par l'aversion qu'il nourrit, sa vie durant, contre le régime des universités. Tout de cette organisation pédagogique l'avait, ce semble, choqué : l'esprit politique, ardemment séditieux ; l'esprit religieux, incliné au fanatisme par les progrès de la secte puritaine ; la logomachie péripatéticienne, en grand honneur dans l'enseignement, et l'abus d'éristique, tenu pour l'exercice scolaire par excellence. N'exagérons rien cependant. C'est à la légère qu'Aubrey nous dit, d'un ton un peu dédaigneux : « Il ne se souciait guère de la logique ; il s'en instruisit cependant et se regardait comme un bon argumentateur. » On ne peut nier, en effet, que cet apprentissage de logicien n'ait porté ses fruits et que sa pensée n'en ait reçu un tour dont elle ne se défit jamais. Il rejettera les entités de l'École, mais n'en méprisera pas au même point l'arsenal d'argumentation (2).

A sa sortie d'Oxford, en 1608, il entre en relations avec une noble famille, dont il devint comme un membre adoptif, à laquelle il fut uni jusqu'à son dernier jour par un affectueux commerce et qui est la dépositaire de ses lettres

---

(1)   Stabat et Hispanis in portubus inclyta classis
        Hostilis nostro mox peritura mari.
                 (*Vita carmine expressa*).

(2) V. dans le *De Corpore* la place qu'il fait au syllogisme.

inédites : le chef en était William Cavendish, baron de Hardwick, qui, dix ans plus tard, devait être fait comte de Devonshire. Le jeune universitaire fut choisi pour être le tuteur du fils aîné, à peu près de son âge. Sa mission consistait principalement à voyager avec son élève, à lui faire visiter le continent. Il parcourut ainsi, en 1610, la France, l'Allemagne et l'Italie. Année sinistre dans l'histoire. Ce n'est pas seulement la France, mais l'Europe entière, que remplit d'horreur l'assassinat de Henri IV. Le souvenir de ce crime se grava fortement dans l'âme du jeune touriste, et, bien des années plus tard, l'impression indignée en retentit toute vive encore dans ses écrits. Le nom de Ravaillac ne sera jamais prononcé par lui qu'avec exécration et comme symbolisant les maux qu'entraînent pour le genre humain les doctrines attentatoires aux droits de la souveraineté.

De ce premier voyage Thomas Hobbes était revenu avec la résolution de se remettre à l'étude des auteurs anciens. Il s'exerça dans la langue latine et y acquit un style d'une aisance et d'une précision supérieures. Avant de s'engager dans les travaux de la philosophie la plus sévère, il se laissa captiver aux belles-lettres. Nous savons qu'il s'éprit des poètes, se plut aux historiens, qu'entre ces derniers Thucydide eut ses préférences, qu'il se mit même à le traduire. Cette version, d'ailleurs assez inexacte, parut en 1628. Sur le tard, dans la *Vita carmine expressa*, il justifiera sa prédilection par ce prétexte qu'il avait rencontré dans l'écrivain grec un détracteur du régime démocratique :

> Sed mihi præ reliquis Thucydides placuit.
> Is democratia ostendit mihi quam sit inepta
> Et quantum cœtu plus sapit unus homo.

La mémoire de l'autobiographe n'est-elle pas ici la dupe d'un mirage ? Quelle faiblesse de recourir, pour excuser les enthousiasmes de sa jeunesse, aux arides convictions de son âge mûr !

En 1628 également, Hobbes eut la douleur de perdre son compagnon de vingt années, son élève et son ami. Un peu plus tard, il allait être rappelé dans la maison des Cavendish pour diriger l'éducation du fils que le comte avait laissé. Dans l'intervalle, il accompagna, toujours en qualité de *travelling tutor*, le fils de sir Gervase Clifton et fit son second voyage sur le continent. De cette nouvelle excursion nous ne savons pour ainsi dire rien, sinon qu'il passa à Paris dix-huit mois, coupés sans doute par une échappée à Venise. En 1631, il rentre en Angleterre, où le jeune comte Cavendish lui est confié. Il serait intéressant de connaître comment cet avisé psychologue, nous ne dirons pas concevait (cela, on peut soit l'apprendre, soit l'induire de ses ouvrages), mais bien pratiquait la tâche éducatrice. Ses manuscrits, renfermés à Hardwick Hall, réserveraient sans doute à cet égard plus d'un enseignement. M. Croom Robertson, qui a été admis à les consulter, ne nous donne sur ce point que d'assez vagues informations. Ce n'est guère nous instruire que de nous assurer, ce dont nous nous doutions assez, que le maître travaillait à entretenir dans l'esprit de l'élève toutes les opinions « de nature à faire de lui un bon chrétien, un bon sujet et un bon fils », d'ajouter qu'il lui apprenait la rhétorique, la logique, l'astronomie, les principes du droit, que, parmi les papiers conservés à Hardwick, se trouve un livre de dictées tout chargé d'entêtes et d'exemples, de la main du philosophe. Ces maigres détails attestent, ce qui ne saurait faire question, le zèle du précepteur; ils ne nous instruisent point sur l'art du pédagogue.

Trois ans plus tard, tuteur et « pupille » visitèrent la France et l'Italie, s'arrêtant dans les grandes villes. A Paris furent leurs plus longues pauses; ils y firent un dernier séjour de huit mois, jusqu'au printemps de 1637. C'est alors, nous apprend la *Vita carmine expressa*, qu'il connut la douceur de la célébrité naissante.

Tempore ab illo
Inter philosophos et numerabar ego.

Il venait d'être mis en rapport avec ce libéral père Mersenne qui devait lui donner accès dans la société savante de Paris, le faire entrer en lice contre Descartes, l'inciter à rendre publics ses travaux de psychologue et de physicien. Nul doute qu'il n'ait dû à l'amitié du Père cette aube de réputation, comme lui-même en témoigne dans sa Vie en vers, où il fait un éloge reconnaissant de « ce sage, d'une éminente bonté, dont la cellule valait mieux que toutes les écoles du monde ».

> Adfuit e Minimis Mersennus, fidus amicus,
> Vir doctus, sapiens, eximieque bonus,
> Cujus cella scholis erat omnibus anteponenda.
> . . . .
> Illi portabat, si dignum forte porisma
> Reperat quisquam, principiumque novum.

Un peu auparavant (entre 1629 et 1631), le hasard de ses lectures avait fait tomber entre ses mains les *Éléments* d'Euclide. Ce lui fut une illumination, — bien tardive, il est vrai, à quarante ans passés ! La simplicité des voies, la force de l'enchaînement, la plénitude de l'évidence, le plongèrent dans le ravissement. La géométrie, science qu'en sa vie universitaire il n'avait pas même entrevue (à Oxford, elle ne fut introduite dans l'enseignement qu'en 1619, quand Henri Savile eut fondé ses chaires de géométrie et d'astronomie), deviendra son étude favorite et ne le disputera que trop, pour sa gloire, à la philosophie morale. L'attrait qu'elle exerçait sur lui contribua grandement à cette lucidité et à cette rigueur que l'on admire dans ce qu'il a écrit.

Au cours de son troisième voyage, il eut de nouvelles et plus décisives intuitions. C'est bien à cette période que l'autobiographie semble rapporter ces incessantes méditations où il se plongeait et qui finirent par lui démasquer le principe par lequel s'expliquent, estimait-il, et la variété de la nature et le jeu divers de notre sensibilité comme de notre imagination. Sans trêve il y réfléchissait, « en bateau, en voiture, à cheval ». Et il lui parut que l'univers entier se ramenait à une existence unique « seule vraiment réelle et qui sert de support à ces choses dont nous disons à tort qu'elles sont des réalités ». Cette existence, hors laquelle il n'y a pas à proprement parler d'être, consiste dans le mouvement. En possession de sa trouvaille, il en fit part au père Mersenne, toujours à l'affût des nouveautés, et rencontra en lui un approbateur chaleureux.

Sans doute alors ni le Père ni peut-être l'auteur de la découverte n'en apercevaient toute la portée. Nous croirions volontiers qu'au début Hobbes reconnut dans le mouvement le phénomène générateur des choses naturelles, en leur infinie multiplicité de formes et d'actions, ainsi que le fait physiologique initial sans lequel il ne saurait pas plus y avoir de conscience que de vie, de pensée que de sensation. Mais peu à peu l'aire de cette notion allait s'élargir. D'ailleurs, la passion dont il venait de s'éprendre pour la continuité géométrique ne lui permettait point de laisser son principe dans une sorte d'effacement à l'égard de la philosophie. L'idée fondamentale sur laquelle il s'était avisé que la physique reposait, dut bien vite lui paraître assez robuste pour soutenir l'ensemble de la psychologie, de la morale et de la politique. Or, une fois cette généralisation opérée dans son esprit, sa grande trilogie : *de Corpore, de Homine, de Cive*, était, on peut le dire, virtuellement faite. En ce triptyque se distribue la philosophie tout entière : une physique mécaniste prépare une psychologie sans liberté, laquelle ménage une éthique utilitaire, close elle-même par une doctrine du pouvoir absolu.

Des trois grandes sections du système, celle qui, selon l'ordre rationnel, eût dû paraître en dernier lieu, fut composée la première : le *De Cive*, sorti de presse en 1642. Mais, avant cette publication, l'auteur avait mis ses forces à l'essai et, bien qu'en de plus étroites limites, rassemblé ses vues maîtresses de psychologue et de politique. Lui-même nous en informe, lorsqu'il nous apprend que, dès 1640, ému des prodromes qui annonçaient trop quels périls allaient courir la prérogative royale et la paix publique, il s'était mis à écrire un petit traité anglais tendant à démontrer que « puissance et droits étaient liés à la Souveraineté par une connexion inséparable... Bien que le livre fût inédit, diverses personnes en eurent des copies ; on parla de l'auteur ; et, sans la dissolution du parlement, sa vie était en danger (1) ». Ce petit ouvrage, aisément reconstitué par M. Croom Robertson, comprenait deux parties, publiées elles-mêmes séparément, comme deux touts distincts, une dizaine d'années plus tard : la *Nature humaine* et le *De Corpore politico*. Il était intitulé : *Éléments de la loi naturelle et politique* (2). Les deux divisions qu'il renferme nous offrent une réduction de sa psychologie et de sa morale civile; elles correspondent de très près au *De Homine* et au *De Cive* de sa prochaine trilogie.

L'horizon politique se faisait, en effet, de jour en jour plus sombre. Le 5 mai 1640 avait lieu la dissolution du nouveau Parlement, à peine convoqué. Entre la Royauté et les Communes s'engageait un duel inexorable. Dans quelle mesure les troubles en perspective constituaient-ils pour Hobbes une menace ? Ses historiens, il est vrai, grands admirateurs de leur révolution nationale, se sont demandé si le philosophe n'avait pas trop facilement pris alarme, s'il n'y avait pas eu quelque effarement de sa part à se persuader que ses manuscrits, en circulation sous le manteau pouvaient détourner sur sa tête la colère des vainqueurs. Tant il y a qu'il aima mieux n'en pas courir l'aventure. La résolution prise par le Long Parlement de mettre en jugement Strafford lui sembla un avertissement assez clair. En toute hâte, il alla chercher un refuge à Paris, où volontiers sans doute il se fût, suivant un mot illustre, félicité d'avoir épargné à ses concitoyens un crime contre la philosophie.

---

(1) *Considerations upon the Reputation, etc.*, of Th. H. (1662).
(2) M. Ferdinand Tonnies en a tout récemment donné une édition d'après un manuscrit qui semble être un de ces exemplaires inédits auxquels Hobbes faisait allusion dans le passage que nous venons de citer. Au chapitre xiv de la partie I, commence le *De Corpore politico*. Les treize chapitres précédents sont identiques à la *Nature humaine*. (V. *The Elements of Law natural and politic*, edited by Ferdinand Tonnies, Lond. 1889.)

IV. — Contraste remarquable et que l'on perd souvent de vue, tant les rôles sont, depuis un siècle, intervertis entre les deux nations : pendant que l'Angleterre était ainsi agitée par les plus violentes secousses et donnait l'exemple de l'instabilité politique, la France pouvait passer (en dépit de la Fronde approchante) pour un modèle de quiétude. Les seules nouveautés pour lesquelles se passionnassent les esprits étaient d'ordre philosophique. Une révolution, mais toute spéculative celle-là, était en voie de s'accomplir. Descartes avait donné au monde son *Discours de la Méthode*, qu'allaient suivre ses *Méditations* latines *sur la philosophie première*. Ce dernier ouvrage n'était pas encore publié ; mais, de sa retraite de Hollande, Descartes avait commis au Père Mersenne le soin d'en donner communication aux meilleurs esprits et de solliciter d'eux les remarques et difficultés que cette lecture leur suggérerait. Aussi, dès que le Père sut le philosophe anglais à Paris, s'adressa-t-il à lui des premiers, comme à l'un des hommes les plus compétents sur ces grands sujets et à l'un des plus dignes de relever cette sorte d'universel défi. C'est ainsi qu'à peine en France, Hobbes se vit convié à laisser pendant un temps ses travaux en souffrance pour engager une partie d'escrime contre le premier métaphysicien du siècle. Le Père Mersenne fut bien inspiré de provoquer cette joûte. Nous lui devons le seul ouvrage où le dialecticien anglais aborde, pour elles-mêmes, sans les subordonner à nulles considérations de l'ordre ou éthique ou sociologique, les questions relevant de la philosophie première. Là surtout réside l'intérêt de la controverse entre deux hommes que tout séparait. Elle aide à combler dans l'œuvre du spéculatif de Malmesbury une lacune. Au reste, la discussion tourna vite à l'aigre, et les dissidences entre les deux penseurs ne firent que s'aggraver, par l'échange même de leurs opinions. Comme tous les grands spéculatifs, Descartes n'avait nul penchant pour la dispute ; dès la moindre opposition, il perdait patience et prenait en mauvaise part des instances que lui-même avait pourtant appelées. En peu de temps, Hobbes eut rédigé ses objections, que Mersenne transmit à Descartes (janvier 1641), en les lui donnant comme émanées d'un distingué penseur, partisan des idées nouvelles. L'auteur des *Méditations*, qui se voyait aux prises avec un contradicteur placé aux antipodes de sa propre pensée, n'avait nul goût à prolonger le débat, et Hobbes put s'en convaincre par le ton cassant des répliques. Sans se décourager, le Père Mersenne renouvela son essai de mettre en présence ces deux éminents esprits. Il fit parvenir à Descartes diverses difficultés que Hobbes avait élevées contre certains points de la *Dioptrique*. Mais vainement le Père eut-il la précaution de les donner comme produites par un ami d'Angleterre qu'il ne nommait pas. Cette seconde tentative réussit moins encore que la première, et Descartes, qui peut-être avait percé l'anonymat, refusa d'avoir plus longtemps affaire à « cet Anglais ». Ce n'est pas que le philosophe français ait toujours tenu en aussi pauvre estime son adversaire d'un jour. Quand il aura lu le *De Cive*, il proclamera le haut mérite de l'auteur comme moraliste, sauf, il est vrai, par la même occasion, à lui dénier toute valeur en physique et en métaphysique (1).

Après cette courte diversion sur le terrain de la philosophie générale, Hobbes revient à ses travaux interrompus, et il met activement la main à son premier grand ouvrage, le *De Cive*, auquel les événements prêtaient une si dramatique actualité. Ce livre, précédé d'une dédicace à son ancien élève le comte de Devonshire, parut en 1642. L'auteur y développait ses vues sur la nature du bien et du mal, sur l'origine de l'obligation morale, sur le droit, sur l'organisation sociale, sur la responsabilité civile et politique du souverain. La réduction des institutions reli-

---

(1) V. Baillet, *Vie de Desc.*, II. Le Père Mersenne ne se laisse pas ébranler dans son admiration ; même dans les choses physiques et mathématiques, il attachait un grand prix aux vues de son ami. Il insérait de ce dernier dans son propre *Opticæ Complementum* un traité d'optique, qualifiant, dans sa préface, l'auteur de *Vir nobilissimus subtilissimusque Philosophus*.

gieuses elles-mêmes à des établissements d'État et la subordination de toute autorité ecclésiastique au pouvoir séculier : telle était la solution inflexible à laquelle aboutissait sa géométrie morale. Cette conclusion, qu'il devait reprendre plus tard dans son *Léviathan* avec une plus libre éloquence, lui paraissait rendue de plus en plus urgente par les circonstances critiques que l'Angleterre et la dynastie des Stuarts traversaient. Sans nul doute il estimait, en sommant les Églises de se ranger à la doctrine de l'obéissance civile, remplir son devoir non seulement de philosophe, mais aussi de patriote. Nous lisons, dans une lettre écrite, en août 1641, au comte de Devonshire : « L'expérience nous enseigne que la rivalité entre le pouvoir spirituel et le pouvoir civil a, dans ces derniers temps, plus que quoi que ce soit au monde, été la cause des guerres civiles sur tous les points de la chrétienté. » Pour parer à ce fléau, Hobbes s'imagine en possession d'une recette sans pareille : retirer aux puissances ecclésiastiques toute autonomie et faire de la religion une fonction du gouvernement. Aussi bien les conséquences redoutables des erreurs que le *De Cive* redressait, se déroulaient-elles sans merci. En 1645, à Naseby, l'armée royale était écrasée. Le duc de Newcastle, à son tour, se réfugiait à Paris. Les destins du malheureux Charles Ier ne se dévoilaient que trop. De plus en plus donc, Hobbes devait se considérer comme s'acquittant d'une mission impérieuse, quand il préconisait la seule méthode à ses yeux efficace qui permît de fonder une paix civile indéfinie. Il publiait à Amsterdam, en 1647, une seconde édition de son *De Cive*, augmentée d'importantes notes et que précédait une assez longue préface au lecteur, dans laquelle il esquissait son plan général de philosophie et expliquait les raisons qui l'avaient décidé à commencer son entreprise par ce qui, en d'autres temps, en eût été le terme naturel. Il venait de terminer son traité *de la Nécessité et de la Liberté* (1) et il apprêtait son *Léviathan*.

(1) Paru seulement en 1654.

Hobbes songeait à se retirer dans le midi de la France avec un ami français (1), quand il fut désigné comme professeur de mathématiques du jeune prince de Galles, réfugié en France dans l'été de 1646. Ces fonctions, il n'eut pas à les exercer longtemps, puisque au printemps de 1648 le prince passait en Hollande. Lui-même d'ailleurs avait, en 1647, été atteint par une grave maladie. D'après une anecdote de ses biographes, on le crut un instant perdu, et le Père Mersenne alla le consoler et entreprendre de le convertir. « Mon Père, lui aurait alors répondu le philosophe, j'ai débattu, il y a longtemps déjà, tous ces sujets avec moi-même et n'ai nulle envie de reprendre aujourd'hui la discussion. Nous avons mieux à nous dire. Quand avez-vous vu Gassendi ? » Le Père eut le bon goût de ne pas insister, la conversation prit un autre tour. Hobbes se rétablit, et, un an plus tard, c'était Mersenne qui succombait.

En Angleterre, la lutte engagée entre la Royauté et le Parlement touchait à son terme. Tandis que Hobbes mûrissait son *Léviathan*, consacré à l'apologie des droits de la Souveraineté, la Révolution victorieuse frappait de mort le roi légitime :

> Militat ille liber nunc regibus omnibus, et qui
>   Nomine sub quovis regia jura tenent.
>   Interea regem vendit Scotus et necat Anglus.

Nomine sub quovis, ces mots, négligemment jetés dans son autobiographie d'octogénaire, ne viseraient-ils pas un grief dont ses nombreux ennemis ne manquèrent pas de s'armer contre lui, après la restauration de la dynastie légitime ? On lui reprochera alors d'avoir, par le *Léviathan*, appelé de ses vœux l'usurpation, encouragé les desseins du régicide. Et, de fait, ce n'est pas sans surprise que, dans une lettre à Gassendi, écrite à la fin de 1649, on relève ce

---

(1) M. Croom Robertson ne doute pas qu'il ne s'agisse de son admirateur et traducteur, du Verdus : le *Verdusius* de la *Vita carm. expr.*

passage : « Eu égard à mon âge, je me porte assez bien et je me ménage, me réservant pour mon retour en Angleterre, si faire se peut. » L'expression d'une telle espérance en un tel moment, de la part du défenseur en titre de la prérogative royale, est assez inattendue. Mais est-ce une raison d'accepter sans contrôle l'authenticité du propos que met dans la bouche de Hobbes un homme qui se déclare plein de respect pour la pureté de sa vie, d'admiration pour ses talents, mais aussi d'horreur et d'indignation pour ses principes, lord Clarendon ? Le comte écrivit un libelle : *Revue et Examen rapides des dangereuses et pernicieuses erreurs contre l'Église et l'État, contenues dans le livre de M. Hobbes, intitulé le* « LÉVIATHAN » (1), où il rapportait (2) qu'à l'époque où ce livre fameux était en cours d'impression, comme il s'informait auprès du philosophe quels motifs le poussaient à publier de pareilles doctrines, celui-ci, après un discours semi-plaisant, semi-sérieux, avait répondu : « La vérité est que je songe à rentrer dans mon pays. » Lord Clarendon n'a-t-il pas complaisamment relié des propos disjoints et cédé à la tentation trop fréquente chez les orthodoxes d'expliquer toute hérésie par des considérations d'ordre mercenaire chez ses fauteurs ? Peut-être simplement l'intention de Hobbes était-elle de ne point inféoder aux intérêts d'une famille souveraine la puissance même de l'Etat et de ne pas asseoir une théorie universelle sur une base trop étroite. Quel que fût le souverain, fût-ce celui de fait, à défaut de celui de droit, l'obéissance de tous lui était due. Que ce chef s'appelât un monarque, une oligarchie, une assemblée démocratique, assurément la différence n'était pas négligeable, et il n'y avait pas entre ces diverses formes équivalence ; mais, dans les trois cas, le devoir du sujet était le même, et la soumission de tous aux pouvoirs établis également requise,

Nomine sub quovis regia jura tenent.

Or ce n'était nullement là une nouveauté dans le *Lévia-*

---

(1) Nous suivons la 2e édition, de 1676. — (2) Introd.

than, moins encore un appât pour amorcer la faveur d'Olivier Cromwell (que disons-nous ? Quelques-uns n'ont-ils pas voulu que le vertueux protecteur n'ait fait taire ses répugnances pour la dictature et ne se soit résigné à usurper le pouvoir qu'afin de donner satisfaction aux théories du *Léviathan !*). Non. Tout cela, on pouvait le lire déjà écrit en toutes lettres dans le *De Cive*, c'est-à-dire à une époque où Charles Ier était roi.

En 1650, Hobbes s'occupe d'éditer ces deux écrits, dès longtemps, nous l'avons vu, prêts pour l'impression : la *Nature humaine ou les Eléments fondamentaux de la politique* et le *De Corpore politico* ou les *Eléments de la loi morale et politique*. L'année suivante, en même temps que la traduction du *De Cive* (1), paraissait enfin son *Léviathan*, chef-d'œuvre de logique, d'ingéniosité et d'éloquence qui devait déchaîner tant de colères. Le mystérieux de son titre — à tournure d'énigme — était pour frapper les imaginations. Cette énigme, dès les premières lignes de son introduction, Hobbes prenait soin de la déchiffrer. Par Léviathan, il désignait l'homme artificiel que le génie humain avait appris à construire. Déjà notre industrie accomplit des prodiges, quand elle fabrique ces automates qui vivent d'une vie toute mécanique et auxquels des ressorts tiennent lieu de cœur et de nerfs. « L'art va plus loin encore quand il imite ce rationnel et très excellent ouvrage de la nature : l'Homme. Car c'est l'art qui crée ce grand Léviathan, que l'on appelle *République* ou État, qui n'est autre chose qu'un homme artificiel. La *souveraineté* lui est une *âme* artificielle, en tant qu'elle donne vie et mouvement au corps entier : les *magistrats* et les autres *officiers* de judicature et d'exécution sont les *articulations* artificielles ; la *récompense* et le *châtiment* sont les nerfs qui remplissent la même fonction dont ils s'acquittent dans le corps naturel ; le *bien-être* et les *richesses* de tous les membres particu-

---

(1) Avec ce sous-titre : *Rudiments philosophiques concernant le gouvernement et la société*.

liers en sont la *force* ; le *salut du peuple*, l'*occupation* ; les *conseillers* sont la *mémoire* ; l'*équité* et les *lois*, une *raison* et une *volonté* artificielles ; la *concorde*, la *santé* ; la *sédition*, la *maladie* ; et la *guerre civile*, la *mort*. Enfin les *pactes* et *contrats* par lesquels les parties de ce corps politique furent pour la première fois formées, assemblées, unies, ressemblent au *Fiat* ou au *Faisons l'homme*, prononcé par Dieu à la création. »

Le livre était précédé d'une composition symbolique que l'on peut voir dessinée à l'encre en tête du beau manuscrit actuellement au British Museum (1), qui porte la date de 1651 et que M. Macartney, son précédent acquéreur, supposait (2) être celui-là même que Hobbes fit présenter au roi Charles II et qui reçut un si fâcheux accueil. Le haut de la gravure représente un géant couronné, l'épée dans une main, la crosse dans l'autre ; son buste, formé d'une multitude de petits hommes, se lève à l'horizon, par delà les plaines et les collines où l'on voit espacés hameaux, villes, églises, châteaux forts. Le bas de la gravure comprend deux séries d'emblèmes se faisant vis-à-vis : ici, une forteresse escarpée, en face, une cathédrale ; une couronne, une mitre ; une pièce d'artillerie, les foudres de l'anathème ; des trophées d'armes et de drapeaux, des tridents syllogistiques ; ici, une bataille, là, un concile. Toute cette symbolique dit assez le plan de ce livre hardi. *Léviathan*, l'homme fabriqué par un art qui s'inspira des créations de la grande nature, est une puissance colossale en laquelle se concentrent toutes les énergies humaines ; qui possède et brandit les armes religieuses non moins que les séculières ; qui dispose des corps par la force militaire, des âmes et des croyances par l'autorité sacerdotale. Et en effet l'ouvrage comprenait quatre grandes divisions : l'*Homme ;* — l'*État*, cet être artificiel sujet au déclin et à la mort ; — l'*État chrétien* ; — le *Royaume des Ténèbres*, par antithèse avec l'État chrétien.

(1) Egerton, mss. 1910.
(2) Voir une lettre de 1861, jointe au mss.

Un pareil dessein serait de nature, même de nos jours, à scandaliser bien des âmes. On juge des clameurs que dut soulever l'ouvrage en ces temps de passions aveugles. Comment les pouvoirs ecclésiastiques de toutes les confessions ne se seraient-ils pas émus devant cette catégorique négation de leurs privilèges ? En Angleterre, notamment, l'une des causes qui avaient le plus contribué à attiser le fanatisme n'avait-elle pas été l'immixtion royale dans les questions de liturgie ? Quant aux royalistes proprement dits, il semble que de telles théories auraient dû leur sourire, puisqu'elles tendaient à diviniser la puissance qui leur était chère. Loin de là, ce ne furent pas les moins prompts à prendre ombrage. Ils se persuadèrent, insinuation entretenue vingt ans plus tard par Clarendon, que l'auteur n'avait eu en vue que de faire sa cour à Cromwell. Certains endroits du livre devaient leur être signalés comme favorisant de tout point cette hypothèse perfide, celui-ci, par exemple, sur la question de savoir en quels cas les sujets sont déliés de leur devoir d'obéissance : « L'obligation des sujets envers le souverain dure aussi longtemps et non plus que la puissance par laquelle il est capable de les protéger. Car le droit naturel qu'ont les hommes à se protéger eux-mêmes, quand personne d'autre ne peut le faire, ne saurait être abandonné par aucun contrat. » Et revenant, dans sa *Revue et Conclusion*, sur ce délicat problème de casuistique, il soulignait sans hésiter les exigences de sa théorie : « Je vois, par divers livres *anglais* récents, que les guerres civiles n'ont pas encore suffisamment appris aux hommes quel est le moment précis où un sujet devient lié envers le conquérant, ni ce que c'est que conquête, ni comment il se fait qu'elle oblige les hommes d'obéir à ses lois. En conséquence, pour leur donner sur cela plus entière satisfaction, je dis que l'instant où un homme devient le sujet d'un conquérant est celui où, se trouvant libre de lui faire sa soumission, il consent, par expresses paroles ou par d'autres signes suffisants, à être son sujet. Veut-on savoir quand un homme est libre de se soumettre : c'est, pour quiconque n'a envers son ex-souverain d'autre obligation que celle d'un sujet ordinaire, lorsque ses moyens d'existence se trouvent au pouvoir des gardes et garnisons de l'ennemi. » Le soldat est lié par de plus strictes obligations ; il n'a donc pas même liberté, aussi longtemps du moins que le pouvoir ancien tient la campagne et lui assure des vivres, soit dans ses armées, soit dans ses garnisons. « Mais, quand cela même vient à manquer, le soldat peut à son tour chercher protection partout où il a le plus d'espoir de l'obtenir, et il peut légitimement faire sa soumission à son nouveau maître. » On se représente aisément quel parti les ennemis de Hobbes pouvaient tirer de semblables déclarations en de telles circonstances. Pourtant elles étaient si peu commandées par le désir de pactiser avec les triomphateurs du jour qu'elles découlaient logiquement des principes mêmes de son *De Cive*. Que lisons-nous en effet dans ce traité ? Que le contrat du souverain avec son peuple est, en un seul point, bilatéral, c'est-à-dire que, de la part du sujet, il n'y a qu'un seul cas de résiliation : du jour où le souverain cesse d'assurer sa défense, il se trouve, *ipso facto*, relevé du devoir d'obéissance. Et rien n'est plus équitable, puisque l'établissement de ce colosse artificiel, si coûteux à ceux qui l'érigèrent, n'a qu'une raison d'exister : la protection de tous par un seul.

Les contemporains se montrèrent médiocrement sensibles à ces excuses tirées des nécessités du système. Le scandale fut retentissant, même et surtout parmi les exilés royalistes. Selon Clarendon, qui affirme avoir fait parvenir à l'auteur sa dure appréciation, c'était là un livre « pour lequel, en vertu de la constitution de tous les gouvernements actuellement établis en Europe, soit monarchiques, soit démocratiques, l'auteur devait être frappé d'une manière éclatante et des pénalités les plus sévères (1). » Hobbes avait eu l'idée malheureuse d'en faire présenter au jeune roi un magnifique exemplaire (2). Sa

(1) *A Brief View and Survey, etc.* Introd.
(2) Celui-là sans doute, que possédait M. Macartney et qui appartient aujourd'hui au British Museum.

démarche fut en pure perte, et non seulement il se vit refuser audience auprès de celui dont il avait été le précepteur, mais le marquis d'Ormond l'avisa qu'il était sous le coup d'une accusation de déloyauté et d'athéïsme. C'est Clarendon qui nous en informe, non sans quelque satisfaction. « Je trouvai, dit-il, ma façon de voir à ce point confirmée que, peu de jours avant ma venue, on l'engagea secrètement à s'enfuir de Paris, la justice ayant décidé son arrestation. Aussitôt après, il s'échappait en Angleterre, où il n'a jamais été troublé (1). »

De retour, Hobbes ne fut, en effet, pendant longtemps inquiété. Mais, s'il n'encourut d'abord ni les rigueurs du pouvoir séculier ni les représailles ecclésiastiques, en revanche une autre et interminable campagne était ouverte contre lui par une nuée d'adversaires. Théologiens, universitaires, mathématiciens allaient se coaliser. Jamais polémique de plus longue haleine ne fut soutenue contre un philosophe. Mais Hobbes a beau avancer en âge, il gardera jusqu'au bout le feu de la jeunesse. Seul contre des ennemis qui semblent se multiplier, il fait face à tout le monde ; toujours prêt à reprendre la lutte, il lasse ses plus ardents antagonistes.

V. — Passons sur quelques escarmouches d'intérêt secondaire que, dès 1652, lui livraient Robert Filmer et Alexandre Ross. En 1654, un plus hautain défi lui est lancé par Seth Ward, dans les *Vindiciæ Academiarum*. Par surcroît, il engageait une âpre dispute contre l'évêque Bramhall, avec lequel, neuf ans auparavant déjà, il avait eu, devant le marquis de Newcastle, un débat, sans issue d'ailleurs, sur le libre arbitre, sujet remis à la mode par les progrès de l'arminianisme. Bramhall était arminien, Hobbes nécessitarien à outrance, au point d'incliner plutôt vers les puritains et les calvinistes. A la discussion orale succéda une controverse écrite. Bramhall consigna ses vues dans un libelle, qu'il envoya au marquis, espérant de Hobbes

---

(1) *A Brief View*, etc. *Ibid.*

une réponse. Ce dernier n'eut garde de se dérober : ce fut l'occasion de son opuscule *Liberté et nécessité*, composé à Rouen en 1646 et qu'un admirateur indiscret mettait sous presse huit ans plus tard. Grande colère de l'évêque, qui à cette publication riposte par un violent pamphlet, où l'on retrouve tout l'arsenal de la scolastique (1). Hobbes réplique avec ses *Questions relatives à la liberté, à la nécessité et au hasard* (1666). Deux ans après, Bramhall reprend l'offensive (2). Hobbes, qui ne laissait jamais à un contradicteur le dernier mot, se prépare à lancer sa *Réponse à un livre publié par le Dr Bramhall;* mais ce fut là un ouvrage posthume.

Tandis qu'il soutenait contre la philosophie arminienne cette opiniâtre défense, Hobbes faisait front à d'autres assaillants, qui devaient lui porter de bien plus rudes coups. Ce même *Léviathan*, qui avait si profondément ulcéré royalistes et cléricaux, ne souleva pas de moindres rancunes dans le camp universitaire. Hobbes avait, nous le savons, gardé de sa vie d'Oxford un souvenir amer. Aussi, dans les ouvrages de sa maturité, dénoncera-t-il l'esprit frondeur d'institutions qui, aux termes de sa conception politique, ne devraient pas être moins dans la main du monarque que ne le sont l'armée, la magistrature et l'Église; de plus, il déplorera l'esprit de routine qui, dans les programmes d'enseignement, ne fait nulle place à la science moderne. Sur le premier point, ses accusations pouvaient toucher juste; mais, au regard du second, elles tombaient maintenant à faux, et Hobbes se montrait lui-même étrangement retardataire de confondre l'Oxford scolastique de sa jeunesse avec l'Oxford rajeuni de 1650, où s'épanouissait, sous l'influence d'hommes tels que Wallis et Wilkins, une véritable renaissance scientifique. Les maîtres pris à partie avec tant d'injustice ne

---

(1) *A Defence of the True Liberty of Human Action from Antecedent or Extrinsic Necessity* (1655).

(2) *Castigations of Hobbes's Animadversion*, que suit un appendice assez étendu : *The Catching of Leviathan*.

manquèrent pas de se liguer contre leur agresseur et de le défier sur un terrain où il était vaincu d'avance : celui de ces mêmes sciences dont il s'était constitué très imprudemment le champion.

Ce fut le professeur d'astronomie, Seth Ward, qui ouvrit le feu (mai 1654), dans ses *Vindiciæ Academiarum*. (1) Wilkins et Ward, dans des lettres publiques, précisent leurs attaques : le premier dénonce Hobbes comme plagiaire; le second relève l'accusation d'ignorance portée par l'auteur du *Léviathan* contre l'enseignement universitaire et laisse tomber cet avertissement gros de menaces : quand seront rendus publics ses travaux en géométrie, Hobbes s'apercevra qu'on est en état de le suivre, et plus peut-être qu'il ne le désirera. Annonce aisément prophétique, qui n'allait que trop se vérifier. C'est vers le milieu de 1655 que Hobbes donna enfin le *De Corpore*, toujours promis, toujours retardé, qui fournissait à sa déduction entière les prémisses trop longtemps absentes. Cette première partie des *Elements*, remarquable à bien des égards, était malheureusement d'une faiblesse insigne sur les points mêmes où ses nouveaux adversaires étaient convenus de l'épier : c'est-à-dire aux endroits où l'auteur avait abordé les questions mathématiques. Aussi bien Hobbes laissait lui-même échapper l'aveu de son échec. En vain s'était-il flatté de posséder la quadrature du cercle. Force lui était de reconnaître qu'il avait fait fausse route et que ses soi-disant méthodes étaient on ne peut plus aléatoires (2).

La nomenclature serait trop longue des réponses, instances, répliques, dupliques, échangées entre Hobbes et les mathématiciens durant plus d'un quart de siècle. Le philosophe commit la faute de s'entêter dans ses chimères et, loin de renoncer à ses prétendues découvertes, il se donna le ridicule de les aggraver. Notons seulement quelques

---

(1) Pamphlet dirigé principalement contre le chapelain Webster, coupable d'avoir porté sur les universités le même jugement que Hobbes ; dans un appendice, ce dernier était à son tour mis sur la sellette.

(2) *De Corp.*, chap. xx.

dates de cette monotone querelle. Ward le prit plus particulièrement à partie sur les sujets attenant à la philosophie et à la physique (1). Bien autrement incisif et mordant fut le pamphlet de Wallis : *Elenchus geometriæ Hobbianæ*, où les énormités mathématiques de l'auteur du *Léviathan* étaient mises à nu avec une impitoyable évidence. Wallis y déclarait qu'après sa lecture des sections scientifiques du *De Corpore*, il s'était tour à tour senti gagné par la colère, le rire et la compassion. Hobbes, dans un appendice à sa traduction anglaise du *De Corpore* (1656), essaya de parer le coup (2). Ce fut le point de départ d'une polémique nouvelle qui ne se termina point, il s'en faut, à son avantage.

Sans s'émouvoir de toutes ces attaques et en homme qui ne se sent aucunement atteint, Hobbes publie, en 1658, la seconde partie de sa trilogie, le *De Homine*, où les considérations mathématiques tiennent encore une certaine place. Trois ans plus tard, il donne, sous l'anonymat, sa prétendue découverte de la duplication du cube, bien vite réfutée par Wallis. Et, comme s'il n'avait pas assez de tant d'assaillants, il s'en cherche un nouveau dans Boyle, contre lequel il écrit son *Dialogue physique, ou de la Nature de l'air*. Sur quoi, double riposte, de Boyle dans son *Examen du Dialogue de M. Hobbes* (1662) et de Wallis dans l'*Hobbius Heautontimorumenos* (1662), où prenait corps l'insinuation propagée dès longtemps contre le *Léviathan*, de n'avoir été fait qu'en vue de gagner la faveur de Cromwell (3). Pour dissiper cette calomnie, le philosophe rédigea ces pages d'un haut intérêt biographique : *Considérations sur la réputation, la loyauté, les manières et la*

---

(1) *In T. H. Philosophiam Exercitatio epistolica.*
(2) *Six Lessons*, etc.
(3) Le ton de ce pamphlet est d'une extrême véhémence. Mais, entre les critiques formulées par Wallis, il en est d'une réelle finesse psychologique : ainsi, quand il reproche à Hobbes de se trop séquestrer dans sa méditation solitaire : de là ses naïvetés et ses erreurs ; « comme disait un grand personnage, il pense trop et converse trop peu soit avec les livres, soit avec les hommes. »

religion de T. Hobbes. Wallis n'ayant soufflé mot, la polémique pouvait à la rigueur être considérée comme close ; Hobbes ne l'entendit pas ainsi. En 1666, il court sus aux mathématiciens avec ses *Principes et raisonnements des géomètres.* Trois ans après, il se met lui-même à découvert en réunissant ses utopies scientifiques sous le titre de : *Quadrature du Cercle, Cubature de la Sphère, Duplication du Cube*, procurant à son infatigable adversaire, Wallis, le plaisir d'une réfutation à coup sûr. Jusqu'à la fin de sa vie, il revient à la charge contre son vieil ennemi, et c'est encore à Wallis qu'il s'attaquait dans son dernier opuscule, le *Décaméron physiologique* (1678), où il affirmait avec plus d'intrépidité que jamais et la solidité de ses travaux géométriques et l'inanité des objections auxquelles ils avaient donné lieu.

Le soin de protéger ses titres illusoires d'inventeur contre une telle armée d'assaillants ne suffisait pas à son activité. Il avait encore à se mettre en garde contre les politiques dont le mauvais vouloir était loin d'avoir désarmé. Il avait traversé, en toute quiétude, les années du Protectorat. Moins de deux ans après la mort de Cromwell, le rappel de Charles II favorisait trop les préférences monarchiques qu'il avait de tout temps exprimées pour qu'il n'applaudît pas à la Restauration. Dans les commencements du nouveau règne, il reçut à la cour le plus aimable accueil. L'incident de 1651, provoqué par la présentation du *Léviathan*, n'avait point laissé de traces. Les récits d'Aubrey nous montrent le souverain l'entretenant en des termes d'une bienveillance familière qui se traduisit même, pour le philosophe blanchi, par de plus solides faveurs. Une pension de cent livres lui fut accordée sur la cassette particulière.

Cette ère de crédit ne fut pas de longue durée. Dans l'entourage même du roi, Hobbes comptait d'ardents ennemis. Le parti des évêques ne souffrait qu'avec indignation ce détracteur des privilèges ecclésiastiques. On le désignait comme mauvais chrétien, comme moraliste corrupteur ; les réfutations passionnées du *Léviathan* reprenaient de plus belle (1). Après l'épouvantable incendie de 1666 qui, succédant à la grande peste, acheva de ruiner Londres, le besoin d'actes expiatoires se fit sentir chez ce peuple formaliste. On réclama des mesures contre les athées et les sacrilèges. Un bill à cette fin passa à la Chambre des Communes, le 31 janvier 1667, dans lequel le *Léviathan* était nommément visé. Les lenteurs de la procédure parlementaire parvinrent seules à sauver Hobbes, les Lords n'ayant pas reçu à temps le projet de loi pour qu'il fût voté dans les délais voulus. Ces menaces causèrent au vieillard de vives alarmes. Soit simulation, soit politique, étalage de ses sentiments réels, les Mémoires de la famille Cavendish, consultés par M. Croom Robertson, donnent à entendre qu'il fit alors montre de dévotion (2). Ce n'est pas tout. Il prit soin de se préparer un plaidoyer que l'on peut lire en appendice à sa traduction latine du *Léviathan* (1668) ainsi que dans sa *Narration historique concernant l'Hérésie et sa répression*, composition posthume (3).

Toutes ces inquiétudes, fort heureusement pour le bon renom de sa patrie, furent vaines. Il avait de dévoués

---

(1) Ce fut une véritable croisade, aussi pédante que passionnée. Relevons, entre autres, le lourd pamphlet de William Lucy, évêque de Saint-David : *Observations, censures and confutations of notorious errors in Mr. Hobbes, his Leviathan and other his books* (Lond., 1663), où Hobbes est, à coups de syllogisme, pourchassé sur tous les terrains : phychologie, morale, politique et théologie.

(2) *Memoirs of the Family of Cavendish* (1708). « Il fréquentait maintenant l'église, assistait au service, prenait généralement part au Saint-Sacrement. Si quelque étranger, conversant avec lui, semblait mettre en question sa foi, il ne manquait pas d'invoquer son exactitude aux services religieux et d'en appeler au chapelain pour en porter témoignage. D'autres pensaient que c'était pure complaisance aux ordres de la famille et faisaient remarquer qu'à la ville et à la campagne, il n'allait jamais à une église paroissiale ; que même, à la chapelle, les dimanches, il sortait après les prières et tournait le dos au sermon ; et, quand un ami lui en demandait la raison, il n'en donnait d'autre, sinon : Ils ne pourraient rien m'enseigner que je ne sache. » (Cité par M. Croom Robertson.)

(3) Parue en 1680.

protecteurs (tels qu'Arlington et Williamson), qui s'employèrent à le couvrir contre les rancunes des zélotes. Le roi consentit à l'abriter sous sa protection, à la seule charge qu'aucun nouveau livre de lui, ni politique ni religieux, ne serait, de son vivant, mis au jour.

Vers 1670, il compose, — mais sans les publier — *Behemoth*, histoire des causes de la guerre civile en Angleterre, ouvrage qu'il offrit au roi et qui n'en fut pas moins interdit, en raison des vives critiques qu'il y distribuait aux amis du souverain. A ses dernières années appartiennent également un dialogue (1), dirigé contre les juristes de l'école d'Édouard Coke, une *Histoire ecclésiastique* où étaient une fois de plus dénoncés les empiétements ecclésiastiques, l'autobiographie en distiques latins, écrite en 1672. Les deux années suivantes furent occupées par sa traduction d'Homère (2).

A partir de 1675, il quitte Londres pour se partager entre les résidences de ses fidèles amis de la famille Devonshire. C'est au milieu d'eux que s'écoulent les dernières heures de cette militante vie. Jusqu'à la fin, sa fougue de polémiste était demeurée aussi impétueuse. En août 1679, il préparait encore quelque chose pour l'impression. Mais le terme de sa longue existence était marqué. En octobre, la paralysie l'arrêta et, le 4 décembre, il s'éteignait doucement à Hardwick. Là, sur une plaque de marbre noir, dans l'église paroissiale de Hault Hucknall, on peut lire cette simple inscription : *Vir probus et fama eruditionis domi forisque bene cognitus*. Si nous en croyons une anecdote de Kennet, rappelée par M. Croom Robertson, l'auteur du *Léviathan* aurait proposé pour sa tombe, un jour qu'il devisait avec quelques amis, cette brève et humoristique épitaphe : « Voici la vraie pierre philosophale. »

(1) *Dialogue between a Philosopher and a Student of the Common Laws in England*.
(2) Précédée d'une *Dissertation concerning the Virtues of an Heroïc Poem*.

CHAPITRE II

CONTROVERSE MÉTAPHYSIQUE AVEC DESCARTES

« M. Descartes, nous dit le biographe Baillet, ravi d'apprendre que le nombre des vrais philosophes fût augmenté d'un aussi noble et aussi excellent sujet qu'était M. Hobbes, voulut étudier son génie dans ses objections, mais il ne les trouva point assez propres pour lui faire juger de sa solidité et de sa profondeur (1). » La sévérité de ce jugement ne serait-elle point grandement due à ce fait que l'ami de Mersenne s'annonçait clairement comme un penseur autonome, qui avait son système fait et que nulle dialectique ne saurait conquérir à la métaphysique nouvelle ? Les objections de Hobbes aux *Méditations* sont d'un philosophe qui a ses principes à lui, sa méthode bien arrêtée et qu'il ne faudrait pas pousser beaucoup pour qu'il élevât autel contre autel. Ce ne sont donc point là des critiques volantes, visant partout où la philosophie mise en cause pouvait présenter un point faible, encore moins des difficultés de complaisance, émises pour provoquer des éclaircissements. Nous n'avons pas affaire à un disciple qui joue les contradicteurs et n'ait pour ambition que de donner la réplique. Nullement, une philosophie rivale vient, en toute courtoisie sans doute, mais sans rien sacrifier à la déférence, défier le cartésianisme ; et, chose irritante, cette philosophie ne se met pas à découvert ; elle ne se fait deviner que par les coups qu'elle porte.

Ce n'est pas que, sur tous les points essentiels, le désaccord régnât entre les deux penseurs. L'un et l'autre avaient posé comme une vérité fondamentale de leur physique

---

(1) Liv. VI, chap. III.

« que tout se fait dans la nature d'une manière mécanique ». Dans son zèle apologétique, Baillet veut que cette maxime, Hobbes la tienne de Descartes, par l'entremise du P. Mersenne (1), mais il ne s'avise pas combien il était plus court au philosophe anglais de l'avoir héritée de son maître et compatriote Bacon. — Leur méthode initiale d'élimination n'offre pas une moindre ressemblance : on retrouve dans la *Physica* du *De Corpore*, sous une forme d'ailleurs tout originale, le long artifice du doute systématique. Aussi, dans la première de ses objections, Hobbes convient-il que les sens sont impuissants par eux-mêmes, sans le secours du raisonnement, à nous garantir que les propriétés qu'ils nous font percevoir dans les choses appartiennent réellement à des objets extérieurs. « Nous reconnaissons donc la vérité de cette Méditation. » Il est vrai que le compliment ne dure guère et que l'effet en est gâté par ce qui est dit ensuite : que ce doute concernant les choses sensibles constitue une vieillerie légèrement banale depuis Platon.

Les quinze objections et les répliques qui leur succèdent instituent un conflit qui porte, ce semble, sur six points principaux : la notion de substance, de substance pensante en particulier; la valeur du raisonnement; la nature des idées; la connaissance de l'âme; le libre arbitre; l'existence de Dieu.

1º Descartes, pour mieux accuser la distinction entre l'existence qui se connaît et la réalité étendue avait, parlant quelque peu par figure, dit : « Je suis une chose qui

(1) « Ce père lui ayant fait remarquer que tout se fait dans la nature d'une manière *méchanique*, lui avait en même temps inspiré une forte passion pour connaître M. Descartes de qui il tenait cette maxime... » (Liv. VIII, ch. x.) — Hobbes a lui-même retracé dans son autobiographie latine le travail de pensée par lequel il fut conduit à cette remarque capitale. Ajoutons que ce mécanisme se fait jour dans le *Court Extrait sur les premiers principes*, publié en 1889 par M. Tonnies, qui ne doute pas que ce ne soit là un écrit de Hobbes et qui en reporte la date jusque vers 1630, c'est-à-dire sept ans avant le *Discours de la Méthode* et à une époque où Mersenne lui était vraisemblablement inconnu.

pense. » Cette expression de *chose*, Hobbes (obj. II) feint de la prendre à la lettre, et il en tire argument pour contester à l'auteur des *Méditations* le droit d'ajouter : « c'est-à-dire un esprit, une âme, un entendement. » De telles façons de conclure ne sont pas moins incorrectes qu'il le serait de dire : « Je suis *promenant*, donc je suis une *promenade*. » La pensée, en effet, ou l'intellection, est à la fois l'attribut et l'œuvre d'un sujet agissant distinct, d'elle-même. Le sujet ne doit être identifié ni avec ses facultés ni avec ses actes. Dès lors, n'étant pas pensée, il peut être corporel. — L'attaque est pressante, et cette objection, qui n'est pas sans rappeler le second article du placard d'Amsterdam (1), ne tend à rien moins qu'à enfermer le logicien du *Cogito* dans ce dilemme : ou le matérialisme ou le panthéisme. — Par sa réponse, Descartes fixe un point de sa terminologie. Outre la signification courante du mot pensée, pris comme désignant une « faculté » ou « une action », il distingue une autre acception : alors que la pensée est prise « pour la chose en laquelle réside cette faculté ». De vouloir que le sujet des actes puisse, à ce compte, être matériel, c'est oublier que « les sujets de tous les actes sont bien à la vérité entendus comme étant des substances ou, si vous voulez, comme des matières, à savoir des matières métaphysiques ; mais non pas pour cela comme des corps. » Des matières métaphysiques ! Que l'on ne reproche pas à cette forte désignation de ne nous offrir qu'une entité inintelligible. Descartes entend (et c'est ce qu'en 1647 il répondra au placard) que la pensée est une substance qu'exprime totalement son attribut essentiel, faculté et acte tout ensemble, de sorte qu'il serait décevant de chercher sous l'action de penser ou sous l'attribut de pensée un support distinct de cette action et de cet attribut. Sa position, toutefois, ne laisse pas d'être embarrassée ; car enfin, un peu plus bas, force lui est de convenir que « nous ne connaissons pas la substance immédiatement

---

(1) V. *Corresp. de Descartes*, année 1647.

par elle-même, mais seulement parce qu'elle est le sujet de quelques actes ». Concession qui risque fort de ramener l'objection : car enfin un attribut qui épuise la substance qu'il manifeste ne s'en distingue pas ; il constitue véritablement la substance elle-même, qu'il est dès lors superflu de désigner sous deux noms. Que si, au contraire, l'attribut ne l'épuise pas, s'il reste dans la substance quelque chose qu'il n'a point mis en lumière, qui nous prouve que ce résidu ne rentre pas sous cet autre résidu que laisse également irrévélé la substance étendue ?

Si la thèse cartésienne n'est pas sans prêter à quelque équivoque, il en est, à maints égards, de même de l'antithèse qui la combat. Le sens brutal que présente à première vue cette dernière est la matérialité des substances. Mais, à la réflexion, on se prend à douter si l'auteur des objections ne professe pas plutôt l'incognoscibilité *in se* des « sujets », en tant que sujets. Notons le bien, la substance ne nous est point, d'après lui, connue par images ; elle est conçue en suite d'un raisonnement. Aussi le dernier terme du *Cogito* est-il, à ses yeux, une conclusion. *J'existe* se fonde sur *je pense*, et *je pense* découle « de ce que nous ne pouvons concevoir aucun acte sans son sujet, comme la pensée sans une chose qui pense, la science sans une chose qui sache, et la promenade sans une chose qui se promène ». En d'autres termes, la substance est inférée par la raison ; ni les sens ne la saisissent, ni l'imagination ne la dépeint, et nous n'en devons dire qu'une chose : elle est !

2° Ne nous laissons pas cependant abuser par cette profession de rationalisme. Ce pourrait bien n'être là qu'une théorie de premier plan derrière laquelle Hobbes abrite sa véritable doctrine. Celle-ci semble poindre dans la V° objection, dont la seconde partie énonce le même nominalisme que nous retrouverons dans les *Eléments de philosophie*, c'est-à-dire doublé d'une psychologie organique. Un raisonnement ne consiste qu'à enchaîner des noms par la copule *est* et ces noms ont été assignés aux choses en vertu de conventions arbitraires. Sous eux, l'imagination suscite des images ; cette faculté à son tour

« dépendra peut-être du mouvement des organes corporels, et ainsi l'esprit ne sera rien autre chose qu'un mouvement en certaines parties du corps organique ». Comme fera Condillac, Hobbes dès maintenant professe que raisonner c'est parler, c'est-à-dire combiner des mots, mais les combiner selon des règles que nous nous sommes faites, par conséquent sans être autorisés « à rien conclure touchant la nature des choses ». Au reste, arbitraire ou non, cet art fait notre supériorité sur toute la nature vivante. Parce que l'homme y est passé maître, il s'élève au-dessus des autres animaux et ne se contente plus, comme eux, d'être affecté et mû par ses impressions. Sa suprématie ne date que de l'instant où il parle et nomme, où il nie et affirme, où la possession du langage le met en état de juger.

Un nominalisme aussi radical et qu'ici l'ami de Mersenne éprouve un malin plaisir à proposer sous sa forme aiguë, sans atténuation ni éclaircissement, dut paraître à Descartes, cet intuitif qui apercevait la réalité par excellence aux « matières métaphysiques », un comble d'absurdité. Aussi ne s'y arrête-t-il guère, et ses ripostes sont-elles dédaigneuses. Il s'en tient à cet argument tout extérieur, tiré de la variété des idiomes : « Qui doute qu'un Français et qu'un Allemand ne puissent avoir les mêmes pensées ou raisonnements touchant les mêmes choses, quoique néanmoins ils conçoivent des mots extrêmement différents ? » Hobbes n'aurait point dit non. Aussi n'est-ce pas au mot en lui-même et pour lui-même que, selon lui, s'attache primitivement notre pensée, mais au mot considéré comme signe d'une chose perçue par nous, signe qui subsiste et auquel s'attache notre réflexion, en l'absence de la chose signifiée. Le terme abstrait n'est, au vrai, que le signe commun de choses qui se ressemblaient ; il évoque le souvenir d'un de ces objets similaires, lequel peut être pris pour le substitut de tous les autres. Cette explication, Hobbes ne l'avance peut-être pas en toute précision ; mais elle se dégage de son nominalisme. Elle prévaudra d'ailleurs dans l'école anglaise, où

Berkeley l'adaptera à sa théorie des idées et où David Hume en fera la maîtresse pièce de son scepticisme.

3° Le philosophe de Malmesbury devance plus encore les psychologues de son pays, lorsqu'il en vient à déterminer cette notion, les *idées*, sur laquelle ont de tout temps bataillé les écoles. S'en tenant au sens étymologique, il identifie *idée* et *image* (V° obj.). Que je pense à un homme, au ciel, à un ange, à une chimère, toujours ou mon souvenir ou mon imagination suscite les images d'êtres soit réels, soit possibles, soit inconcevables, qu'en ce dernier cas je me figure en me composant une peinture formée elle-même de choses visibles. D'où il suit que l'on ne doit pas chercher à se faire une idée de l'auteur des êtres. La Religion l'interdit, et elle a pour cela ses raisons profondes. « Il en est de même du nom vénérable de Dieu, de qui nous n'avons aucune image ou idée ; c'est pourquoi on nous défend de l'adorer sous une image, de peur qu'il ne nous semble que nous concevions celui qui est inconcevable. » — Contre cette définition Descartes s'inscrit en faux. L'expression idée englobe, dans son style, toutes les connaissances intuitives de l'esprit, sur quelques objets qu'elles portent. « Je prends le nom d'idée pour tout ce qui est conçu immédiatement par l'esprit, en sorte que, lorsque je veux et que je crains, ce vouloir et cette crainte sont mis par moi au nombre des idées. » Et ailleurs : « Par le mot d'idées, j'entends la forme de toute perception, car qui est celui qui conçoit quelque chose qui ne s'en aperçoive..... ? » Aussi y a-t-il idée, non seulement des choses sensibles, mais des matières métaphysiques, de la substance, de la cause, de l'âme, de la perfection, de Dieu.

L'école empirique moderne prendra, sur ce point décisif, parti pour Hobbes. Au contraire, Descartes, parmi ses propres disciples, n'a pas été universellement suivi. Son grand continuateur Malebranche se séparera, sur ce sujet, du gros des cartésiens. Lui non plus n'admettra pas que nous ayons idée sinon des objets que nos sens nous présentent et pour ainsi dire nous découpent dans l'étendue intelligible.

4° Ce grave dissentiment entraînait une divergence non moins profonde en ce qui a trait à la connaissance de nous-mêmes. Au dire de Descartes, nous avons l'idée de notre âme; c'est même là une notion claire entre toutes. Hobbes au contraire nous la dénie, attendu que, pour la posséder, il faudrait que l'objet qu'elle est dite représenter pût revêtir des formes visibles, *image* et *idée* étant synonymes. « L'idée de moi-même me vient, si on regarde le corps, principalement de la vue; si l'âme, nous n'en avons aucune idée. » (Obj. VII.) Mais, demandera-t-on, de quelle manière savons-nous que cette âme existe, puisque enfin le philosophe sensualiste en admet, au moins ici, la réalité? C'est par un raisonnement, fondé sur le principe causal. « La raison nous fait conclure qu'il y a quelque chose de renfermé dans le corps humain, qui lui donne le mouvement animal, qui fait qu'il sent et se meut; et cela, quoi que ce soit, sans aucune idée, nous l'appelons *âme*. » Remarquons-le bien : il n'est pas ici question d'expérience intérieure, de sentiment confus à la manière de Malebranche, d'intuition directe quelconque. La réalité du sujet agissant est inférée de ses propres actes, dont la production, sans cette hypothèse, resterait inexpliquée.

Si nous n'avons nulle idée de notre âme, il va de soi que nous n'en avons non plus aucune de ses états, de ses actes et de ses affections. Comment donc parvenons-nous à distinguer ces modalités les unes des autres et comment une psychologie descriptive demeure-t-elle possible ? — Grâce à ce que tout état de conscience est formé de deux éléments susceptibles d'être notés : l'idée de l'objet qui les provoque et le contre-coup de cette idée sur nous-mêmes. Ainsi la crainte que nous inspire un lion qui s'avance contre nous consiste et en l'image de ce lion et en « l'effet qu'une telle idée engendre dans le cœur, par lequel celui qui craint est porté à ce mouvement animal que nous appelons fuite. » (Obj. VI). Descartes ne relève qu'à peine cette brillante objection.

5° L'homme a-t-il la faculté de se déterminer à agir ? Oui, proclame Descartes; non, déclare Hobbes, qui reproche à l'auteur des *Méditations* d'introduire, sans preuve, une vertu occulte dont les « calvinistes », notamment, ne veulent pas, et de ne la faire intervenir dans la question de l'erreur qu'au prix d'une contradiction (obj. XII). — Cette instance ne laisse pas d'être un peu enveloppée. Hobbes entend-il que son contradicteur ne saurait souscrire au libre arbitre sans démentir son principe de l'universel mécanisme et sans ruiner le dogme de la « préordination divine » ? Si tel est bien le sens de l'objection, il faut reconnaître que la réplique de Descartes n'est pas pour la dissiper. En effet, comment ce dernier pare-t-il au reproche d'inconséquence ? Il l'élude en alléguant le témoignage fourni par l'expérience intérieure. « Il n'y a personne qui, se regardant soi-même, ne ressente ou n'expérimente que la volonté et la liberté ne sont qu'une même chose, ou plutôt qu'il n'y a point de différence entre ce qui est volontaire et ce qui est libre. » De sorte que nous assisterions à ce renversement des rôles : le métaphysicien se mettant à couvert sous la déposition de l'expérience ; l'empiriste n'endurant pas que la déduction soit nulle part brisée.

6° Au lieu d'être sur la sellette, si Descartes avait la conduite du débat, comme il aurait, sur cette dernière et grande question de l'existence divine, la partie belle ! Professant, comme il fait, que nous avons idée des réalités invisibles, que même moins l'objet tombe sous les prises des sens, plus notre notion a de plénitude et d'abondance, la démonstration de l'existence de Dieu lui devient une tâche toute simple. L'idée de parfait est, de toutes celles que nous possédons, à la fois la plus riche et la plus reculée des sens : elle a donc le plérôme de réalité. C'est d'elle qu'il faut aller graduellement à la découverte des réalités inférieures. La marche de Descartes est, on le sait, d'une admirable continuité. Nous apprendrions par les réponses aux objections, si nous ne le savions d'ailleurs, que la preuve de cette éminente vérité a dû précéder dans sa déduction la démonstration de toute autre réalité, celle de sa pensée propre exceptée. « J'ai prouvé que Dieu existe avant que d'examiner s'il y avait un monde créé par lui, et de cela seul que Dieu, c'est-à-dire un Etre souverainement puissant, existe, il suit que, s'il y a un monde, il doit avoir été créé par lui. » (Rép. à l'obj. V). L'argument causal lui-même, tel que le *Discours* et les *Méditations* l'ont construit, ne doit pas être considéré comme une forme particulière de la preuve fameuse *a contingentia mundi*, laquelle suppose une réalité donnée, par conséquent un objet expérimentalement connu, réalité, objet, d'où nous nous élèverions jusqu'à leur auteur. La dialectique cartésienne va exactement à rebours et fait rentrer, pour ainsi dire, le raisonnement causal dans l'argument dit ontologique.

Pour Hobbes, c'est tout autre chose : lui aussi, il adhère à la croyance en Dieu ; mais, cette foi, de quelle manière sera-t-il en état d'en rendre raison ? C'est dans son obj. X* que, sous couleur de réfuter Descartes, il dévoile sa pensée propre. Loin de retrancher quoi que ce soit des analyses auxquelles il a soumis les notions de substance et d'âme, il rappelle que rien de ce qui concerne Dieu ne saurait nous être enseigné par idée. L'origine de notre conviction doit être cherchée dans les objets extérieurs. « Par le nom de Dieu, j'entends une *substance*, c'est-à-dire j'entends que Dieu existe (non point par une idée, mais par raisonnement). » Cet être en lui-même est inconnu et inconnaissable. A la manière des Alexandrins, le philosophe anglais estime que les attributs par lesquels nous le qualifions n'ont qu'un caractère négatif : eux-mêmes sont extraits soit, grâce au souvenir, des images que nous avons contemplées et des limites qui ont circonscrit nos idées, soit, grâce à un raisonnement, de nos remarques sur la production passée et sur la croissance insensible des choses. De la sorte, et sans forfaire à ses déclarations antérieures, le dialecticien sensualiste expliquerait comment nous en venons à concevoir, sans idée, un Dieu *infini, indépendant, tout puissant, créateur*, sur la nature et l'essence positive duquel nous nous voyons cependant réduits à une incurable ignorance.

— L'existence de ce Dieu une fois posée, celle du

monde extérieur se démontre, soutenait Descartes, par la raison que Dieu ne pourrait nous avoir menti. — Conséquence illégitime, proteste Hobbes, dans une très fine objection : le mensonge ne réside que dans l'intention de nuire (XV° obj.). Malebranche, de même et par des considérations au fond peu différentes, déjouera cette échappatoire du réalisme aux abois. Une fois de plus, le Platon français marchera sur les brisées du sensualiste de Malmesbury.

Nous n'avons point prétendu noter tous les coups que le polémiste anglais porte à son grand adversaire. Il nous a suffi de nous arrêter aux passes d'armes les plus signalées. Quant à prononcer, en de brèves lignes, auquel des deux resta l'avantage, il y aurait à cette sentence expéditive trop de légèreté. La querelle entre Hobbes et Descartes est encore ouverte. Elle ne sera jamais close, aussi longtemps du moins que l'esprit humain sera sollicité par les deux aspirations contraires dont l'une le porte à chercher dans l'invisible la raison d'être des objets des sens, tandis que l'autre le ramène à demander aux sens l'explication de nos concepts les plus relevés. La première anima le philosophe des *Méditations*; à la seconde obéit, bien qu'à sa manière, l'auteur des *Éléments*. Aussi la dispute était-elle condamnée par avance à demeurer sans issue. Les deux antagonistes sont trop étrangers l'un à l'autre; ils ne voient pas les choses sous le même angle, et leurs conceptions du monde sont séparées par tout le ciel. On comprend un peu le dépit de Descartes, qui traite ces instances de façon fort cavalière et n'en aperçoit pas une qui ne lui paraisse porter entièrement à faux. Mais c'est peut-être par là qu'elles ont à nos yeux le plus de prix. Car elles sont d'un homme bien moins désireux de passer à l'étamine la pensée d'un autre que de déployer sa pensée propre et d'appeler sur elle les contradictions. Une doctrine toute constituée s'annonce, qui n'a pu, dans les objections, se révéler qu'en des échappées brillantes et comme par éclaircies. Il est temps désormais de la ressaisir dans son ordre et son unité.

Georges Lyon.

CHAPITRE III

NOMINALISME. — MÉTHODE

I. — La connaissance *raisonnée :* voilà ce qu'il faut entendre par philosophie. Définition incomplète, car elle marque seulement quelle faculté de l'esprit organise la connaissance dite philosophique. Cette faculté n'est autre que la *raison naturelle* répartie à tous les esprits, bien qu'elle puisse sommeiller en eux et ne s'éveiller qu'en un petit nombre. Les hommes ont eu, dès l'origine, vignes et épis ; cependant ils se sont nourris de glands aussi longtemps qu'ils ont ignoré l'art de planter et d'ensemencer. Ainsi la philosophie est innée chez tous, puisqu'il est donné à chacun de raisonner; « mais, dès qu'une longue série de raisons est requise, faute d'une bonne méthode et pour ainsi dire faute d'ensemencer, la plupart des hommes s'égarent et vont à la dérive. » Hobbes concède qu'une partie de la science, celle qui traite des grandeurs et des figures, a été cultivée avec succès; mais il ne découvre pas au reste même progrès. Aussi a-t-il formé le dessein de combler la lacune et de proposer quelques premiers éléments, « comme des semences d'où semble pouvoir naître peu à peu la pure et véritable philosophie (1). »

Si la philosophie est l'œuvre de la raison, Hobbes en conclut qu'elle n'est point, au moins immédiatement, le fruit de l'expérience. En effet, cette dernière ne fait qu'un, somme toute, avec la mémoire : or, souvenirs et sensations composent des connaissances que nous avons en

---

(1) *De Corp. Computatio sive Logica*, chap. 1, § 1.

partage avec tous les animaux et que la nature suscite spontanément, loin qu'elles s'obtiennent comme celles qu'engendre le raisonnement. Pas plus qu'elle ne se confond avec l'expérience, la philosophie ne doit passer pour la prudence, laquelle ne consiste qu'en l'attente d'états semblables à ceux que nous avons déjà éprouvés.

Philosopher, c'est raisonner; mais raisonner, c'est compter (1), c'est-à-dire, en dernière analyse, additionner et soustraire. Dans une application qu'il fait ensuite de ces principes, Hobbes semble sous-entendre que déjà, comme inconsciemment, sans nul secours du langage, auxiliaire indispensable pourtant de la raison discursive, l'esprit humain accomplit à toute heure de ces calculs. Quelqu'un vient à nous : de loin, il nous donne l'idée d'un *corps;* nous le voyons changer de lieu, nous avons l'idée de *chose animée;* sa voix que nous entendons, d'autres signes encore, nous font concevoir celle d'être *raisonnable.* Ces trois idées, l'esprit les compose en une seule, tout comme le langage combine en un seul terme, qui est celui d'*homme,* les noms particuliers de *corps,* d'*animé,* de *raisonnable.* Inversement, cette personne s'éloigne-t-elle, l'unité se décompose mentalement : l'idée de *raisonnable* s'efface petit à petit et, à mesure qu'augmente l'éloignement, celle même d'*animé* se détache pour ne plus laisser subsister que la simple notion de *corps* (2). Ces deux opérations correspondent trait pour trait à ce que nous appelons synthèse et analyse. L'acte intellectuel qui s'exerce sous ce double mode ne diffère pas de ce que les Grecs nommaient συλλογίζεσθαι.

Nous savons quelle est et de quelle façon procède la faculté qui donne naissance à la philosophie. Reste, pour avoir de la science que la raison organise une définition complète, à en délimiter l'objet. La philosophie est la

---

(1) « Per ratiocinationem intelligo computationem... Computare vero est *plurium rerum simul additarum summam colligere, vel unâ re ab aliâ detractâ cognoscere residuum.* (De Çorp., ch. I, § 2.)
(2) *De Corp.*, ch. I, § 3.

« connaissance que la droite raison obtient des effets ou phénomènes par la conception que nous nous faisons de leurs causes ou générations, et, réciproquement, des générations qui peuvent se produire, par la connaissance que nous avons des effets (1). »

Que le mot de *générations* ne nous donne point le change. Il s'agit seulement de cette relation tout abstraite et géométrique qui permet, en vertu d'un principe donné, de construire une figure déterminée ou de déduire de cette construction des propriétés certaines. C'est de cette manière, par exemple, qu'avec un point et une ligne de longueur constante on obtiendra un cercle (2). Nous n'avons donc nullement affaire à cette production ou *opérative* réglementée par Bacon, lorsqu'il projetait d'asservir la nature à la science, afin de susciter au gré de l'homme tels phénomènes, telles transformations, que requerraient nos besoins. L'auteur de l'*Instauratio Magna* n'avait foi qu'à l'induction légitime, c'est-à-dire, en fin de compte, à l'expérimentation. Avec Hobbes rien de pareil. La génération qu'il préconise est une formation tout idéale à laquelle préside la raison. Ne nous laissons donc pas tromper à de superficiels rapprochements. Si Hobbes assigne pour fin à la théorie la création d'œuvres utiles (3), il ne conçoit pas de la même manière que Bacon la possibilité d'y réussir. Le mot d'induction ne se présente pas sous sa plume; c'est de la logique pure et de la géométrie qu'il entend que l'on s'aide dans l'investigation des causes (4).

En résumé, la philosophie a pour objet exclusif « tout corps dont on peut concevoir la génération ou que l'on peut concevoir posséder quelque propriété. » D'où l'on pourrait déjà inférer quelles études elle exclut et en quelles branches elle se subdivise (5).

II. — Ces délimitations générales à peine tracées, Hobbes aborde la question du langage : qu'est-ce qu'un nom? quel

---

(1) *De Corp.*, ch. I, § 2. — (2) § 5. — (3) § 6.
(4) *Ibid.*, § 7. — (5) *Ibid.*, § 8 et 9 ; cf. *Léviath.* I, chap. IX.

est le rôle des mots, des propositions, soit indépendantes, soit assemblées en syllogismes ? Tels sont les points dont il traite immédiatement, avant même de se demander en quoi consistent et la vérité et l'erreur, indiquant assez, par une telle marche, que le second problème est dans sa pensée un simple cas du premier.

Pour comprendre ce que c'est qu'un *nom*, il faut d'abord définir en quoi consistent et une *marque* et un *signe*, car le nom joue l'un et l'autre rôle. Entendons par marques ou notes : *des choses sensibles employées à notre gré afin que, par le sens qui s'y attache, des pensées puissent reparaître devant l'esprit semblables aux pensées en vue desquelles on les a employées* (1). L'utilité en est donc de subvenir à notre mémoire, que le grand nombre des connaissances emmagasinées ferait inévitablement ployer. A défaut de ces indices enregistreurs, le raisonnement serait impossible, puisque la collection des matériaux sur lesquels il s'exerce serait toujours à recommencer. Un homme supposé seul au monde aurait besoin de *marques*; à la rigueur il pourrait se passer de *signes*. Les signes en effet sont des marques qui n'appartiennent pas en propre à tel ou tel, mais qu'un grand nombre d'hommes possèdent en commun et qui rendent possible d'accroître indéfiniment les découvertes transmises par l'inventeur à ceux qui le suivront. « C'est pourquoi il est nécessaire à l'acquisition de la philosophie qu'il y ait des signes permettant à ce que les uns ont trouvé d'être enseigné et démontré aux autres. Or on a coutume d'appeler *signes les antécédents de conséquents et les conséquents d'antécédents, quand nous avons expérimenté que presque toujours ils se précèdent et se suivent de la même manière.* » C'est ainsi qu'un nuage dense sera le signe de la pluie future; la pluie, du nuage antécédent. De tels signes sont naturels; d'autres sont arbitraires, en ce qu'ils ne se rapportent à des objets définis qu'en vertu de notre vouloir: par exemple, une pierre, pour indiquer la limite d'un champ; des paroles jointes

---

(1) *De Corp.*, ch. II, § 1.

d'une certaine manière, pour exprimer les pensées et les mouvements des âmes. Ce dernier assemblage est ce que l'on appelle *discours* et les diverses parties qu'il unit sont les *noms*, qui se trouvent ainsi remplir, à l'égard de la philosophie, l'emploi et de marques et de signes : de marques pour aider la mémoire, de signes pour faire connaître et démontrer ce que le souvenir a reçu en dépôt (1). — Que les noms soient institués au gré des hommes, c'est ce que Hobbes pose comme une vérité rendue évidente par les vicissitudes d'un même idiome, par la variété des langues chez les divers peuples, par l'impossibilité d'apercevoir une ressemblance quelconque des mots aux choses. Il ne s'enquiert point, ce que ferait un linguiste moderne, si ce choix des termes n'est pas régi par des lois profondes offrant la même inflexibilité que celles qui gouvernent les phénomènes physiques. Mais, d'autre part, ce serait lui faire tort que de prendre au pied de la lettre l'expression « au gré des hommes ». Il veut dire évidemment, et nous devons seulement retenir que les termes n'ont pas avec les choses une correspondance naturelle, que l'emploi en est donc libre et que le sens que nous leur attribuons dépend, en dernier ressort, d'une convention tout humaine, quelle que soit au reste l'origine de cette convention. Dès lors nous sommes en droit de définir le nom en disant que c'est *une parole humaine employée au gré de l'homme, pour servir de signe apte à susciter dans l'esprit une pensée semblable à une pensée antérieure; parole qui, si on la dispose en discours et qu'on la fasse entendre à d'autres, leur signifie quelle pensée en celui qui la fait entendre a précédé ou n'a pas précédé* (2).

Tous les noms ne s'appliquent pas forcément à des réalités; ils peuvent se rapporter aux images d'objets qui n'existent pas (et tel est le cas pour le rêve), à de pures fictions, à des fantômes; ils peuvent s'appliquer à ce qui n'est pas encore, ainsi quand on dit : *l'avenir*; à ce qui ne saurait être : ainsi, *impossible*, *rien*.

(1) *De Corp.*, ch. II, § 2 et 3. — (2) *Ibid.*, § 4.

Les noms sont affirmatifs ou négatifs; communs ou propres. Au-dessus des noms communs est le nom *universel*, sur la nature duquel il ne faut pas se méprendre, comme font ceux qui croient par là dénommer une collectivité prise en bloc. Rien de moins exact : car, lorsque je dis *homme*, je ne désigne pas la race humaine, mais bien chacun des individus de cette race indifféremment. Par conséquent, « pour comprendre la valeur d'un *universel*, il n'est pas besoin d'une autre faculté que de l'imaginative, grâce à laquelle il nous revient que des paroles de ce genre ont évoqué dans notre esprit tantôt ceci, tantôt cela (1). » Que l'on étende cette explication à toutes les idées abstraites, on aura le nominalisme que faisaient pressentir les objections à Descartes et qui recevra de Berkeley, puis de Hume, son expression la plus achevée.

Nous avons dit que les noms entraient dans des assemblages : de là diverses espèces de discours, qui peuvent signifier des sentiments, des désirs, ou même ne signifier rien, si à la série des mots ne correspond dans l'esprit nulle série de pensées, cas qui est trop fréquemment celui des écrivains métaphysiques. La philosophie ne connaît qu'une forme de ces agencements, à savoir la *proposition* ainsi définie : *un discours composé de deux noms joints ensemble* (2) *par lequel celui qui parle signifie que suivant lui le deuxième nom est le nom de la même chose dont le premier est le nom*, ou (ce qui revient au même) *que le premier nom est contenu dans le second*.

De même que pour les noms, on peut entre les propositions relever des distinctions nombreuses. La plus radicale parmi ces différences est celle qui sépare de la proposition *fausse* la *vraie*. Est vraie la proposition dont le prédicat contient le sujet, ou dont le prédicat nomme toute chose qui a le sujet pour nom : c'est ainsi que tout ce qui est appelé *homme* est aussi appelé *créature vivante*. Au contraire, il est faux de dire : *l'homme* est

(1) *De Corp.*, ch. ii, § 9.
(2) *Oratio constans ex duobus nominibus copulatis.* (*De Corp.*, ch. iii, § 2.)

rocher, parce qu'alors le prédicat ne renferme plus le sujet ou, si l'on préfère, parce que la même chose ne saurait être nommée par ces deux noms. La vérité, en conséquence, n'est pas dans la chose et n'a trait qu'à la proposition. Si l'on nie que le simulacre d'un homme dans un miroir ou que son spectre soit véritablement un homme, c'est parce que cette proposition est fausse : *un spectre est homme*. D'où il suit qu'il n'y a place pour le vrai et le faux que chez les êtres doués de raison. L'animal dépourvu de cette faculté aperçoit-il dans un miroir un simulacre humain, il en éprouve de la crainte ou de la joie; ce qu'il perçoit n'est pas le vrai ou le faux, mais bien la ressemblance, et en cela il ne se trompe pas. Si l'homme raisonne, il le doit au discours ; « et de même que la gloire de la philosophie, de même aussi la honte des dogmes absurdes lui est réservée. Il en est du discours (ce que l'on a dit autrefois des lois de Solon) comme des toiles d'araignées : les esprits faibles et délicats se laissent embarrasser et arrêter aux mots; les vigoureux les déchirent et se font un passage. » Autre conséquence : les vérités les premières de toutes doivent leur apparition soit au vouloir de ceux qui les premiers imposèrent aux choses des noms, soit au consentement de ceux qui ont reçu ces noms une fois établis.

Signalons également une distinction de grand intérêt, mais que les écoles prennent à faux quand elles la font porter sur les existences au lieu d'en limiter l'usage aux seules propositions. C'est celle du nécessaire et du contingent (1). On dit qu'une proposition est *nécessaire*, quand il est impossible de concevoir ou d'imaginer en aucun temps une chose qui ait *le sujet* pour nom, qu'elle n'ait également pour nom le *prédicat*, comme celle-ci : « l'homme est animal » ; au lieu que cette autre sera contingente : « tout corbeau est noir », parce qu'elle peut être vraie aujourd'hui, fausse en un autre temps. « Il est dès lors manifeste que la vérité n'est pas inhérente aux choses,

---

(1) *De Corp.*, ch. III, § 8.

mais aux discours. Il y a des vérités éternelles; il sera toujours vrai de dire : *si homme, alors animal*, sans qu'il soit nécessaire pour cela que ni l'homme ni l'animal existe éternellement. »

Si nous passons maintenant au syllogisme, nous trouvons que cette opération consiste en « la collection de la somme tirée de deux propositions unies entre elles grâce à un terme commun appelé *moyen* ; et, comme la proposition est l'addition de deux noms, ainsi le syllogisme l'est de trois (1) ». Le mécanisme de cette nouvelle addition exige des alternances de noms trop savantes pour que l'animal y ait la moindre aptitude, incapable qu'il était déjà d'opérations plus élémentaires. Hobbes ne s'attarde pas à considérer par le menu les figures et les modes du syllogisme. Cette forme de raisonnement réclame de la pratique bien plus que des préceptes, et c'est à suivre les démonstrations des mathématiciens plutôt qu'à consulter les auteurs de Logiques que l'on s'y rendra expert. Le syllogisme, tel qu'il le concevait, était géométrique avant tout (2).

Ne nous lassons point de le redire : l'erreur et le faux ne sont dûs qu'à un défectueux emploi des noms. Ce n'est pas que les deux expressions soient strictement synonymes. L'erreur peut se produire dans le silence de la réflexion : si, par exemple, de ce qu'après avoir regardé l'image réfléchie du soleil, puis l'image directe de cet astre au milieu du ciel, nous tirons la conclusion qu'il y a deux soleils. Cette faute ne peut être commise que par des hommes, l'animal n'usant pas de mots. Le faux est ce genre d'erreur qui tire son origine, non du sens ou des choses, mais de la témérité du jugement que l'on émet : *a temeritate pronuntiandi* (3). De toutes les erreurs, celles-là, pour le philosophe, ont le plus de conséquence, qu'engendre une faute de raisonnement, c'est-à-dire de syllogistique (4), deux termes qu'il faut

---

(1) *De Corp.*, ch. iv, § 6. — (2) *Ibid.*, §§ 8-13. — (3) Chap. v, § 1.
(4) *Qui contingunt inter ratiocinandum, id est inter syllogizandum.*

3.

donc tenir pour équivalents. Mais nous avons vu que la proposition était vraie dans laquelle étaient assemblés deux noms de la même chose ; celle-là fausse où étaient unis deux noms de choses diverses. « Or, il y a quatre genres dans lesquels on peut répartir les choses à nommer, savoir : *les corps, les accidents, les fantômes* et *les noms* eux-mêmes. D'où il suit que, dans toute proposition vraie, il faut que les noms assemblés par la copule soient l'une et l'autre ou bien de *corps* ou d'*accidents* ou de *fantômes* ou de *noms*. » Autant il y a de manières de combiner deux à deux dans un autre ordre ces noms divers, autant y a-t-il de procédés pour juger à faux, et les exemples ne nous sont pas ménagés (1).

Le maniement du syllogisme peut donner lieu à bien des façons de fautes ; nous ne nous attarderons pas à en dresser le bilan. Pour nous mettre en garde contre les mauvais raisonnements, l'auteur du *De Corpore* ne nous demande qu'un peu de vigilance. Les plus captieuses argumentations doivent toujours leurs apparences à quelque équivoque promptement démasquée, pour peu que l'on mette le sophiste en demeure de définir ses termes. Soumettons à ce critère les difficultés réputées insurmontables que les Eléates élevaient contre la réalité du fait sensible par excellence. « Les arguments dont les sophistes et les sceptiques avaient coutume d'user pour bafouer ou combattre la vérité, péchaient le plus souvent, non dans la forme, mais dans la matière du syllogisme ; et ils furent plus souvent trompés que trompeurs. Car le célèbre raisonnement de Zénon contre le mouvement s'appuyait sur cette proposition : *est infini ce que l'on peut diviser en un nombre infini de parties ;* il la croyait sans aucun doute vraie ; cependant elle est fausse : car pouvoir être divisé en un nombre infini de parties n'est autre chose que pouvoir être divisé en autant de parties que l'on voudra. Or il n'est pas nécessaire qu'une ligne, à supposer que je la pusse diviser et subdiviser autant de

(1) *De Corp.*, ch. v, §§ 4-9.

fois qu'il m'aura plu, soit pour cela dite avoir un nombre infini de parties, ou bien être infinie ; car, quel que soit le nombre des parties que j'aurai faites, encore le nombre en sera-t-il fini. Mais, parce que celui qui parle de *parties* tout uniment, sans ajouter combien, ne spécifie pas lui-même à l'avance le nombre et qu'il laisse le soin de le déterminer à l'auditeur, pour cette raison, l'on a coutume de dire que la ligne peut être divisée à l'infini, ce qui ne saurait être vrai dans aucune autre signification (1). » — Voilà, certes, un brillant morceau de dialectique. Cette réfutation, à laquelle on ne reprochera que de ne point serrer peut-être d'assez près le sophisme, rappelle la tactique antiidéaliste d'Aristote, lorsque sans cesse il démêlait les confusions faites par les platoniciens entre ce qui est vrai de la puissance et ce qui se doit affirmer de l'acte. Plus simplement encore, elle rabaisse au simple concept d'un indéfini la notion troublante d'un infini que le fini contiendrait.

Après le syllogisme, qui est la plus précise des combinaisons où se puissent disposer ces mots dont le bon ou mauvais assemblage fait la vérité ou l'erreur, il nous faut aborder la méthode elle-même. Le syllogisme est le pas (*gressus*) de la philosophie ; la méthode en est la route même.

III. — Avant de poursuivre, il est une objection que nous devons prévenir. Une méthode est l'itinéraire (*ad viam*) qui mène à la science ; mais n'est-il pas à craindre qu'une science semblable ne dégénère en un pur verbalisme et la méthode qui y conduit en un simple tracé logique ne traversant nulle part l'existence. Le vrai et le faux ne résident que dans les propositions, c'est-à-dire dans des conjonctions de mot. Les mots eux-mêmes sont des créations arbitraires réalisées par les hommes. Faut-il donc conclure que la vérité n'est rien par elle-même, sinon le résultat d'un accord volontaire et que la science se borne à dérouler les

(1) *De Corp.*, ch. v, § 13.

suites de cette convention en quelque sorte grammaticale, loin de nous faire avancer d'un seul pas vers le réel ?

Une conception aussi pyrrhonienne serait pour nous surprendre de la part d'un philosophe épris d'objectivité et aux yeux de qui la spéculation était vaine qui ne se terminait pas à des œuvres effectives. Ajoutons que de nombreux traits de ce nominalisme logique nous mettraient dès l'abord en défiance contre une interprétation sceptique. Et d'abord, Hobbes a beau déclarer que le langage a son principe dans le bon vouloir de ceux qui l'instituèrent et que, hors l'agencement des mots, la vérité n'est rien, il n'a jamais voulu dire que, les mots une fois créés, rivés en quelque sorte par la tradition et l'usage à des idées définies, il fût loisible à chacun de les tranposer à son gré. Que disons-nous? Il s'exprime fréquemment comme si les noms avaient leurs attributions stables, qui peuvent même valoir pour l'éternité. Tel est précisément le cas des propositions nécessaires (2). Il y a plus : la proposition, cette combinaison fondamentale, en laquelle se résume tout l'artifice du langage, est si peu le simple effet du caprice qu'elle reproduit le processus suivi par la pensée. « La proposition ne signifie que l'ordre des choses qui dans une même idée de l'homme sont observées l'une après l'autre. Soit ce discours : *l'homme est animal;* nous avons une idée unique, encore que, dans cette idée, on considère d'abord ce pourquoi on l'appelle Homme, puis ce pourquoi on l'appelle Animal (2). » Comment notre logicien s'exprimerait-il de la sorte, s'il n'apercevait entre les termes, une fois en cours, cela va sans dire, et les idées une relation plus forte que celle d'une connexion de hasard? Les mots sont soumis à des règles de convenance. Les propositions et les syllogismes ont leurs lois. Ces règles, ces lois ne seraient-elles pas inexplicables, si elles n'avaient leur raison d'être, par delà les mots, les propositions et les syllogismes, dans les idées elles-mêmes, dont elles reproduisent les rapports certains et permanents?

(1) *De Corp.*, ch. III, § 10. — (2) Chap. v, § 9.

Une dernière considération ne contribuera point peu à pallier le pyrrhonisme qui semblait à première vue poindre sous cette logique. La vérité, dans ce système, nous apparaît comme étant de proche en proche l'œuvre de l'arbitraire humain. Mais quel sens attacher à cette expression d'*arbitraire*, dans une philosophie radicalement suppressive de la liberté? Il ne saurait être question de rien qui ressemble au hasard volontaire, au franc arbitre, à l'indifférence. Ce que l'on appelle caprice n'est qu'un vain dehors et procède, en fait, d'un déterminisme latent. Parler de la libre origine des mots n'est donc qu'une manière fautive de signifier une apparition due à des causes ignorées. Ces causes, quelles sont-elles? Hobbes ne s'est point posé le problème. Aussi bien, pour le résoudre, le concours de deux sciences, la psychologie et la linguistique, serait-il requis.

Il en est de l'agencement des propositions en syllogismes comme de la formation de leurs éléments ; quand il nous est déclaré qu'elle a lieu arbitrairement, ce mot doit nous donner à entendre seulement qu'il n'existe point de relation à priori qui les subordonne aux pensées exprimées. Le mode d'emploi des noms et de leurs groupements n'en est pas moins entraîné par les idées qui se succèdent devant l'esprit et dont l'ordre d'apparition détermine l'ordre d'évocation des signes qui, à leur tour, les suggèreront. Cela, Hobbes l'ignorait moins que personne, et nous en avons la preuve dans la description qu'il esquisse des démarches faites par l'esprit, pendant que se développe le raisonnement syllogistique : « D'abord on conçoit le fantôme de la chose nommée avec l'accident ou l'affection qui lui vaut d'être nommée du nom qui est *sujet* dans la mineure; ensuite se présente à l'esprit le fantôme de la même chose accompagnée de l'accident ou de l'affection qui lui vaut d'être nommée du nom qui est *prédicat* dans la même proposition. En troisième lieu, la pensée revient de nouveau à la chose nommée, jointe à l'affection qui fait qu'elle est appelée du nom qui est le prédicat de la majeure. Enfin, quand elle se souvient que toutes ces affections appartiennent à une seule et même chose, elle conclut que ces trois noms sont les noms de la même chose, c'est-à-dire que la conclusion est vraie (1). » Tous les logiciens ne souscriraient sans doute pas à cette traduction en langue psychologique d'un processus transformé par trop en un jeu d'équations. On reprochera peut-être à l'analyse qui précède de dénaturer et le caractère du moyen terme et l'objet de la conclusion, lequel ne serait plus, comme dans la syllogistique traditionnelle, d'affirmer le grand terme du petit, mais bien de déclarer que les trois termes, grand, moyen et petit, dénomment une identité. Bien d'autres objections peuvent être soulevées. Il reste néanmoins que, sous le voile des mots, se meuvent les idées et que le va-et-vient des propositions dans les syllogismes masque les relations alternantes des idées énoncées comme attributs d'un commun sujet.

IV. — L'unité de la chose connotée par une pluralité de termes : voilà le point qui demeure fixe sous les péripéties de la syllogistique. A vrai dire, le syllogisme, tel que Hobbes le comprend et le préconise, est essentiellement géométrique. Aussi la définition est-elle à ses yeux l'acte logique primordial, puisque par elle est déterminé le contenu où la déduction n'aura qu'à puiser. En quelque mesure, oui, les définitions sont bien *ad libitum* : car de tous les noms qui conviennent à un sujet, c'est affaire à nous d'arrêter nos préférences sur un ou plusieurs ; notre choix, en un sens, est libre, mais, une fois fait, nous devrons, dans la suite, nous y tenir et rester constants avec nous-mêmes. Ce choix pourra être incomplet, insuffisant (comme si je disais : *l'homme est un mobile* et non : est un *raisonnable*); incomplètes et insuffisantes seront donc aussi nos déductions. Plus, au contraire, il sera judicieux et éclairé, d'autant plus lumineux et riches seront nos théorèmes.

Constructive et géométrique, telle est donc la vraie méthode, et Hobbes la définit : l'investigation des effets par

---

(1) *De Corp.*, chap. IV, § 8. V. l'exemple.

les causes connues, des causes par les effets connus. Elle est la science τοῦ διότι. Toute autre connaissance est τοῦ ὅτι et se tire de sensations ou d'imaginations, c'est-à-dire de souvenirs empruntés à la sensation. La possession τοῦ ὅτι, qui consiste dans les fantômes des sens et de l'imagination, précède l'acquisition τοῦ διότι et en est la condition. La seconde, ou recherche des causes, est œuvre de la raison; elle se ramène à composer et à diviser. Autrement dit, la méthode rationnelle comprend deux procédés réciproques : la synthèse et l'analyse (1). La connaissance tirée des sens et, par leur canal, de la nature elle-même, est obscurément synthétique. A l'analyse il appartient de dissocier les éléments divers enveloppés dans l'objet perçu; plus tard, une synthèse raisonnée les recomposera, substituant la construction distincte de l'esprit à la formation confuse des sens.

Telle est, en conséquence, la marche que Hobbes se propose de suivre : discerner par analyse les composants, afin de reformer ensuite par synthèse le composé. L'ensemble de ces composants essentiels, qu'il appelle encore « parties de la nature de la chose », voilà ce dont est formée la totalité de la cause (2). Prenons comme exemple l'homme : ces parties seront, non pas la tête, l'épaule, les bras, mais la figure, la quantité, le mouvement, la sensation, le raisonnement, etc., toutes choses « qui constituent non sa masse, mais sa nature ». Les premières, en tant que saisies par les sens, ne sont que *notiora nobis*; les secondes, comprises par la raison, méritent d'être appelées *notiora naturæ*. Ces dernières ont seules un caractère d'universalité.

Résumons-nous. L'objet singulier, empiriquement donné, contient en lui les causes universelles auxquelles se subordonnent, pour ainsi dire, ses causes propres. Ces causes universelles doivent donc être le premier objet de notre poursuite, puisque, si elles nous échappent, nous ignorerons également tout ce qui en procède, c'est-à-dire

(1) *De Corp.*, ch. VI, § 1. — (2) § 2.

le complexe des causes individuelles. Nous dirons encore que ces causes supérieures sont *naturæ nota* ou, si l'on veut, manifestées par elles-mêmes. Aussi nulle méthode n'a de prise sur elles ; l'on n'a ni à les déduire, ni à les analyser, ni à les démontrer. Elles sont posées ; il faut les prendre comme elles s'offrent. Loin qu'il y ait lieu de les définir, c'est d'elles que se tire toute définition, acte logique qui ne consiste que « dans les explications de nos plus simples concepts. »

Or, de toutes choses la cause unique, celle qui mérite par excellence qu'on l'investisse de l'universalité est le mouvement. Oui, c'est de la pluralité des mouvements qui les dessinent que naît toute la diversité des figures. La variété des perceptions provient du mouvement varié qui a lieu et dans l'objet qui agit et dans le sujet qui subit. Au mouvement l'on ne saurait concevoir d'autre cause que le mouvement. La considération de cette cause entre les causes est donc la plus urgente à laquelle la méthode doive se consacrer. Examiner de ce point de vue exclusif un corps, c'est-à-dire comme engendré en ligne et figure par des mouvements définis, tel est l'objet de la première branche de la philosophie, c'est-à-dire de la *géométrie*. L'étude des effets que le mouvement d'un corps produit chez d'autres constitue la *mécanique*. Que si l'on s'enquiert des effets dûs au mouvement des parties et grâce auxquels la sensation distingue dans les mêmes choses du changement, l'on aura la *physique*. Une complication nouvelle donnera naissance à la *morale* ; une autre encore à la *philosophie civile* (1).

Que nous voilà loin du pyrrhonisme dissolvant dont le nominalisme de tout à l'heure avait paru nous menacer ! Ce n'est point qu'il ne plane encore sur les prémisses du système quelque incertitude. En ce qui concerne l'apparition et l'organisation du langage, événement décisif dans l'histoire intellectuelle de l'humanité, l'auteur ne s'est pas expliqué suffisamment. Entre ce premier fait et l'entrée en

(1) *De Corp.*, ch. vi, § 6 et 7.

scène de la raison, dorénavant seule metteuse en œuvre de la connaissance, y a-t-il simultanéité ou y a-t-il succession ? On serait en peine de répondre, l'un et l'autre parti nous jetant dans un égal embarras. Aussi bien il subsiste une singulière discordance en cette logique nominaliste, qui se donnait au début pour un empirisme complaisant aux tendances sceptiques et qui bientôt, par l'intervention de concepts universels ayant force d'axiomes supérieurs à toute expérience, comme ils sont affranchis de toute critique, se relève en un dogmatisme géométrique, psychologique et moral. D'abord tenue en suspicion et présentée comme étrangère à la science commençante, la raison va régner désormais sans partage.

CHAPITRE IV

PHILOSOPHIE PREMIÈRE. — DÉDUCTION DES CONCEPTS FONDAMENTAUX.

I. — Avec la Logique (*Computatio sive Logica*) se termine la première section du *De Corpore*. Nous y avons appris que, pour se livrer efficacement à ces décompositions et recompositions incessantes qui sont sa tâche exclusive, la science devait avoir rattaché ses raisonnements à quelques vastes concepts exempts de tout critère. Mais Hobbes ne mériterait pas le nom de philosophe, si sa curiosité était pour si peu satisfaite, s'il exceptait de son examen les plus générales d'entre les notions. Autre chose est prétendre prouver les principes, autre chose les scruter et en évaluer, si l'on peut dire, le contenu. A faire cette exposition, ou, pour parler en kantien, cette déduction, est consacrée la partie des *Éléments*, que l'auteur intitule *Philosophie première*.

Bacon avait bien, lui aussi, traité d'une semblable philosophie : même il l'avait mise à son rang d'honneur dans sa classification des sciences; mais il n'avait emprunté à l'antiquité classique cette expression que pour la détourner de son acception séculaire. En réalité, il avait par là désigné une collection « d'axiomes » communs à plusieurs sciences, c'est-à-dire bien plutôt une Introduction à ce que les anciens auraient appelé philosophie seconde (1). Avec Hobbes, cette impropriété prend fin. C'est une philosophie réellement digne d'être dite première qu'il inaugure. Investigation libre de tout élément

---

(1) Ces axiomes, chez Bacon, sont d'une valeur et d'une généralité d'ailleurs très inégales. V. *De Augmentis*, l. III, ch. i.

empirique, travail de haute abstraction dans lequel il n'est point d'étude qui n'ait son préambule naturel, elle a pour but de déterminer à priori les fondements de la réalité, en même temps que les conditions universelles de la connaissance. Notre intention n'est certes pas de transformer Hobbes en précurseur du transcendantalisme. Il n'a point soupçonné l'existence de ce que le criticisme appellera des jugements synthétiques à priori et l'intérêt capital qu'offre le problème de leur possibilité. En ce qui concerne même simplement les jugements analytiques à priori, il n'a pas davantage entrevu de distinction entre leur idéalité transcendantale et leur réalité empirique. Mais qu'est-ce à dire, sinon que les *Éléments* sont de plus d'un siècle antérieurs aux trois *Critiques* ?

Ce qui est sûr, c'est que nul penseur, au xviie siècle, ne s'est engagé aussi résolument dans la voie du doute à priori. Le procédé dont va user Hobbes le mènerait droit à un idéalisme radical, sans le coup de force que la notion causale lui permettra d'exécuter. Il est très vrai qu'antérieurement aux notions, il faut que des objets aient agi sur les sens et, par l'intermédiaire des sens, déposé des vestiges dans la mémoire et l'imagination. Il nous a été dit que l'acquisition τοῦ ὅτι devait nécessairement précéder la conquête τοῦ διότι; que la chose avait dû être présentée synthétiquement par la perception à l'esprit pour que l'analyse en disjoignît les éléments généraux ou plutôt les causes essentielles qui la font être ce qu'elle est. En ce sens, à son point de départ, la dialectique à priori de Hobbes se réclame de ce sensualisme auquel, dès sa philosophie première constituée, il retournera par sa théorie de la perception extérieure. Mais, cette concession à l'empirisme, il va, sinon la reprendre, du moins la réduire jusqu'à la rendre insignifiante. Et nous verrons que même ce minimum phénoménal était de superfétation, que la construction des idées fondamentales sur lesquelles doit s'étager la science s'en pouvait passer sans aucun dommage. Ce n'est nullement exagérer de dire que Hobbes rejette bien plus dans l'ombre que ne le fera l'auteur de la *Critique de la Raison pure* la réalité contingente : car ce dernier réclamera pour ses catégories et ses formes des intuitions actuellement reçues par la sensibilité; au lieu que l'auteur des *Éléments* va supposer toutes intuitions disparues, toute existence concrète annihilée, tout mouvement suspendu, et il lui suffira que des impressions passées les traces seules aient persisté dans le souvenir.

II. — La seconde section du *De Corpore* s'ouvre sur l'hypothèse que l'Univers est anéanti. Imaginons que de cette destruction totale un homme soit excepté et demandons s'il reste quelque chose sur quoi il puisse philosopher et à quoi il puisse donner un nom. « Je dis qu'à cet homme il restera du monde et de tous les corps que ses yeux avaient auparavant considérés ou qu'avaient perçus ses autres sens, les idées, c'est-à-dire la mémoire et l'imagination de leurs grandeurs, mouvements, sons, couleurs, etc., et même de leur ordre et de leurs parties; toutes choses qui, bien que n'étant que des idées et des fantômes, accidents internes en celui-là qui imagine (*ipsi imaginanti interne accidentia*), n'en apparaîtront pas moins comme extérieures et comme indépendantes du pouvoir de l'esprit (1). » Qu'une telle fiction est grosse de conséquences ! Et comment en dérouler les suites, sans passer dans le camp de l'idéalisme absolu ? L'argument qui s'en dégage et que l'artifice méthodiquement pyrrhonien de Descartes avait pu suggérer à l'écrivain anglais est invincible au réalisme. Tous les caractères qu'offrent à nos sens les choses et grâce auxquels nous jugeons de l'extériorité de celles-ci sont, en dernière analyse, des états affectifs inhérents au sujet sentant. On pourrait sans absurdité concevoir que ce sujet les éprouvât en l'absence de tout monde d'où ils émanent. Rien ne m'empêche, affirme notre philosophe, de supposer que ces fantômes occupent notre pensée, alors qu'aucun monde ne serait plus. Rien

(1) *A virtute animi minime dependentia.* (*De Corp.*, ch. VII, 1.)

ne m'empêche aussi, serait en droit de dire un hobbien plus opiniâtré, de concevoir que ces fantômes assiègent mon esprit, alors qu'aucun monde n'aurait jamais été. Les mêmes raisons qui autorisaient la première supposition interdisent d'écarter la seconde. Ces fantômes, en dépit des apparences d'extériorité qu'ils revêtent, n'en sont pas moins de pures manières d'être éprouvées par celui qui les contemple : *ipsi imaginanti interne accidentia*. Moins préoccupé de sa construction à priori, cet esprit rigoureux eût difficilement évité une conclusion de ce genre. Mais sa hâte d'édifier l'en sauve. Le géomètre s'inquiète-t-il de savoir si ses théorèmes s'appliqueront à une matière existante ou seulement possible ? Hobbes de même compose, exempt d'un tel souci, sa philosophie première. Qu'un monde extérieur soit actuellement donné ou non, c'est une question qu'il néglige. Il lui suffit que, si ce monde est jamais produit, il devra s'adapter au cadre où il l'a d'avance enfermé.

Mais poursuivons notre fable. L'esprit, avons-nous vu, ne s'exerce que sur des images, puisque les originaux sont supposés détruits. C'est à ces images que l'homme de tout à l'heure, unique épave parmi l'universel naufrage, attribuerait des noms ; « c'est elles qu'il soustrairait, elles qu'il additionnerait. En effet, nous avons supposé que, le reste des choses anéanti, lui seul demeurait, par conséquent pensait, imaginait, se souvenait : or, il n'y a rien à quoi il pense, si ce n'est aux choses passées ». Une considération va nous en convaincre, qui ne nécessiterait même pas cette hypothèse d'un retour général au néant. Réfléchissons à ce qui se passe actuellement, dans un monde intact, parmi une humanité saine et sauve, alors que nous raisonnons. Les opérations de notre esprit (1) ne portent que sur nos *fantômes*. « Que nous calculions les grandeurs du ciel ou de la terre, ou leurs mouvements, nous ne montons pas dans le ciel, afin de le diviser en parties et de mesurer ses mou-

---

(1) Plus exactement, nos calculs : *computamus*.

vements : cela, nous le faisons bien tranquilles dans notre cabinet ou dans l'obscurité (1). » Or, ces fantômes, qui forment, même présentement et selon le cours normal des choses, l'objet exclusif de nos pensées, peuvent être considérés à un double point de vue : ou comme des accidents internes de l'esprit, et c'est ainsi qu'on les envisage, lorsqu'il s'agit des facultés de l'âme; ou comme les espèces des choses extérieures, c'est-à-dire non pas comme existantes, mais comme paraissant exister, *id est tanquam non existentes sed existere sive extra stare apparentes*. Le premier de ces points de vue est purement subjectif : c'est celui où se place le psychologue, quand il analyse la perception extérieure ; le second est objectif, cosmologique même pourrions-nous dire, puisque de ces fantômes de notre imagination sont composés et la terre et le ciel.

Préalablement à tous les fantômes qu'après un effondrement du monde notre esprit garderait comme en réserve, il en est un qui s'impose à l'attention : car aucun de nos souvenirs, aucune de nos imaginations, si vague soit-elle, ne peut s'en détacher. Dès que nous pensons à quelque chose qui n'est pas ou de nous ou nous-mêmes, il est de toute nécessité qu'il se manifeste. Tous les autres fantômes le réclament d'abord. C'est l'*Espace*. Nous l'évoquons par le seul fait de nous souvenir ou d'imaginer qu'une chose quelconque a existé, et cela sans égard à ce qu'elle pouvait être, mais en nous rappelant qu'elle était hors de notre esprit. Cet espace est « imaginaire », puisque la représentation que nous en avons « se réduit à un pur fantôme » ; et cependant il est bien « ce que tout le monde appelle de ce nom ». L'espace ne dépend en rien de ce qui le remplit, sa nature ne consistant pas à être occupé, mais bien à pouvoir l'être. « Dans le même espace est contenu tantôt un

(1) A rapprocher de la phrase célèbre de Condillac : « Soit que nous nous élevions, pour parler métaphysiquement, jusques dans les cieux, soit que nous descendions dans les abîmes, nous ne sortons point de nous-mêmes, et ce n'est jamais que notre propre pensée que nous apercevons. » (*Essai sur l'origine des connaissances humaines*, ch. I.)

corps, tantôt un autre ; ce qui ne saurait avoir lieu s'il accompagnait à jamais ce qu'il a une fois enfermé. » Cette idée est donc la plus générale et la plus indéterminée : il n'est pas même besoin du mouvement pour la concevoir ; elle est impliquée par cela seul que l'on conçoit quelque chose comme existant, pourvu que ce soit extérieurement à qui conçoit. En elle se confondent *extériorité* et *existence* : aussi bien comment imaginer qu'une chose existe, sinon en dehors de nous ? Retenons donc cette définition : *L'espace est le fantôme d'une chose existante en tant qu'elle existe, c'est-à-dire sans considérer en elle aucun autre accident que le fait d'apparaître extérieurement à qui l'imagine* (1).

Le mouvement n'était pas indispensable à la représentation de l'espace, mais il est exigé par le second fantôme : le *Temps*. Cette nouvelle idée est celle « d'un corps qui passe par une succession continue d'un espace dans un autre ». Une semblable définition s'accorde à souhait avec le langage commun. « Puisque les hommes avouent que l'année est du *Temps* et qu'ils ne tiennent cependant l'année ni pour l'accident, ni pour l'affection, ni pour le mode d'un corps quelconque, force leur est de reconnaître que ce n'est pas dans les choses elles-mêmes (2), mais dans la pensée de l'esprit (*in animi cogitatione*), qu'on doit le découvrir. Quand ils parlent des temps de leurs ancêtres, estiment-ils donc que, leurs ancêtres morts, les temps où ils vivaient puissent se trouver autre part que dans la mémoire de ceux qui se les rappellent ? » Autant donc, tout à l'heure, Hobbes faisait ressortir l'attribut d'extériorité afférent à l'idée d'espace, autant met-il à présent en saillie le caractère de subjectivité qui appartient à l'idée du temps, cette forme interne de la sensibilité pure, dira Kant. Où est le jour, le mois, l'année, si ces noms ne désignent pas uniquement des calculs opérés dans l'esprit ? Le *Temps* est donc

---

(1) *De Corp.*, chap. vii, § 2.
(2) La traduction anglaise est plus précise encore : *not in the things without us.*

un fantôme, mais le fantôme du mouvement. Pour fortifier ce dernier point, il suffit de remarquer que notre unique moyen de connaître une durée est d'imaginer quelque mouvement, comme celui du soleil, d'un automate, d'une clepsydre. Ajoutons, pour ne rien omettre, que le mot *Temps* indique de l'antérieur et de l'ultérieur, « c'est-à-dire une succession du corps qui est mû, en tant qu'il existe d'abord ici et ensuite là ». Aristote avait déjà dit, et Hobbes n'a garde de négliger ce grand patronage : le temps est le nombre du mouvement, en tant que, dans le mouvement, nous imaginons de l'avant et de l'après.

L'espace et le temps ne sont susceptibles d'être divisés, c'est-à-dire d'avoir des parties, qu'en ce sens que l'on y peut envisager ceci, puis cela. Bref, la division n'en est due qu'à la pluralité des pensées de celui qui considère ce temps et cet espace. « Si l'on *divise* le temps ou l'espace, on a autant de concepts divers que l'on crée de parties; et une de plus encore (1). » Ce concept en surcroît est celui de la chose même à diviser. Une diversité dans les points de vue où nous nous plaçons : c'est à cela que se ramène le partage. « En sorte que la division est l'œuvre non des mains, mais de la pensée. » Du temps ou de l'espace considéré entre d'autres temps et d'autres espaces est dit *un*. Un plus un, un plus un plus un : voilà le *nombre*. Formons avec des espaces l'espace, avec des temps le temps. « Ce qui est ainsi mis à la place de tous ces éléments dont il se compose s'appelle *Tout* et ces éléments divers, quand, par suite de la division du tout, on les considère à nouveau séparément, en sont les parties. C'est pourquoi le *Tout* et *toutes les parties* prises ensemble ne font absolument qu'un. Or, de même que, dans la division, il n'est pas nécessaire, nous l'avons dit, que les parties soient disjointes, de même, dans la composition, il n'est pas davantage besoin, pour former un tout, que les parties s'approchent l'une l'autre et se touchent mutuellement, mais seulement que la pensée les réunisse en une seule

---

(1) *De Corp.*, ch. VII, § 5.

somme (1). » Nous n'avons donc pas quitté la région de l'à priori et, si nous oublions que cette chaîne de déductions est tout idéale, qu'elle ne compte pas un anneau qu'ait forgé l'expérience, ce ne sera point faute que l'auteur nous en ait avisés.

L'examen de ces deux grands fantômes se termine par l'élimination de problèmes fameux, amusettes des philosophes. De ce nombre est la question : le monde est-il fini ou infini? Comme si ce que nous pouvons imaginer sous ce mot de *Monde* n'était pas limité quelque part, soit aux étoiles fixes, soit à la neuvième sphère, soit à la millième ! — Telle est encore la question de savoir s'il y a un *minimum divisible*. Non, faut-il répondre. Etant donné, en effet, qu'un temps ou un espace réputé *minimum divisible* comprend deux parties égales A et B : je dis que chacune des deux parties, A par exemple, peut être à son tour partagée. Supposons, en effet, que A soit contigu, d'un côté, à B, de l'autre à un espace égal à ce même B. L'espace total est divisible. Qu'on le partage en deux moitiés, du même coup A, qui se trouvait au milieu, entre B et l'espace égal à B, sera partagé en deux. A était donc divisible (2).

III. — Que notre fiction continue son cours, de nouveaux fantômes ne tarderont pas à se produire. Celui d'espace était en quelque sorte tout privatif : il consistait en la place des choses qui ne s'y trouvaient plus. « Mais supposons que derechef quelqu'une d'entre elles y soit réintégrée ou soit créée à nouveau, il est donc nécessaire que ce quelque chose de créé ou de replacé occupe une partie dudit espace ou, si l'on veut, coïncide et soit coextensif avec elle; que, de plus, ce quelque chose ne dépende pas de notre imagination. Or, c'est cela même qu'on a coutume d'appeler, eu égard à son extension : *corps*; eu égard à son indépendance de notre pensée : *subsistant par soi*; eu égard à ce qu'il subsiste hors de nous : *existant*;

---

(1) *De Corp.*, ch. VII, § 8. — (2) § 13.

enfin, eu égard à ce qu'il semble s'étendre sous un espace imaginaire, en sorte que ce ne sont pas les sens, mais seulement la raison qui comprend qu'il y a là quelque chose : *substrat* et *sujet* (*suppositum et subjectum*). Le corps se définira donc : *tout ce qui, sans dépendre de notre pensée, coïncide ou est coétendu avec quelque partie de l'Espace* (1). » Quant à l'accident, nous dirons qu'il se réduit à « une manière de concevoir le corps (2) ».

Le corps particulier dont nous avons feint la création, ou plus exactement la réapparition, a sa grandeur propre, laquelle est indépendante de notre pensée. C'est ce que quelques-uns appellent *l'espace réel*, bien différent de notre *espace imaginaire* : « le premier est un accident de l'esprit, le second des corps existant hors de l'esprit. » Nous touchons, semble-t-il, à l'un des endroits les plus vulnérables de cette solide déduction. La distinction que vient de tracer Hobbes a-t-elle un intérêt purement logique ? Ou prétend-il vraiment emporter d'autorité notre adhésion à ce choquant postulat de deux espaces hétérogènes coexistant l'un avec l'autre : l'un, divisible seulement pour et par l'esprit, sans que les découpures que cet esprit y fait en entament d'aucune manière l'unité ; l'autre, multiple et bariolé en quelque sorte, réalisé par la juxtaposition des grandeurs de tous les objets particuliers ; le premier inhérent à notre pensée et dénué de valeur objective ; l'autre se déployant en dehors de nous et soustrait aux prises de notre imagination ? Le contraste ne se bornerait point là, si nous nous en rapportons à Hobbes : il faudrait l'étendre aux fractions de l'espace imaginaire par opposition aux moindres étendues réelles. C'est ainsi que la partie d'espace imaginaire avec laquelle coïncide la grandeur d'un corps en sera dite *le lieu*, mais ne devra pas être tenue pour identique à cette *grandeur*. Le corps garde toujours sa grandeur, il ne conserve pas toujours son lieu. Le lieu est le fantôme du corps de telle dimension et de telle figure ; la grandeur est un accident

---

(1) *De Corp.*, chap. VIII, § 1. — (2) § 2.

particulier à ce corps. Enfin « le lieu n'est rien en dehors de l'esprit, la grandeur rien au dedans de lui. » Et notre auteur d'aligner les séries de ces différences (1).

Mais un doute nous vient : n'est-il pas quelque peu la dupe de ses analyses ? Ou plutôt ne sacrifie-t-il pas, en dépit de lui-même, à l'antique idole du vide, qu'il se représente tantôt occupé, tantôt abandonné par le corps ? Abandonné, ce n'est plus que l'étendue intelligible sillonnée en tous sens par l'imagination du géomètre ; occupée, ce devient l'ordre de coexistence des réalités physiques aptes à tomber sous nos perceptions. A moins qu'il ne convienne de chercher ailleurs le but d'un tel dédoublement ! Hobbes aurait-il compris que tous ces fantômes défilant devant sa pensée ne l'aidaient guère à prendre possession de l'existence et aurait-il voulu, en plaçant vis-à-vis de l'étendue fantasmatique l'extension concrète, s'ouvrir le champ de la réalité extérieure ? Mais ce serait conquérir à trop bon marché l'objectif. Notre imagination n'est pas tout nous-mêmes, et une notion peut se poser en pleine indépendance à son égard sans être pour cela munie d'un brevet d'extériorité : car il reste concevable qu'elle ne soit que la forme conditionnelle de notre sensibilité à priori ou, plus simplement encore, le secret réseau tissé par l'esprit dans ses inconscientes profondeurs.

Après avoir traité des corps, étudions le mouvement. Nous dirons qu'il consiste dans l'*abandon continu d'un lieu et l'acquisition continue d'un autre lieu* (2). Un mouvement ne peut pas plus être conçu hors du temps, que le temps lui-même ne peut se définir sinon grâce au mouvement. — *Est en repos ce qui pendant quelque temps se trouve dans le même lieu ; s'est mû ce qui, soit que maintenant il repose ou se meuve, était auparavant dans un lieu autre que celui où il se trouve actuellement* (3). D'où suivent trois propositions : 1° ce qui se meut s'est mû ; 2° ce qui se meut se mouvra ; 3° ce qui se meut n'est pas, si peu de temps que l'on veuille, dans *un lieu* ; car, en vertu de ce qui précède,

---

(1) *De Corp.*, ch. VIII, § 5. — (2) § 10. — (3) § 11.

se trouver quelque temps en un lieu, c'est être en repos. — Ainsi tombe le vieux sophisme aux termes duquel une chose ne pouvant se mouvoir que là où elle est ou bien là où elle n'est pas, hypothèses également inadmissibles, elle ne saurait donc en nulle manière se mouvoir. « La majeure est absurde : car ce qui est en mouvement ne se meut ni dans le lieu où il est ni dans celui où il n'est pas, mais bien du lieu où il se trouve au lieu où il ne se trouve pas. » Pour finir, on ne peut imaginer le mouvement sans avoir par cela même la notion de passé et d'avenir.

Après avoir déterminé ce que c'est qu'égalité, vitesse, uniformité de mouvement et démontré la loi d'inertie, Hobbes aborde la question de savoir ce que c'est que génération et mort.

« Quand nous disons qu'un animal, un arbre ou un autre corps *est engendré* ou qu'il *périt*, il ne faut pas entendre qu'il devient corps de non-corps qu'il était, ou *vice versa* ; mais bien d'animal non-animal, d'arbre non-arbre, etc. ; bref, les accidents en considération desquels on appelait une chose animal, une autre arbre, une autre différemment, sont engendrés et périssent, en suite de quoi, ces noms qui leur convenaient auparavant ne leur conviennent plus. Elle n'est engendrée ni ne périt, la grandeur en raison de laquelle nous nommons quelque chose un corps (1). » Les philosophes l'ont bien compris qui ont consulté la raison naturelle ; car ils admettent que le corps ne peut ni naître ni s'anéantir, mais seulement se manifester sous telles et telles apparences et par conséquent prendre tels ou tels noms. « Les corps sont des choses inengendrées ; les accidents sont engendrés, mais ne sont point des choses. » Quand donc quelque chose se manifeste diversement, ne croyons pas que l'accident émigre d'un sujet dans un autre. Il n'est pas dans le sujet comme le contenu dans le contenant. Un accident meurt, un autre prend naissance (2).

Nous n'avons eu jusqu'ici en vue que des corps indi-

---

(1) *De Corp.*, ch. VIII, § 20. — (2) § 21.

viduels, dans leur multiplicité et leurs différences. Mais les philosophes ont, à la suite d'Aristote, élargi bien davantage la notion de corps. C'est ainsi qu'ils ont parlé d'une substance commune à tous les objets et qu'ils l'ont appelée *matière première*. Ce ne serait là ni un corps distinct de tous les autres ni simplement l'un d'entre eux. Qu'est-ce donc ? « Un pur mot, mais qui a son utilité, » et ce mot signifie que « l'on considère le corps, sans avoir égard à aucune forme, à aucun accident que ce soit, sauf néanmoins la grandeur ou l'extension et l'aptitude à recevoir forme et accidents. » Il ne s'agit point, on le voit, d'une *chose*, attendu qu'il n'y a point de choses qui ne soient pourvues de formes et d'accidents; or, celle-ci s'en trouve si dénuée que nous ne voyons en elle que de la quantité. La matière première n'est que le corps, en tant qu'on le considère universellement (1).

IV. — Que ces corps, ouvrages de la raison, que cette universelle et abstraite matière, ne nous aient point fait dépasser la sphère du pur mathématique; qu'en les produisant, la pensée plane bien au-dessus de la réalité tangible sur laquelle s'exerce l'investigation expérimentale, Hobbes ne pouvait le méconnaître, et, loin de s'en excuser, il en aurait conçu plutôt de la joie. Une sorte d'ivresse logique le saisit, lorsqu'il a mis le dernier point à ce tissu serré de concepts et de définitions. Dans son ardeur à tout déduire, il voudrait soumettre à ses analyses les principes réputés irréductibles. Accédant par avance à un célèbre conseil de Leibnitz, il se flatte que sa méthode rendra possible de prouver les axiomes d'Euclide eux-mêmes concernant l'égalité et l'inégalité des grandeurs. Et, joignant au précepte l'exemple, il justifie de la manière suivante cette vérité dite indémontrable, que le *tout* est plus grand que la partie : « On dit par définition que *plus grand* est ce dont une partie est égale à un autre tout. Soit un tout quelconque A et sa partie B. Puisque tout

---

(1) *De Corp.*, ch. viii, § 24.

B est égal à lui-même et que la partie du tout A n'est autre que B, la partie de A sera égale à tout B. Donc, en vertu de la définition de *plus grand*, A est plus grand que B : ce qu'il fallait établir (1). » L'artifice consiste ici à détacher du tout que l'on examine une partie que l'on considère ensuite comme un second tout, pour le comparer au premier. Mais ne pourrait-on objecter que cette démonstration prétendue recouvre une pétition de principe ? Elle revient, en fin de compte, à résoudre l'idée de *plus grand* dans celle de *tout*. Mais cette dernière, de par sa définition, ne saurait être comprise qu'en référence aux parties dont elle est la somme et dont chacune est par conséquent moindre qu'elle-même. Ce qui revient à dire que la notion de *tout* serait inintelligible, si l'on ne sous-entendait déjà l'axiome d'Euclide.

En dépit de notre hypothèse d'une universelle destruction, flottent dans notre esprit des fantômes qui nous mettent en situation de rebâtir un monde disparu. Par eux, la science est redevenue possible et elle a recouvré son objet. Assurément la liste n'en est pas encore achevée, et quelques nouveaux spectres ont à nous apparaître encore, au défaut desquels ceux que nous avons vus se former nous appartiendraient en vain. Nous savons ce que c'est que mouvement et génération. Mais les accidents ne se produisent pas plus d'eux-mêmes qu'ils ne sont par eux-mêmes supprimés. Or le principe qui doit rendre raison de leur origine — ainsi que de toute origine — n'est pas encore déduit : nous voulons dire celui de causalité. De cause, jusqu'à présent, nous n'en possédons guère qu'une, la matérielle. Nous savons ce dont les choses sont faites, et cela même se réduit, pour Hobbes, ce semble, comme pour Descartes, à l'étendue. De l'étendue fragmentée et indépendante de nous : tels sont les corps. Un réceptacle illimité de toutes les formes et de tous les accidents : voilà la matière première. Après avoir englouti dans son scepticisme provisoire toutes ses connaissances, Descartes n'avait sauvé du

(1) *De Corp.*, ch. VIII, § 25.

naufrage qu'une seule existence : son moi pensant, intuitivement perçu. Hobbes ne recueille comme épaves que les idées ou fantômes habiles à représenter la réalité spatiale, c'est-à-dire matérielle. Mais, au lieu que Descartes, fort, il est vrai, du secours que lui prête le concept de la perfection divine, se flatte, par sa notion d'étendue, de prendre immédiatement pied dans l'univers extérieur, Hobbes n'a pu encore projeter devant lui, pour l'investir d'une existence indépendante, que le monde de ses représentations. Son espace est en lui ; son temps est en lui, et sa vaine distinction entre la grandeur et le lieu n'a pu faire que mouvement et corps ne fussent également en lui. L'univers qu'il a reformé des matériaux mis en œuvre par la raison pure ne s'est point détaché de cette raison. Ce monde géométrique est quelque chose encore de la pensée qui l'engendra.

CHAPITRE V

PRINCIPE CAUSAL ET UNIVERSELLE NÉCESSITÉ. — PROBLÈME DE LA RÉALITÉ OBJECTIVE. — FONDEMENTS D'UNE THÉOLOGIE. — THÉORIE DE L'INCONNAISSABLE.

I. — Parmi les principes dont nous venons d'être dotés, il n'en est pas un qui ne laisse l'esprit en face de lui-même, pas un qui ne nous maintienne, si l'on peut dire, les prisonniers de notre hypothèse première, celle d'un effondrement de la nature, auquel aurait survécu un unique moi humain. Cette captivité ne laisserait point de jour à l'espérance, sans une notion libératrice, à laquelle la plupart des philosophes ont fini tôt ou tard par commettre le soin de leur ouvrir le champ de l'existence extérieure et de leur garantir la réalité d'un suprême auteur des choses. A peine ce concept tutélaire aura-t-il fait son apparition que se rompra le cercle où nous étions enfermés; notre fiction initiale s'évanouira par enchantement. Du moins, dès ce moment, on nous la fera perdre entièrement du regard, et l'on ramènera sur la scène philosophique les notions de matière ambiante, de nature, de Dieu, comme serait en droit de faire un dogmatisme selon qui l'univers est donné. Il aura suffi de la notion causale pour que soit opéré ce changement à vue.

Qu'est-ce que *cause* et *effet ?* Pour répondre, il faut savoir en quoi consiste *agir* et *pâtir* : or ces deux termes s'expliquent par ce que nous avons dit de la *génération*. Un corps reçoit le nom d'*agent* lorsqu'il produit en un autre quelque accident; si c'est en lui qu'un accident est ou engendré ou anéanti, on l'appellera *patient* (1).

(1) *De Corp.*, ch. IX, § 1.

Mais prenons garde qu'un corps ne fait point apparaître dans un autre n'importe quels accidents : sans quoi nous habiterions le plus mobile des chaos, et la pensée ne trouverait où se prendre. Aussi bien il est constant qu'une réalité agissante ne provoque dans une autre réalité que des changements définis. Ce n'est pas à titre de corps que l'agent les engendre : car, à ce compte, tous les autres corps ne se distinguant pas, comme tels, de cette réalité, engendreraient dans tous les patients des changements identiques. Non ; un agent n'accomplit un effet déterminé que parce qu'il est pourvu d'accidents déterminés eux-mêmes. — Ces préliminaires consentis, nous sommes en mesure de formuler notre principe. « La cause de tous les effets consiste en des accidents déterminés des agents et du patient : tous sont-ils là, l'effet se produit ; en manque-t-il, il n'a pas lieu. L'accident soit de l'agent, soit du patient, *sans lequel l'effet ne peut se produire*, est appelé *cause sine qua non ou nécessaire par hypothèse*... La cause simplement dite, ou, si l'on veut, la cause intégrale est l'agrégat de tous les accidents, aussi bien dans les agents, quel qu'en soit le nombre, que dans le patient, accidents tels qu'une fois supposés, il serait inconcevable que l'effet ne se produisît pas à l'instant et qu'un seul étant supposé faire défaut, l'on ne concevrait pas que l'effet se produisît (1). »

Il est inconcevable, *intelligi non potest!* Ces mots répétés avec insistance nous avertissent clairement que la méthode n'a point cessé d'être à priori. Au reste, le mot cause n'a pas ici l'acception quelque peu mystérieuse qui prévaut dans la terminologie des écoles. Il est synonyme de *conditions préexistantes* aussi bien dans le patient que dans l'agent. S'agit-il de celles qui concourent dans le premier, l'agrégat qu'elles forment est la cause *efficiente ;* s'agit-il de celles qui se rassemblent dans le second, ce sera la cause *matérielle*. Dans les deux cas, l'expression n'est de mise qu'une fois l'effet réalisé : car, tant qu'il n'y a

---

(1) *De Corp.*, ch. ix, § 3.

pas d'effet, on n'a pas à parler de cause. Quant à ces deux causes subsidiaires introduites par les métaphysiciens, la *formelle* et la *finale*, il n'y a nul intérêt à les recevoir. La première se confond avec ce qu'on appelle *essence* et n'est d'aucun profit pour expliquer une production. La seconde ne saurait trouver place que chez les êtres doués de sensibilité et de vouloir; encore, pour ceux-ci mêmes, l'auteur du *De Corpore* se promet-il d'établir que la cause efficiente s'acquitte de tout ce que l'on attend de la soi-disant action des *fins* (1).

La cause efficiente contribue donc seule avec la matérielle à former la *cause intégrale*. A cette dernière, qui épuise, par définition, toute la causalité, il faut se tenir, puisque par elle on possède la totalité des accidents sans lesquels l'effet n'aurait pas lieu. Autrement dit, une telle cause est toujours suffisante; sinon, il manquerait, soit au patient, soit à l'agent, une des conditions de l'effet et, en cas, nous aurions eu tort de la dire *intégrale*. Comme, de plus, on appelle *nécessaire* la cause qui ne se peut poser que l'effet ne suive, nous devons conclure que nul effet n'a jamais été produit que par une cause nécessaire, puisqu'il ne peut s'accomplir sans avoir eu sa cause intégrale, c'est-à-dire sans avoir réuni toutes les conditions qui, une fois assemblées, rendraient inconcevable que l'effet n'eût pas lieu. Ce que l'on vient de dire des effets écoulés ne s'applique pas moins fortement aux effets futurs. Serait-ce tirer de cette théorie une conséquence illégitime d'ajouter que, dès lors, à un regard assez profond non seulement le passé se ferait lire dans le présent, mais encore, dans le présent, se laisserait déchiffrer tout l'avenir?

Bien loin de détendre, si peu que ce soit, le réseau des existences, la suite du *De Corpore* ne fait que le resserrer davantage et exclure tout biais par où s'insinuerait dans le système quelque contingence. Ce qu'on appelle la *puissance* et l'*acte* n'est qu'une reprise de notre antithèse entre

---

(1) *De Corp.*, ch. x, § 7.

là cause et l'effet. Puissance signifie cause, mais à l'égard de l'effet *à produire;* acte signifie effet, mais de la puissance. Il n'y a non plus nulle raison de distinguer entre la cause *entière* et la puissance dans sa plénitude (*potentia plena*), c'est-à-dire celle en qui affluent les conditions requises pour la production de l'acte. Quelqu'un de ces accidents exigés manque-t-il ou, si l'on préfère, la puissance n'est-elle pas pleine, l'acte demeure *impossible*. Que si, au contraire, l'acte se fait *possible*, c'est que la puissance est pleine et que les conditions voulues concourront de manière qu'il se produise un jour (1). En d'autres termes, l'acte possible ne peut pas ne pas se réaliser e il ne se trouve pas de moyen terme entre *impossible* ett *nécessaire*. « Tout acte à venir arrivera nécessairement. » Nul axiome ne surpasse en certitude le principe causal, non pas même l'axiome identique. Que l'on ne nous parle pas de futurs contingents. C'est *nécessaires* qu'il faut dire. Rien ne se passe qu'en vertu de causes inévitables (2), et les mots de contingence, de hasard, servent de masque à notre ignorance : « C'est ainsi que la pluie qui tombera demain le fera nécessairement (c'est-à-dire en vertu de causes nécessaires) ; mais nous pensons et disons que ce sera un hasard s'il pleut, parce que nous ne voyons pas encore les causes qui en existent maintenant. En effet, on appelle communément *fortuit* ou *contingent* ce dont on n'aperçoit pas la cause nécessaire, tout comme on a cou-

(1) *De Corp.*, ch. x, § 4.
(2) On ne peut, en résumant ce déterminisme logique absolu, ne pas se souvenir du célèbre argument qu'inventa le Mégarique Diodore Cronos et qui fit l'admiration comme le désespoir des dialecticiens de l'antiquité. C'est le raisonnement qu'Epictète, qui nous l'a conservé, nomme ὁ κυριεύων λόγος et qui fondait sur le principe de contradiction la nécessité de tous les événements présents et futurs aussi bien que passés (*Epict. Diss.*, II, xix, 1). Dans son *De Fato*, où l'argument est presque à toute page visé, Cicéron en rappelle ainsi les conclusions : *Ille* (Diodorus) *id solum fieri posse dicit quod aut sit verum aut futurum sit verum et quidquid futurum sit, id dicit fieri necesse esse...* (§ 7, *Init.*). Le logicien anglais est bien près de l'éristique grec, qui, dans la voie du nominalisme, l'avait également devancé.

tume de dire du passé : il est possible que cette chose n'ait pas eu lieu, quand on ignore si elle a eu lieu (1). » Que ces termes menteurs cessent donc de nous voiler l'inéluctable liaison des événements. La nécessité en vertu de laquelle ce qui sera doit être n'a rien de physique ; elle brille d'une évidence analytique, et la révoquer en doute équivaudrait à mettre en litige la loi même de contradiction (2).

II.—Il n'y a peut-être pas d'écrivain, si l'on excepte Spinoza, qui ait énoncé en un langage aussi énergique la loi de l'universelle et éternelle nécessité. L'auteur de l'*Éthique* est le seul qui égalera cette intrépidité de logicien : c'est que la méthode à laquelle il aura recours ressemblera de bien près à celle qu'avait suivie Hobbes. Il spéculera analytiquement sur les notions de substance, d'attribut et de mode, comme son devancier sur les fan-

(1) *De Corp.*, ch. x, § 5.
(2) Il est intéressant de relever la manière dont Leibnitz apprécie, sur ce point, la philosophie de Hobbes. Dans un opuscule qui porte ce titre : *Réflexions sur l'ouvrage que M. Hobbes a publié en anglais, de la Liberté, de la Nécessité et du Hasard*, le grand métaphysicien loue fort la solidité, la rigueur avec lesquelles l'écrivain anglais établit un déterminisme si voisin du sien propre : « ... Ce qui revient à dire ce que j'ai dit tant de fois, que tout arrive par des raisons déterminantes. » Il ne reprend Hobbes que sur les conséquences outrées qu'il a tirées de sa thèse, sur le caractère absolu qu'il prête à la nécessité, sur son refus « d'entendre parler d'une nécessité morale, » laquelle est d'un autre ordre que cette nécessité physique, tout aveugle, où il semble qu'avec Épicure, Straton, Spinoza, le mécaniste anglais se soit complu, au risque de rendre inévitable la double négation de l'âme et de Dieu. Où Leibnitz approuve Hobbes sans réserves, c'est dans les analyses psychologiques par lesquelles il a montré que nos volitions échappent à notre pouvoir, que la nécessité se concilie avec les délibérations, exhortations, blâmes, etc. ; c'est également dans la définition qu'il donne de la liberté, conçue comme la puissance que n'entrave pas une chose externe. Bref, Leibnitz juge Hobbes inattaquable sur le terrain de la physique et de la psychologie : il ne lui reproche que de n'avoir pas admis au-dessus de ce domaine un autre règne, c'est-à-dire, en fin de compte, de n'avoir pas été proprement un métaphysicien.

tômes d'espace, de corps et de mouvement. Qui s'étonnerait, après cela, que l'un et l'autre se soient aisément résignés à comprimer dans une véritable fatalité mathématique tout être et tout devenir?

Cette doctrine, sur laquelle les orthodoxes, notamment Bramhall, devaient prendre Hobbes si vivement à partie, se serait, si nous consultons une publication récente, de bonne heure imposée à sa conviction. Le premier écrit qui peut-être soit sorti de sa plume présente une ferme ébauche de son déterminisme. Comme il éditait les ÉLÉMENTS DE LA LOI NATURELLE ET POLITIQUE (1), M. Ferdinand Tonnies a donné, en appendice, deux morceaux où il a cru reconnaître la main de notre philosophe. Le premier, de beaucoup le plus intéressant pour nous, porte ce titre : COURT TRAITÉ SUR LES PREMIERS PRINCIPES et touche aux points essentiels que l'on voit repris dans le *De Corpore* et le *De Homine*. Or, nous y découvrons (2) le dogme de l'absolue nécessité formulé en des termes plus concis, mais non pas moins catégoriques, que ceux dont l'auteur usa jamais dans la suite : « XI. Une cause suffisante est une cause nécessaire. — XII. Tout effet produit a une cause nécessaire. — XIII. Tout effet à produire sera produit par une cause nécessaire (3). » M. Tonnies place aux environs de 1630 cette composition. Et il est de fait que si, comme on peut présumer, le morceau est véritablement de Hobbes, il convient de le reporter à une époque antérieure même à sa rupture avec l'École. Ces pages sont, en effet, bourrées de scolastique. La théorie des espèces visuelles, que la *Nature humaine* et le *Léviathan* dédaigneront plus tard comme une frivole insignifiance (4), s'y déroule complaisamment (5).

(1) C'est le livre de 1640, v. *suprà*, ch. I, p. 11.
(2) V. la fin de la section I.
(3) Lire les *Démonstrations*. Tonnies, p. 196 et 197.
(4) *Human Nature*, ch. II, § 4. *Léviath. Of man.*, ch. I, fin.
(5) Tonnies, *App.* I. *Section* II, § 1-8, où les diverses lois régissant l'émission des espèces donnent lieu à des démonstrations plus consciencieuses que probantes. Le § 9 traite de la *convenance* et de la

D'autre part, le Bien y est doué d'un attrait propre qui meut le désir, et l'auteur en traite à la façon réaliste, comme d'un absolu principe qui subsisterait par soi (1) : " à ce même bien ses écrits ultérieurs attribueront une valeur toute nominale, l'abaissant au simple caractère de ce qui plaît et que l'on désire. A bien des égards donc, la pensée de Hobbes se modifiera, sauf en ce qui regarde sa conception du mécanisme. Dès le premier opuscule où il éprouvait, semble-t-il, ses forces, ses convictions déterministes sont exprimées avec une telle outrance que les ouvrages de sa maturité ne réussiront pas à en mieux accentuer l'expression.

Comme elle éclate dans ses plus lointains écrits, la foi de Hobbes à l'absolue nécessité persiste sans une concession, jusqu'au terme de sa longue carrière. Nous n'en saurions être surpris. Cette croyance est l'âme de sa philosophie; c'est elle qui, jointe au principe que la science de l'homme et de la nature se fonde sur la notion de mouvement, assure l'unité de tout le système. Au mouvement se ramènent tous les accidents que perçoivent les sens ou que la raison découvre ; il est, nous le verrons, le générateur des sensations, des conceptions, des désirs, des volontés, et il assujettit à la même nécessité qui le gouverne ses plus hautes et plus imprévues transformations. Par lui, le déterminisme physique se propage dans l'ordre psychologique, de là gagne, pour y régner absolument et en chasser toute contingence, l'ordre moral et politique.

Aussi ces deux notions de mouvement et de nécessité s'entre-croisent-elles si bien dans le *De Corpore* qu'il serait impossible de les disjoindre. Elles collaborent à la solution de l'obscur problème qui domine la psychologie et marque la transition entre cette science et la métaphysique.

disconvenance entre les espèces; le § 10 fait plus : la substantialité des espèces y est établie. — Le nominaliste des *Eléments* aurait été, nous le supposons, fort tenté de désavouer ces convictions d'antan.

(1) Tonnies, *Append.*, *Section* III. *Conclusions*, § 7, où la définition aristotélicienne est déclarée vraie à la lettre, suivant laquelle, « le Bien est ce vers quoi sont mûes toutes choses. »

Sans elles, en effet, nous serions fort en peine de justifier cette conviction, invincible pourtant, que nos sensations nous attestent l'approche de réels agents extérieurs. Traduisant en style hobbien cette question d'objectivité, que l'on se demande d'où vient qu'en nous surgissent, à la suite de nos sensations, les fantômes d'êtres qui se donnent pour étrangers à nous ? Afin de répondre, une nouvelle définition est indispensable : celle de l'*effort* ou *conatus* (1). Par ce mot, Hobbes désigne un mouvement à travers un espace et un temps moindres que tout espace et tout temps assignables, c'est-à-dire à travers un point. Et par *point*, insiste-t-il, ne comprenons pas ce qui n'a nulle quantité ou ne saurait absolument comporter de division, mais ce dont la quantité n'entre pas en ligne de compte. Exactement de même, dans l'ordre de la durée, nous tiendrons l'instant pour un temps indivis, mais non pas indivisible. Ainsi donc, le *conatus* est un mouvement de telle nature qu'on ne saurait établir une comparaison quelconque entre la quantité du temps et de l'espace où il survient et la quantité totale de temps et de lieu dont la première fait partie; ce qui ne veut pourtant pas dire qu'il soit impossible de comparer un *conatus* à un *conatus* et de juger l'un plus grand ou moindre que l'autre. — Cette notion semi-géométrique semi-physique ne laisse pas d'être assez enveloppée, mais il fallait la faire entrer en ligne, puisque sur elle repose la preuve avancée par Hobbes en faveur de l'extériorité des objets sensibles.

La définition qui précède nous aura facilité celle de la *résistance*. Par cette nouvelle expression, il faut entendre que, « dans le contact de deux mobiles, un *conatus* s'oppose à un *conatus* (1) ». — Franchissons maintenant les longs chapitres du *De Corpore* où Hobbes se donne toute licence d'aligner ses théorèmes sur les figures et les mouvements; atteignons les pages où il aborde la grande difficulté de la psychologie : quelle est la source de nos sensations, c'est-à-dire de ces idées qui, perpétuellement, naissent en nous?

---

(1) Traduct. anglaise : *Endeavour*.

Il admire avec quelle abondance, quelle variété, quelle vitesse, ces fantômes se succèdent. « De nouveaux s'élèvent, d'anciens s'évanouissent, suivant que les organes sensoriels se tournent vers un objet ou vers un autre. C'est donc qu'ils sont engendrés et qu'ils périssent : preuve qu'ils consistent en quelque modification du corps sentant (2). » Or toute modification vient d'un mouvement ou d'un *conatus* produit dans les parties internes de ce qui subit le changement (3). Tel sera, par conséquent, le cas pour la sensation. Mais il a été précédemment établi (4) que tout mouvement avait sa cause dans un corps contigu lui-même en mouvement. « D'où il suit que la cause immédiate de la sensation réside en ce qui touche et presse le premier organe de la sensation. Est-ce la partie extérieure de l'organe qui est pressée, elle cède aussitôt, et la partie intérieure la plus proche est pressée à son tour : de cette manière, la pression ou mouvement se propagera à travers toutes les parties de l'organe jusqu'à la plus intérieure. Par suite encore, la pression de la partie extérieure a pour cause la pression d'un corps plus éloigné et ainsi, sans trêve, jusqu'à ce que l'on parvienne à ce d'où nous jugeons que découle, comme de sa source première, le fantôme produit par la sensation. Cela même, à quelque réalité qu'il se rapporte, on a coutume de l'appeler *objet* (5). »

Mais comment se dresse l'idée ou le fantôme grâce auquel l'esprit acquiert la connaissance d'un objet? Nous devons en revenir à nos définitions d'il y a un instant. Tout *conatus*, disions-nous, quand il se heurte à un *conatus*, provoque une *résistance*, c'est-à-dire une réaction. « Puis donc qu'au mouvement propagé de proche en proche à partir de l'objet jusqu'à la partie intime de l'organe se produit une résistance ou réaction de tou

---

(1) *De Corpore*, ch. xv, § 2. — (2) xxv, § 1.
(3) La démonstration repose sur un précédent théorème, ch. ix, § 7.
(4) Ch. ix, § 7.
(5) Ch. xxv, § 2.

l'organe, grâce au mouvement naturel interne de l'organe, c'est que l'organe lui-même oppose son *conatus* à celui de l'objet... De cette réaction, si courte qu'en soit la durée, le fantôme prend naissance : fantôme qui, en raison de ce que le *conatus* se dirige vers le dehors (1), apparaît toujours (φαίνεται) comme quelque chose d'extérieur à l'organe. »

L'explication ne va pas plus loin et, au moment où l'on s'attendait à le voir attaquer le fort du problème, notre psychologue tourne court. Cette extériorité du fantôme n'est-elle à son tour qu'une apparence? Lui-même, le fantôme, dans quelle mesure représente-t-il cet objet dont l'effort en collision avec l'effort de l'organe l'a suscité? On ne prend nul soin de nous l'apprendre. Et cependant Hobbes pouvait-il se dissimuler l'insuffisance de la solution? Notons bien en effet qu'à ses yeux le *Fantôme* ou l'*Idée* n'est nullement l'objet, mais seulement un épiphénomène qui se greffe sur la résistance et qui lui-même provient du choc entre le mouvement venu de l'objet et le mouvement émané de nous. Si le fantôme n'est qu'un effet secondaire et comme le contre-coup de l'action exercée par l'objet sur nous, celui-ci, que sera-t-il enfin ? Mystère. L'énigme, avouons-le, Hobbes serait fort en peine de la déchiffrer. Il s'est engagé, ce semble, dans une voie sans issue. De cet objet, qui défie son atteinte, il ne saurait dévoiler la nature qu'à la condition d'en surprendre l'idée ; mais cela même lui est refusé, puisque l'idée ou fantôme diffère, par définition, essentiellement de l'objet. Efforçons-nous donc de deviner la réponse secrète, s'il en est une, que l'auteur des *Elementa* croit devoir taire. Sa pensée de derrière la tête ne serait-elle pas que l'objet consiste à son tour en du mouvement : conclusion rendue inévitable par ce théorème antérieur, que du mouvement ne saurait émaner d'ailleurs que du mouvement? Vue savante, éminemment moderne, nullement inégale à ce

---

(1) *Propter conatum versus externa.* L'anglais est moins précis : *By reason that the endeavour is now outwards.*

pénétrant génie. Dans une telle hypothèse, il est trop clair que notre régression de tout à l'heure nous condamnait à une fuite infinie, l'objet reculant sans cesse devant notre poursuite et allant comme se perdre dans l'éternité révolue. Que si l'on hésite devant un parti trop osé, il faudra se résigner à la pauvreté suivante : l'objet existe, mais nous n'en saurons jamais plus long. Or, même à ce prix, le scepticisme ne serait pas évité.

III. — La notion causale, principe de sa philosophie physique, a guidé Hobbes quand il agitait la plus obscure question qu'il appartienne à la psychologie de soulever. A la lumière du même concept, il va s'aventurer sur le périlleux terrain de la théologie rationnelle. En cette nouvelle enquête on dirait qu'il s'engage à contre-cœur, tant il a pris soin de la différer. La critique des croyances qui servent de fondement à la Religion naturelle eût, en effet, trouvé sa vraie place dans les dernières sections du *De Corpore*, traité dont la dialectique ascensionnelle semblait naturellement aboutir au problème théologique comme à son point culminant. Mais l'auteur, qui redoute de faire pénétrer dans sa mathématique et sa physique le suprarationnel, a de préférence relégué cette question, grosse de toute la métaphysique, tantôt à la fin de sa psychologie (1), tantôt au centre de sa politique (2). Il est à présumer que, s'il n'eût dépendu que de lui, il se fût abstenu de toucher à ces brûlantes matières. Mais, à supposer que l'intolérance de son temps le lui eût permis et n'eût pas interprété son silence comme une négation criminelle, son dessein général ne lui en laissait pas le droit. Les hommes qu'il se propose de grouper dans un Etat rationnel sont, à tort ou à raison (à tort en bonne partie, puisque les quatre semences naturelles de la piété sont, au dire du *Léviathan* : la croyance aux spectres, l'ignorance des causes secondes, la dévotion envers tout ce que l'on

---

(1) Ch. II de l'*Hum. Nat.*; ch. XII, de l'*Of Man.* du *Léviath.*
(2) *De Cive*, ch. XV.

craint et l'habitude de voir des pronostics dans les choses accidentelles), ces hommes sont, disons-nous, des êtres religieux (1). Leur foi, leur culte, jouent un rôle considérable dans la vie politique et peuvent, selon les dispositions prises par le législateur, ou mettre l'Etat en péril de mort, grâce aux dissensions et aux guerres que l'autonomie des Églises ne manque jamais d'entraîner, ou, au contraire, par une exacte soumission envers le pouvoir civil, s'adapter aux institutions nationales et contribuer à les raffermir. Entre ces deux alternatives, est-il permis d'hésiter? Hobbes se déclare pour la seconde, et la préoccupation de sa vie entière sera de la faire prévaloir. La législation religieuse, en tant qu'elle relève de la souveraineté, tient déjà une place considérable dans le *De Cive;* elle occupera plus de la moitié du *Léviathan.* Or, sous peine de réduire tout ce code à un creux formalisme et d'asseoir sur le sable l'édifice de sa politique chrétienne, il faut bien que le réformateur ait pris à tâche de placer dans une claire dépendance à l'égard de la philosophie les croyances qu'il se flatte de discipliner. Si la religion mérite notre déférence, c'est qu'elle ne se résout pas dans de vaines superstitions. Quelques altérations que, par la suite, l'ambition des uns, la crédulité des autres, lui aient fait subir, du moins compose-t-elle un corps de certitudes dont le premier article, caution de toutes les vérités qui viendront ultérieurement, tient en ces deux mots : *Dieu est.*

C'est dans le *Léviathan* que Hobbes a le plus largement exposé les principes de sa théologie. La Religion, estime-t-il, est un fait exclusivement humain (2) ; il faut donc examiner quel est le caractère spécial à l'homme qui le prédispose à révérer un maître du monde. Cette aptitude préformante se trahit dans son anxieux désir de démêler les causes des événements qu'il voit se produire et qui feront bien souvent sa bonne ou sa mauvaise fortune. Sa

---

(1) *Léviath.*, ch. xii, *Of Man.*
(2) *Ibid.*

curiosité, que fortifie toujours davantage la constatation répétée des liaisons entre les phénomènes, n'est pas sa moindre supériorité à l'égard des bêtes, dépourvues qu'elles sont de cette faculté d'observer qui permet, grâce au souvenir des séquences passées, de supputer l'ordre des faits à venir. « L'homme observe comment un événement a été produit par un autre ; il se rappelle quelle en fut l'antécédence et la conséquence et, quand il ne peut s'assurer lui-même des vraies causes... il en est quitte pour les supposer, soit telles que son imagination les suggère, soit conformément à l'autorité des autres hommes (1). » Ajoutez qu'un tel besoin s'avive encore par l'espérance d'acquérir les biens et par la crainte d'éprouver les maux. Cette anxiété causale, si l'on peut dire, en sa forme intellectuelle surtout, telle est donc l'origine vraie de la croyance en Dieu. « L'aveu (*the acknowledging*) qu'il y a un Dieu éternel, infini, omnipotent, peut se dériver plus aisément du désir qu'ont les hommes de connaître les causes des corps naturels ainsi que leurs diverses vertus et opérations que de la crainte de ce qui doit leur arriver plus tard. Car, si d'un effet que l'on voit s'accomplir on passe par le raisonnement à sa cause prochaine, de là à la cause de la cause et que l'on se plonge profondément dans la poursuite des causes, on en viendra enfin à ceci : qu'il doit y avoir (ainsi que les philosophes païens eux-mêmes en convenaient) un premier moteur, à savoir une première et éternelle cause de toutes choses, qui est ce que les hommes désignent du nom de Dieu. » L'argument ne réclame aucune révélation particulière pour être compris. Quiconque prendra la peine de réfléchir pourra se convaincre que Dieu existe (2). C'est là pour Dieu, lisons-nous ailleurs (3), la première et la plus universelle manière de se faire connaître et de proclamer ses lois : « par les dictées muettes de la droite raison (4). »

---

(1) *Léviath.*, ch. xii, *Of Man.* — (2) *Ibid.*, Cf. *Hum. Nat.*, ch. xi, § 2.
(2) *De Cive*, ch. xv., § 3.
(3) Cette révélation est faite à la raison par le Verbe naturel ; en ce sens, elle est universelle, et l'argument tiré du consentement géné-

IV. — Notre connaissance du Créateur ne va pas au delà. Nous ne pouvons dire de lui qu'un mot, mais en le prenant dans toute sa force : *Il est.* Proscrivons donc comme incompatibles avec cette affirmation fondamentale les doctrines qui identifient Dieu au monde, ou qui le font consister en l'âme de ce même monde, ou qui lui retirent le gouvernement de l'univers et nient sa providence. Dieu est, réellement, pleinement, absolument. Quel est-il? Renonçons à l'apprendre. « Les attributs que l'on prête à la Divinité sont propres à signifier, soit notre incapacité, soit notre respect; notre incapacité, comme quand nous disons : incompréhensible et infini; notre respect, comme quand nous lui donnons ces noms qui parmi nous s'appliquent à ce que nous magnifions et préconisons le plus : omnipotent, omniscient, juste, miséricordieux, etc. Et, quand le Dieu tout-puissant se donne à lui-même ces noms dans les Écritures, ce n'est qu'ἀνθρωποπαθῶς, c'est-à-dire par condescendance à notre manière de parler (1). »

Toutefois, et en dépit de cette incapacité de rien découvrir sur la nature et les attributs de Dieu, il est en l'auteur des choses une qualité dont Hobbes semble nous concéder l'intelligence positive : la toute-puissance. L'utilitaire du *De Cive*, qui, lorsqu'il s'agira de l'homme, fera reposer le droit sur la force, ne se dément pas quand il traite de Dieu. Le prince des princes tient de son seul pouvoir le privilège de régner et celui de punir quiconque enfreint ses lois. Chaque homme, de par la nature, peut prétendre à tout et, par cela même, n'aurait prise sur rien, parce que, tous ses semblables ayant les mêmes titres que lui, il ne serait jamais sûr de faire prévaloir la moindre par-

---

ral légitime. En un endroit cependant de son *De Cive*, Hobbes fait une restriction : oui, Dieu peut être découvert par la raison naturelle, mais de la même manière que chacun est apte à trouver, comme fit Archimède, la proportion de la sphère au cylindre. Les hommes qui sont absorbés par les plaisirs, les richesses et les honneurs ne savent ou ne veulent raisonner : *d'où* l'athéisme, erreur qu'il faut donc ranger parmi les *peccata imprudentiæ*. (Ch. xiv, § 19 et la note.)

(1) *Hum. Nat.*, ch. xi, § 3.

celle des siens, s'il ne renonçait à une fraction de ses droits en faveur de l'État qui désormais le protègera de sa force immense. Mais Dieu n'a pas de rivaux à craindre, point d'égaux à qui rendre des comptes. Son droit a pour mesure sa puissance. « Toutes les fois qu'il punit le pécheur ou même le frappe de mort, il a beau le punir pour avoir péché, il ne faut cependant pas dire qu'il n'eût pu en toute justice le frapper ou même le tuer, au cas où il n'eût pas péché (1). » Les titres du Créateur à nos hommages et à notre obéissance ne sont tirés que de notre faiblesse. Rappelons-nous le mot de Jésus à Paul arrêté par la vision céleste : A quoi bon ruer contre l'aiguillon ? Le Dieu que proclame la conscience humaine est donc sacré parce qu'il est irrésistible. Il commande au monde de par le droit du plus fort. Son infinie supériorité daigne se montrer équitable ; mais l'exercice de son omnipotence n'eût-il pour règle que le caprice, nous n'en devrions pas moins l'adorer.

La Religion naturelle se fonde ainsi sur la crainte et présente déjà une remarquable affinité avec cette société naturelle que la crainte édifie. Au reste le principe de notre foi ne pouvait guère être différent, dès là que le Dieu qu'elle honore nous est exclusivement annoncé par l'argument causal. La notion de nécessité ne saurait engendrer que des vérités rigides, inflexibles comme elle. Une théologie issue de l'axiome déterministe ne proposera jamais qu'un Dieu de contrainte, mais non pas un Dieu de charité et d'amour. Ce n'est qu'ultérieurement qu'un sentiment plus doux s'éveillera dans nos cœurs. Témoins de l'emploi bienveillant que Dieu fait de sa puissance, nous nous assurerons qu'il n'est pas moins aimable que terrible et que sa force n'a d'égale que sa bonté. Les mêmes raisonnements qui démontrent l'existence de Dieu facilitent la connaissance de nos devoirs envers lui. Par cela seul qu'en lui se ramassent toute causalité et tout pouvoir, nous sommes

---

(1) *De Cive*, ch. xx, § 5.

tenus de lui obéir, le plus faible ne pouvant que se plier à la volonté du plus fort. Obligation d'autant plus impérieuse qu'entre l'infirmité humaine et la domination divine il y a une distance qui défie toute mesure. Mais qui nous informera des actes précis que nous devons faire pour nous conformer aux desseins de ce maître absolu? Quel sera le héraut de ses ordres? — Celui-là même qui nous a signifié son empire : le Verbe naturel, la Raison. Ce Dieu donc, tout incognoscible qu'il soit, ne se cache pas au point de nous taire quelles démarches il attend de nous. Il suffit que le principe causal nous ait prouvé son existence pour que de cette révélation naturelle découle la notion certaine de nos obligations envers lui.

Toutes se résument en un mot (nous ne parlons que du Dieu connu par l'entendement et en tant qu'il *règne sur la nature*): l'honneur. Or, qu'est-ce que l'*honneur?* La haute opinion que l'on a de la puissance et de la bonté d'autrui, c'est-à-dire un état subjectif, inhérent à la personne de celui qui honore, non pas à la personne de celui qui est honoré. Cette affection entraîne forcément à sa suite trois passions : l'*amour*, qui se rapporte à la bonté, l'*espoir* et la *crainte*, qui ont trait à la puissance (1). Or aucune ne doit rester lettre morte; elles tendent à se traduire dans les actes extérieurs. Aussi bien, quand on honore véritablement, ne souhaite-t-on pas que celui à qui s'adressent nos hommages reçoive de nos semblables des témoignages analogues? Mais, pour mener à bien cette propagande, quel meilleur moyen avons-nous, sinon d'attester par nos paroles et nos actes notre incomparable estime de celui devant qui nous désirerions que l'humanité entière s'inclinât? C'est ainsi que la notion d'honneurs à témoigner se confond avec celle de *culte* à rendre. « Le culte est un acte extérieur, signe de l'honneur interne. »

V. — Il n'est, pour rendre évidentes les impressions de

---

(1) *De Cive*, xv, § 9.

l'âme, que deux ordres de signes : les *paroles*, les *actes*. Les uns et les autres comportent trois genres de manifestations : *louer*, c'est-à-dire proclamer la bonté ; *magnifier* ou rendre hommage à la puissance présente ; enfin *célébrer la félicité* ou la puissance dans l'avenir (μαχαρισμός). On loue, on magnifie, l'on célèbre, par des propositions dogmatiquement construites, par conséquent, en dernière analyse, à l'aide d'attributs. Or ces épithètes que nous aurons le devoir d'apposer au nom de Dieu, nous avons vu plus haut en quel sens étroit elles étaient admises à qualifier son incompréhensible nature. Prétend-on, en les employant, donner une scientifique exposition de l'Être inexplicable ? Bien loin de l'honorer par là, on le rapetisse à notre taille, on mesure son infinité. A ce point de vue donc, toutes les déterminations qui s'appliquent, comme disent les écoles, à sa *susbtance* ou celles qui visent sa *personne* doivent être rejetées. Les premières le dépouilleraient de son immensité. Les secondes impliqueraient en lui quelque manque : ainsi, la passion, la volonté, la perception ; ainsi encore, la science et l'entendement, « qui ne sont autre chose qu'un tumulte de l'âme suscité par les choses extérieures en tant qu'elles pressent sur nos organes (1) ». Par contre, si l'on désavoue toute ambition métaphysique et que l'on se garde de porter la main sur le fruit de l'arbre de science, fatale faute de nos premiers parents (2), l'usage des mêmes désignations attributives non seulement devient légitime, mais il s'impose. Ces noms que la raison autorise à pro-

---

(1) *De Cive*, xv, § 14. Ne soyons pas surpris, ajoute Hobbes un peu plus bas, que la science naturelle ne nous en dise pas plus long. La même science naturelle ne nous instruit que très insuffisamment des propriétés de notre corps et de celles de chaque créature. Les discussions de ce genre ne sont bonnes qu'à ravaler Dieu à nos conceptions. « Même les hommes prennent à outrage si leurs fils disputent leurs droits ou mesurent leur justice autrement que par leurs commandements. » (§ 15.)

(2) L'interdiction de manger à l'arbre de la science du Bien et du Mal signifie que « Dieu ordonne de rendre à ses préceptes la plus simple obéissance sans dispute. » (*De Cive*, ch. xvi, § 2.)

noncer seront ou négatifs : comme *infini, éternel, incompréhensible*; ou superlatifs : *très bon, très grand, très fort*; ou indéfinis : *bon, juste, fort, créateur, roi*. Notre intention doit être, « non pas d'exprimer quel il est (ce qui équivaudrait à le circonscrire dans les limites de notre imagination); mais de confesser de notre mieux notre admiration et notre obéissance, ce qui est le propre de l'humilité... La raison nous dicte qu'il n'y a qu'un nom qui signifie la *nature* de Dieu : *existant*, ou simplement : *il est*, et qu'un seul nom exprime sa *relation* à notre égard, savoir : *Dieu*, lequel contient et *Roi*, et *Maître*, et *Père* (1). » Roi surtout et maître, pourrions-nous dire ; père aussi, en ce qu'il nous a octroyé l'être et que nous sommes en sa main, comme le petit enfant à la merci de ceux qui l'ont fait vivre. Mais père par la tendresse ? Nous n'en savons rien encore, et le seul fait que l'Être inexprimable soit ne suffit pas à nous en faire immédiatement assurés. Hobbes s'abuse. Le concept de bonté qu'il a introduit dans la notion de culte est amené *ab extra*; logiquement, nous ne sommes pas obligés de lui faire accueil. Des raisons à posteriori, étrangères à cette géométrie théologique, nous y peuvent seules induire. A ne consulter que la raison, le Maître auquel monte notre encens est un Dieu de fer, et un calcul de prudence nous dicte notre premier acte d'adoration.

Quant aux démarches extérieures qui concourent avec ces premiers actes à louer, magnifier et célébrer Dieu, ce seront « les *prières*, les *actions de grâce*, les *sacrifices*, son *nom invoqué dans les serments, ne pas le nommer à la légère, ne pas disputer de sa nature* (2). » De cet ensemble se compose le culte naturel que les hommes doivent à Dieu. Mais, en plus de ces signes que, d'instinct déjà, l'humanité emploierait, il en est d'autres que déterminent des conventions. L'action d'honorer étant toute subjective et empruntant sa valeur à l'intention déférente de qui l'accomplit, la manière d'honorer ne vaut que par le désir

---

(1) *De Cive*, ch. xv, § 14. — (2) § 15.

de rendre hommage. Il suit de là que, si une institution, ou expresse ou tacite, range certaines paroles, certains actes, parmi les marques d'honneur, ces signes en quelque façon artificiels rentreront dans le culte. — A qui appartiendra-t-il de fixer sur ce point les consciences ? Ce sera à la communauté sociale, créatrice de ces formes conventionnelles et juge de leur application. Mais, comme nous le verrons, la communauté sociale n'a qu'un type : l'État. A lui donc de décréter quels noms sont à l'égard de Dieu ou ne sont pas honorifiques (1). Ainsi l'on voit poindre parmi les vérités élémentaires de la Théologie hobbienne la doctrine de l'omnipotence religieuse dévolue au souverain.

VI. — Le culte, tel que l'on nous l'a décrit, ne s'adressait qu'au maître de la nature ou, si l'on préfère, à Dieu, en tant qu'il se manifeste à la raison commune. Mais le verbe naturel n'est pas sa seule voie de se faire connaître ; il a encore, pour s'annoncer aux hommes, d'autres organes : le *verbe sensible* ou révélation immédiate qui s'opère par l'entremise de voix surnaturelles, visions, songes, inspirations ; le *verbe prophétique*, qui réside en la parole de quelques hommes, dont la mission est attestée par de vrais miracles (2). C'est par une communication du premier genre que Dieu se fit entendre d'Abraham, en vue de conclure avec lui et ses descendants l'ancien pacte d'alliance, plus tard renouvelé, sur le mont Sinaï, avec le peuple hébreu (3). Le second mode de révélation prête à plus d'obscurités. Comment discerner si l'on se trouve en présence d'un vrai prophète ? A deux signes : — s'il a la foi au Dieu d'Abraham ; — s'il a le don surnaturel de dévoiler l'avenir. Il est vrai que, sur ce second article, les doutes peuvent s'élever. Qui nous garantira que les événements censés confirmer les prédictions prophétiques leur répondent véritablement, étant donnée la langue énigmatique dans laquelle elles sont d'ordinaire énoncées ? La

---

(1) *De Cive*, ch. xv, § 16. — (2) § 3. — (3) Ch. xvi, § 4, sq.

raison naturelle sera juge ; à elle de commenter le prophète et de comparer ce qu'il annonce avec l'événement. Mais combien est redoutable le privilège de l'interprète, de qui les arrêts feront loi pour les consciences ! Chez les Hébreux, cette fonction ne se séparait point de la puissance souveraine : rattachement tout aisé, puisque le régime politique du peuple élu était une théocratie (1).

Au pacte ancien a succédé, par l'avènement de Jésus-Christ, la nouvelle alliance. Ici Hobbes s'exprime en des termes qui ne sont pas sans rappeler l'hérésie arienne. A l'entendre, le fait que Jésus-Christ ait été envoyé sur la terre afin de sceller l'union prouve que, pour tout le reste l'égal du Père, il lui est cependant inférieur en ce qui concerne l'empire. La charge qui lui fut conférée n'était pas proprement royale, mais bien plutôt vice-royale, analogue à la mission de Moïse. A la différence de celui qu'institua Dieu dans l'ancienne alliance, le règne ouvert à la suite du nouveau pacte est proprement *céleste*, c'est-à-dire qu'il n'arrivera pas dès ce monde, mais datera du second avènement du Christ, alors que le Fils reparaîtra dans sa gloire pour juger les vivants et les morts. Aussi le temps que Jésus-Christ fait homme passa sur la terre ne mérite-t-il pas d'être appelé *règne*, mais bien plutôt *régénération*. La domination en vertu de laquelle le Christ dirige, dans la vie présente, les fidèles vers le salut ne constitue pas, elle non plus, un *règne* ou un *empire* (comme était le gouvernement théocratique des Hébreux); elle consiste dans un *ministère pastoral,* dans le *droit d'enseigner,* non ce qui intéresse la vie civile, mais ce qui peut aplanir le chemin du ciel. Enfin la nouvelle alliance n'a imposé aux fidèles qu'un bien modique surplus de devoirs. En outre des deux commandements dans lesquels, au dire du Sauveur lui-même, est contenue toute la loi (2) : *tu aimeras le Seigneur ton Dieu de tout ton cœur, de toute ton âme ; tu aimeras ton prochain comme toi-même*, préceptes dont le premier avait été formulé par Moïse, et le second

(1) *De Cive*, ch. XVI, § 14, 18. — (2) *Matth.*, 22, v. 37, sq.

proclamé par la raison naturelle, le Christ n'a institué que les sacrements du *Baptême* et de l'*Eucharistie* (1).

Comment de ce culte renouvelé l'Église a-t-elle pris naissance? de quels droits est-elle investie? possède-t-elle quelque autonomie? se confond-elle avec la société civile? — Ces questions nous feraient pénétrer dans un nouveau sujet que nous ne sommes pas encore en mesure d'aborder. Elles supposent un État organisé, les prérogatives du gouvernement remises en des mains certaines; bref une science politique toute formée.

VII. — Dès maintenant nous avons, dans ses grandes lignes, la philosophie religieuse de Hobbes : elle fait corps avec sa doctrine générale sur le monde, la science et les notions premières. La nouvelle alliance, sous l'égide de laquelle s'est élevée et dure la société chrétienne, suppose le pacte d'Abraham ; celui-ci n'a de valeur que parce qu'il implique un règne de Dieu sur la nature, c'est-à-dire une religion rationnelle, et cette dernière repose sur une conviction que toutes les intelligences sont en état d'acquérir : à savoir qu'il existe un Dieu Créateur et Providence. Mais cette certitude elle-même a le principe causal pour garant. Le même axiome qui fonde la nécessité universelle et le déterminisme physique nous fournit la preuve irréfragable que la nature entière est la sujette d'une volonté toute-puissante, partout présente et partout invisible, qu'il faut adorer sans la comprendre, et qui s'est par deux fois miraculeusement révélée.

A cette progression dialectique, que nous avons dû dégager des divisions surabondantes qui l'étouffaient, on ne contestera pas une belle continuité. Et, cependant, il faut avouer que les déductions qui précèdent ont plus d'un point vulnérable. Quelle preuve avons-nous que l'une et l'autre alliance ont bien reçu le sceau divin? Ce logicien sévère ne paraît pas s'en être enquis. Passe encore pour le pacte chrétien, en faveur duquel on peut

---

(1) *De Cive*, ch. XVII, § 8.

admettre, une fois l'Ancien Testament reçu pour l'organe de la révélation prophétique, que la vie du Sauveur milite d'une manière victorieuse. Mais l'ancienne alliance elle-même, principe et caution de la nouvelle, comment en établir sans réplique l'authenticité ? Hobbes suit pas à pas la Bible. Mais la Bible, qui la justifiera ? A moins qu'après avoir invoqué l'Ancien Testament à l'appui du Nouveau, ou ne fasse maintenant appel au Nouveau pour légitimer l'Ancien : raisonnement circulaire indigne d'un penseur enivré de géométrie.

Que sera-ce, si nous en venons au concept sur lequel s'est dressée toute cette théologie ? L'emploi que l'on en a fait n'est pas sans donner prise à la critique. Et d'abord, est-il si évident que l'axiome causal nous démontre l'existence d'un Dieu créateur ? Il ne semble pas vraiment que Hobbes ait bon air à le prétendre. Aux termes de ses définitions, qu'est-ce que la cause ? La totalité des accidents requis pour amener l'effet. Si incompréhensible que Dieu puisse être à nos entendements, encore ne faut-il pas que nous nous fassions de lui une idée contradictoire, et c'est ce qui aurait lieu si nous ne voyions en lui que la somme des accidents auxquels est due l'apparition de l'univers. Que si, après avoir considéré la cause, nous arrêtons nos regards sur l'effet, d'autres difficultés vont paraître. Quel est, au dire des *Elementa*, l'office de la cause ? D'expliquer la génération des accidents en des corps. Ainsi, ce que la cause produit, ce n'est pas telle ou telle subtance, mais seulement la substitution d'un nouvel accident à un ancien. Dès lors, à supposer que Dieu fût à bon droit conçu comme la cause première, nous devrions voir simplement en lui la source éternelle de tous les changements phénoménaux qui se produisent à la surface de l'être, mais non le créateur des existences en leur substantialité. Un immense metteur en œuvre, un démiurge à la façon de celui que le *Timée* nous dépeint : la preuve hobbienne ne donne rien de plus. Encore, ce peu, nous le fournit-elle bien ? Il est permis d'en douter. Car enfin, qu'est-ce, en dernier ressort, qu'un accident ? Une manière de mouvement. D'où dérive un mouvement? D'un mouvement antérieur, celui-ci d'un autre, et ainsi toujours à l'infini. Veut-on interrompre cette régression : il faudra donc, en fin de compte, s'en tenir à quelque mouvement primordial, issu lui-même d'une cause qui n'aurait rien de mécanique et surgirait *e nihilo,* hypothèse qu'interdit le théorème relatif aux origines du mouvement.

Ces objections, Hobbes, à ce qu'il semble, ne songe pas à les prévenir. Il préfère aller de l'avant, au risque de laisser derrière lui l'ennemi dans la place. Sans doute il estimait que ces sortes de discussions étaient sans dénouement, qu'il fallait ne demander à la métaphysique que les données indispensables, en se gardant de trop approfondir. Ce qui nous porte à le croire, c'est le parti pris que le *De Corpore* accuse de se dérober devant les problèmes d'ordre transcendant que nos méditations sur la nature nous amènent à nous poser. Qu'on lise le chapitre intitulé : l'*Univers et les Étoiles.* Dans ces pages de grande allure, on rencontrera une véritable théorie de l'Inconnaissable, qui n'est pas indigne d'être mise en parallèle avec le beau chapitre où, de nos jours, l'auteur des *Premiers Principes* a tracé la commune frontière de la Religion de la Science. Quand on contemple le monde dans sa vaste unité, dit en substance ce précurseur de M. Herbert Spencer, se lèvent les questions vouées à rester sans réponse. « En pareille matière, les points dont il est possible de s'informer sont en petit nombre ; ceux que l'on peut déterminer nuls. » Cet univers, quelle en est la grandeur, quelle la durée ? Est-il fini ou infini ? plein ou vide ? éternel ou passager ? un ou plusieurs ? Quelle chimère de s'en enquérir ! La science de l'infini est interdite à l'esprit borné qui la désire. Tout ce que nous savons, nous le tenons de nos fantômes : or il n'y a pas de fantômes de l'Illimité (1).

Le soin de débrouiller ces obscurités revient non pas à la raison laïque, mais aux légitimes interprètes de la parole divine. Bacon n'avait pas dit autrement, et le *De Cor-*

---

(1) *De Corpore,* ch. XXVI, § 1.

pore conclut, comme le *De Augmentis*, à s'en remettre, sur ces grands sujets, aux autorités ecclésiastiques. « De même que Dieu très bon, très grand, après avoir amené son peuple en Judée, concéda aux prêtres les prémices des fruits qui lui avaient été réservés, de même aussi, quand il eut livré le monde, son ouvrage, aux disputes des hommes, il voulut que les opinions sur la nature de l'Infini et de l'Éternel, laquelle n'est connue que de lui, que ces prémices de la sagesse eussent pour juges ceux-là dont il a décidé d'employer le ministère au gouvernement de la Religion. »

Cet abandon, Hobbes s'y résout sans beaucoup de regrets. Il ne lui en coûte pas de se désintéresser de ces disputes. Il prévoit sans doute que, si son méthodique esprit s'engageait dans un pareil labyrinthe, il n'en trouverait jamais la sortie et qu'il lui faudrait faire son deuil de la mission utilitaire qu'il s'est assignée. Aussi bien ne savons-nous pas qu'à l'exemple de Bacon encore (1), il a, pour plus de sûreté, anticipé sur la suite de son système. Prudemment, avant toute chose, il a publié ses vues politiques (2), se permettant, selon une métaphore du lord chancelier, une *vindemiatio prima*, sauf à revenir plus tard sur ses pas et à déployer alors le minimum de philosophie générale exigé pour cette première moisson. Si la logique réclame, Hobbes s'en console sans peine : son royaume est de ce monde.

(1) L'auteur du *Novum Organum* estimait, en dépit de l'ordre par lui-même suivi dans sa *Distributio operis*, que la constitution d'une *Historia naturalis* était la tâche la plus urgente de toutes et que même la théorie de la véritable induction ou *Ars interpretandæ naturæ* ne venait qu'en seconde ligne.
(2) *De Cive*, 1644.

CHAPITRE VI

PSYCHOLOGIE

PERCEPTION ET CONCEPTION. — IMAGINATION ET ASSOCIATION DES IDÉES. — RAISON ET SCIENCE.

I. — Des hauteurs métaphysiques, où l'idée de cause nous a peu à peu portés, redescendons à l'étude plus modeste, mais moins décevante, du seul objet susceptible d'être directement perçu et qui n'est autre que l'esprit lui-même.

Si nous nous adressons au petit traité de la *Nature humaine*, nous apprenons que l'esprit humain comprend deux facultés, ou, si l'on aime mieux, deux ordres de phénomènes. La première classe enferme « toute cette *imagerie* et ces *représentations* » que nous appelons de noms divers : imagination, idées, conceptions, etc., grâce auxquelles les qualités des choses extérieures tombent diversement sous nos prises (1). Elle répond à ce que nous nommerions l'intelligence. La seconde n'est autre que « le pouvoir moteur de l'esprit », par opposition « au pouvoir moteur du corps » ; elle comprend le plaisir et la douleur, les affections (2), les appétits, les désirs, les passions, tous les faits enfin dont l'ensemble épuise et au delà ce que l'on appelle, de nos jours, sensibilité et qui réalisent dans la volonté leur type le plus vivant et leur forme la plus saisissante.

Entre ces deux facultés, il n'y a pas hétérogénéité de nature. Les faits spirituels qui se répartissent entre elles dérivent d'un seul phénomène : savoir un mouvement interne dû à l'action des choses extérieures

---

(1) *Hum. Nat.*, ch. I, § 8. — (2) Ch. VI, p. 9 ; chap. VIII.

sur notre organisme cérébral et à l'occasion duquel saillit un fantôme. Le mouvement s'arrête-t-il dans notre cerveau, il se produit un fait intellectuel, et le pouvoir cognitif est seul en jeu. Le mouvement se continue-t-il de la tête au cœur, de manière à favoriser ou à entraver « le mouvement vital », on a un fait affectif et passionnel, de nature, ce semble, à diriger en tel ou tel sens la force motrice.

La marche de notre étude nous est dès lors commandée. « Originellement, toutes les *conceptions* » (mot qui résume le premier groupe) « procèdent des actions de la chose elle-même..... L'action est-elle présente, la conception qu'elle produit se nomme sensation... » Autrement dit, le premier phénomène intellectuel, celui qui fraye aux autres la route, est la sensation ou plutôt la perception extérieure, cause du langage et principe de la raison. Une description de l'intelligence doit donc inaugurer notre examen de l'homme spirituel. Nous considérerons ensuite le moi passionnel et le moi volontaire.

II. — La poussée qui met en branle toute notre activité, tant cognitive qu'appétitive et motrice, est la perception ou *sensio*. Elle-même est due, nous a-t-il été dit, au conflit de deux efforts ou *conatus*, dont l'un extérieur provient de l'objet, l'autre interne naît en nous-mêmes. Le choc fait surgir le *fantôme*, identifié par Hobbes à l'acte de la perception, mieux encore, à la *sensio* elle-même (1). C'est en un point de temps que la propagation du mouvement se produit de part en part et que la réaction, pourvu qu'elle soit assez forte, donne occasion au fantôme; « or, avec le fantôme, le *sensio* a lieu ».

Et cependant, si instantanément que la perception ou *sensio* se produise, elle ne constitue un état de conscience, supérieur à un phénomène mort-né, que si, par l'aptitude d'organes spéciaux à fixer et à retenir l'impression reçue, le sujet qui perçoit se trouve en état de se souvenir de sa

(1) *De Corpore*, ch. XXV, § 3.

perception. « Par perception, *sensionem*, nous entendons d'ordinaire le jugement porté sur les objets, grâce à leurs fantômes ; ce qui se fait par la comparaison et par la distinction des fantômes. Cela ne peut arriver si ce mouvement ne persiste quelque temps dans l'organe d'où est sorti le fantôme et si le fantôme lui-même ne se présente. Donc à la *sensio* dont il s'agit adhère quelque mémoire (1). » En conséquence, si la perception a pour antécédent nécessaire une réaction contre l'extérieur, la réciproque n'est pas pour cela vraie, et il serait inexact de prétendre que tout ce qui réagit est, *ipso facto*, capable de percevoir. En dehors des êtres vivants, munis d'un appareil neuro-cérébral propre à détenir le fantôme, les autres corps, à supposer que de leur réaction contre le dehors quelque fantôme pût naître, n'auraient tout au plus qu'une *sensio* fugitive, incapable de survivre au heurt d'où elle aurait pris naissance. L'objet à peine éloigné, le fantôme s'évanouirait.

Mais du moins, observera-t-on peut-être, la perception peut durer tant que le contact se prolonge, et ainsi les corps bruts eux-mêmes posséderaient quelque aptitude à la *sensio?* Ils seraient tout à la sensation présente, aussi longtemps qu'elle persisterait : à peu près comme, à son premier éveil, la statue de Condillac. — Nullement. C'est là rêverie pure, et il nous faut refuser aux êtres inorganiques ce minimum de perceptivité. En effet, si la *sensio* implique quelque mémoire, c'est qu'elle demande un perpétuel renouvellement de fantômes qu'elle puisse sans cesse distinguer et assimiler. Qui dit perception dit comparaison. La mémoire doit donc conserver les fantômes des objets antérieurs pour que l'esprit, dans son va-et-vient ininterrompu, se reporte de ces images à la perception présente, et de l'image actuelle aux perceptions écoulées. Sinon le sujet s'abîmerait dans sa sensation unique indéfiniment prolongée. Que disons-nous ? On ne saurait percevoir, sinon quelque différence. Il faut citer

(1) *De Corp.*, ch. xxv, § 5.

le passage en entier, car l'idée qu'il développe est devenue un des thèmes de prédilection de la psychologie contemporaine. « Supposons un homme ayant les organes visuels en parfait état, mais dépourvu de tout autre sens; supposons-le en face d'une même chose lui apparaissant toujours de la même couleur et de la même forme, sans la moindre variété ; pour moi, quoi que d'autres puissent prétendre, cet homme ne me semblerait pas davantage voir que je ne me semble à moi-même sentir, grâce aux organes du tact, les os de mes bras..... Je dirais peut-être qu'il regarde, mais d'un œil stupide, et non pas qu'il voit. Tant il est vrai que toujours sentir même chose équivaut à ne rien sentir du tout. »

Dans ces conditions, la théorie de ces philosophes selon qui « tous les corps seraient doués de sensibilité » ne saurait plus se défendre. Hobbes, sans les nommer, condamne en cette brève sentence tous les maîtres qui, comme Bruno, Césalpin, Gilbert, Campanella, Telesio, avaient professé une manière de spiritualisme universel. Bacon de Vérulam s'était laissé séduire par la poésie que répandent ces songeries métaphysiques ; aussi, dans son *De Augmentis*, comptait-il parmi les plus considérables *desiderata* de la science cette hypothèse d'une perceptivité inconsciente, diffuse dans toute la matière (1). Mais ce rêve mystique ne trouve pas grâce devant Hobbes. Connaissance, pensée, raison, sentiment, vouloir, ont, selon lui, pour point de départ la perception. Et il n'est de perception que là où il y a organisme, vie et souvenir.

Allons plus loin. Chez les êtres organisés eux-mêmes, toute réaction du dedans contre un choc extérieur ne suffit pas pour qu'une perception ait lieu. Des *efforts* de résistance peuvent se produire simultanément : or, une seule *sensio* semble devoir occuper à la fois la conscience. Celui-là seul d'entre les *conatus* lancera l'image, auprès

---

(1) *De Dignitate et augmentis scientiarum*, l. IV, ch. III. M. Ellis rapproche cette doctrine de celle qu'a exposée Leibnitz dans sa *Monadologie*, sur la perception et l'aperception. — V. *Lord Bacon's Works*, édit. Spedding et Ellis, t. I, p. 611, note.

duquel pâliront les autres. Ainsi arrive-t-il que l'occupation prédominante possède l'âme tout entière et rejette dans la pénombre toutes les autres pensées. De même encore l'éclat du soleil éteint la lumière des autres astres ; non qu'il les empêche de briller, mais parce qu'ils sont effacés à nos yeux par son excessive splendeur.

III. — Son explication mécanique, Hobbes ne se borne pas à la proposer comme une formule générale, il la suit avec fidélité dans le détail de sa psychologie et jette, chemin faisant, plus d'une remarque féconde. La perception, avons-nous dit, est engendrée par une propagation de mouvement. En approfondissant cette idée, l'auteur de la *Nature humaine* approche de bien près les théories scientifiques contemporaines. S'agit-il, par exemple, de la vision : nous dirons que des corps lucides se transmet à l'œil, de l'œil au nerf optique et ainsi jusqu'au cerveau, un mouvement continu du même genre — la comparaison est de notre auteur — que celui par lequel le feu communique de couche en couche sa chaleur à un *medium*. Chaque partie du milieu interposé appuie sur la suivante jusqu'à ce qu'une dernière presse sur l'extérieur de l'œil et l'extérieur sur le dedans. « Or le vêtement intérieur de l'œil n'est autre chose qu'un morceau du nerf optique ; ainsi le mouvement est continué dans le cerveau et, par la résistance ou réaction du cerveau, rebondit derechef dans le nerf optique : et, comme nous ne concevons pas que ce soit là un mouvement ou ressaut d'*en dedans*, nous pensons qu'il est *en dehors* et l'appelons *lumière* (1). » Proprement donc, le phénomène, en tant qu'il émane de l'objet, n'est que mouvement. C'est nous, par une opération latente, qui le faisons lumière et couleur. Il en va de même pour nos perceptions auditives. Le son n'appartient ni au battant de la cloche, ni à la cloche, ni à l'air, ni à l'oreille, ni aux nerfs, ni au cerveau. Ce qui passe du battant à ces divers milieux est du mouvement, qui ne devient le phé-

(1) *Hum. Nat.*, ch. II, § 8.

nomène extérieur désigné par le mot de son que lorsque ce mouvement, après avoir été porté de proche en proche au cerveau, rebondit soudain et retourne du cerveau aux nerfs, des nerfs à la périphérie (1).

Comment et pourquoi un ressaut brusque accomplit-il cette transmutation (car c'en est une) du mécanique au sensationnel? Le choc, lancé de l'extérieur vers le centre de nous-mêmes, est renvoyé, comme par un coup de raquette, de nous-mêmes vers le dehors. Rien de mieux ; mais d'où vient que le simple fait de rebrousser tout à coup chemin opère une telle métamorphose? Un mobile allant à toute vitesse rencontre un obstacle, il fait volte-face; sa direction devient autre qu'elle n'était, il ne se passe rien de plus. Du mouvement avant, du mouvement après. Pourquoi ici n'en est-il plus de même? Si déliés que soient l'appareil sensoriel et l'organisme cérébral, le mouvement qui s'y disperse ou s'y ramasse, qui s'y élance ou s'en échappe, ne sera jamais que du mouvement. D'où vient donc qu'à une phase du trajet, il se change en un fantôme extérieur au moi? C'est un point que ni Hobbes ni nul physiologiste n'a, que l'on sache, élucidé. Du moins, cette transformation, l'auteur de la *Nature humaine*, s'il n'en rend pas compte, la décrit-il avec une admirable netteté : « Quelles que soient les qualités ou les accidents qu'au rapport de nos sens nous croyions exister dans le monde, elles ne s'y trouvent pas, mais ne sont que des semblants et des apparences. Les choses qui, réellement, existent dans le monde hors de nous sont les mouvements qui ont causé ces apparences. Et c'est la grande supercherie des sens, qu'il est aussi donné aux sens de corriger. Car, de même que la sensation,

---

(1) Cette intéressante analyse peut, en ce qui concerne l'ouïe, sembler en défaut. On objectera à Hobbes que la projection au dehors de nous de nos perceptions auditives n'a rien de primitif, mais qu'elle est due à ce que nous les associons à des impressions visuelles. Berkeley allait plus loin encore, puisqu'il déniait aux perceptions de la vue elle-même tout caractère d'extériorité autre que celui que leur confère leur association avec les sensations tactiles.

lorsque je vois *directement*, me dit que la couleur semble existe dans l'objet, de même aussi, quand je vois par *réflexion*, la sensation me dit que la couleur ne s'y trouve pas (1). » Ainsi s'apaise une vieille querelle.

> Pendant qu'un philosophe assure
> Que toujours par leurs sens les hommes sont dupés,
> Un autre philosophe jure
> Qu'ils ne nous ont jamais trompés.

L'un et l'autre ont raison et tort. Renvoyons les parties dos à dos. Les sens nous instruisent à faux, mais parce que nous les avons mal interrogés. Consultons-les mieux, ils redresseront leur erreur et nous diront vrai.

Ce qui détermine la perception présente, c'est, on s'en souvient, un *conatus* supérieur en force aux autres actions qui nous sollicitent. Mais, tandis que notre esprit passe, dans ses incessantes allées et venues, d'une idée dominante à une nouvelle, il ne faut pas croire que le mouvement qui évoqua la première image sensationnelle s'annihile, aussitôt cette image éclipsée par un plus récent fantôme. Ni le mouvement ne se perd, ni la perception ne se dissipe sans laisser de traces : pas plus qu'une eau remuée par un coup de pierre ou par le souffle du vent ne se calme à l'instant, dès que le vent tombe ou que la pierre s'arrête (2). Quand l'objet perçu disparaît, d'autres le remplacent, et l'ancienne impression, de plus en plus éclipsée par les neuves, s'affaiblit et s'efface, « comme la voix d'un homme dans le bruit du jour (3) ». Néanmoins, si obscurcies soient-elles, les impressions ne s'éteignent pas. La sensation passe, la conception demeure. Et celle-ci ne diffère des fantômes de la perception que par sa moindre clarté, son plus de faiblesse et en ce qu'elle va toujours déclinant. La faculté de qui elle relève est la *fantaisie* ou *imagination* (4). Faut-il aller

(1) *Hum. Nat.*, ch. II, § 10.
(2) *Hum. Nat.*, ch. III, § 1.
(3) *Léviath. Of Man.*, ch. II. — (4) *Léviath. Ibid. Hum. nát.* — *Loc. cit.* — *Elementa. De corp.*, ch. XXV, § 7.

plus loin et prêter à Hobbes un point de doctrine qui cadrerait sans peine avec cette fine exposition ? Serait-ce compléter sa description d'une manière qu'il eût approuvée, de dire que la perception actuelle, rejetant au second rang le fantôme le plus récent, celui-ci au troisième plan l'image antérieure, et ainsi pour chaque représentation à tour de rôle, les séries de nos images passées se disposent donc à l'arrière de la conscience sur des lignes de moins en moins distinctes, en des couches presque confondues ? A peu près de même une lame déferle et rejaillit, une vague nouvelle bondit contre le rivage et repousse la première, qui se rapproche de celles qu'elle avait elle-même rejetées. Dans la nature, il est un point où l'œil ne peut plus discerner les anciennes ondes, où tous les flots se rejoignant ne forment plus qu'une masse indistincte. N'en est-il pas de l'âme pareillement ? En sorte que les fantômes passés ne meurent jamais tout entiers ; que, dans le plus reculé de la conscience, leurs vestiges survivent obscurément, bien qu'ils nous échappent, éblouis que nous sommes par l'éclat de la nouveauté ?

Si le rapprochement que nous venons de hasarder entre les thèses familières à la psychologie de l'inconscient et les analyses de Hobbes demeure, nous l'avouons, problématique, il n'en est point de même pour ce qui concerne la dette de Hume envers lui. Entre la *Nature humaine* de l'un et le *Traité de la nature humaine* de l'autre, il n'y a pas seulement une ressemblance de titre. Le second de ces chefs-d'œuvres tient, è ce qu'il semble, du premier sa proposition initiale, dont la portée ne saurait être surfaite, car elle n'énonce ni plus ni moins que la subordination complète de l'intelligence à la sensation. Or la différence, toute de degré, que Hume devait indiquer entre les impressions et les idées, correspond trait pour trait à celle que Hobbes a notée entre les perceptions et les conceptions imaginatives. Un contraste entre la force, la netteté, des unes et la faiblesse, la confusion, des autres : telle est, pour les deux philosophes, toute la distinction. Il est vrai que, par delà ces perceptions, l'esprit dogmatique de Hobbes, non parfois sans des ambiguités de langage, a cru pouvoir remonter aux objets extérieurs comme au foyer de tous fantômes, au lieu que Hume, dans son scepticisme résigné, se refuse, comme eût dit Bacon, cette *permissio intellectûs* et renonce à percer les ténèbres d'où ses impressions, seule réalité certaine, ont jailli.

IV. — Comme la conception est homogène à la perception, l'*imagination* aussi ne diffère de la *mémoire* que par une nuance. L'une et l'autre faculté contemplent un objet identique; mais leurs points de vue ne sont pas les mêmes. La chose que l'esprit se représente est-elle simplement, uniquement, considérée comme chose, on l'*imagine;* se dit-on qu'elle tombe dans le passé et observe-t-on que l'image que l'on en a perd de plus en plus de sa force, on s'en *souvient* (1).

Il est vrai qu'ici se dresse une objection de toutes les nuits. Si les fantômes de l'imagination ne diffèrent de ceux de la perception que par leur moins de vivacité, en quoi l'état de rêve se distinguera-t-il de l'état de veille et comment rendre compte de l'illusion irrésistible qui, durant le sommeil, nous persuade de la réalité de nos songes? — Cette difficulté, loin qu'il la redoute, notre psychologue l'accueille avec empressement : car elle apporte à ses théories une contre-épreuve empirique. Comment, en effet, a-t-il rendu compte de cet affaiblissement progressif qui caractérisait, selon lui, les conceptions imaginatives? En alléguant l'éclat démesuré que jette et l'éblouissement que nous cause la connaissance actuelle due à la perception. Or « le sommeil n'est autre chose que la privation de l'acte de sentir, alors que subsiste la puissance, et les rêves sont l'*imagination* de ceux qui dorment (2). » Dès lors, on comprend sans peine que ces imaginations n'étant plus rejetées dans l'ombre par la vive lumière

---

(1) *Leviath. Of Man*, ch. II. — (2) *Hum. Nat.*, ch. III, § 2.

des perceptions présentes, puisque le sommeil entraîne la privation de celles-ci, ce que le dormeur se représente lui apparaît avec une telle netteté, un tel relief, qu'il croit avoir affaire à des sensations et non à des souvenirs. Reprenant la métaphore de tout à l'heure, nous dirons que les étoiles rendues invisibles par le grand éclat du jour se laissent, dans un ciel serein, clairement apercevoir quand le soleil a quitté l'horizon. — Reste à donner du phénomène l'explication physiologique. Ces causes naturelles, il faut les chercher dans « les actions ou la violence des parties internes sur le cerveau, grâce auxquelles les passages des perceptions engourdis par le sommeil sont rappelés à leur mouvement (1). » On s'en convaincra par des exemples familiers : rêves pénibles des vieillards, rêves érotiques, et tant d'autres faits qui montrent bien que, si le cerveau agit « sur les parties vitales », celles-ci, par contre, influent sur le cerveau et déterminent la nature du rêve. L'incohérence des songes, en contraste avec l'ordre qui, durant la veille, préside à nos pensées, est due « sans doute à ce que, dans les rêves, le cerveau n'est pas, en toutes ses parties, également rappelé à son mouvement ». De nos jours, M. Maudsley ne proposera pas une solution sensiblement différente. Enfin, la puissance avec laquelle nos rêves nous fascinent et se donnent à nous pour de réelles contemplations n'a rien qui doive surprendre. Hobbes concède bien que l'on puisse, en rêvant, *douter* si l'on rêve ; mais d'admettre que l'on puisse *savoir* que l'on rêve, il y aurait à cela une contradiction dans les termes. L'imagination nous représentant alors les choses aussi vivement que feraient nos perceptions elles-mêmes, savoir que l'on rêve équivaudrait à percevoir des images comme nettes et comme confuses, comme passées et comme présentes (2).

Même quand nous rêvons, la série de nos idées est déterminée organiquement, malgré leur semblant de décousu. Sommes-nous éveillés, le hasard entre pour moins

---

(1) *Hum. Nat.*, ch. III, § 8. — (2) *Ib.*, § 3.

encore dans la manière dont se succèdent nos conceptions. Cette suite est ce que Hobbes, dans la *Nature humaine*, appelle *discursion* (pour éviter l'ambiguïté du mot *discours*, plus spécialement affecté à l'ordre des mots (1); dans le *Léviathan*, *discours mental* (2). De quelque nom, au reste, qu'on la désigne, la chaîne de nos idées doit être rapportée à une cause unique, savoir : « leur première cohérence, au temps où elles sont produites par les sensations. Par exemple, de saint André, l'esprit court à saint Pierre, parce qu'on lit ensemble leurs noms; de saint Pierre à une pierre pour la même cause (3); de la pierre à la base, parce que nous les voyons ensemble; pour la même raison, de la base à l'église, de l'église au peuple, du peuple au tumulte. Et ainsi l'esprit peut courir presque de n'importe quoi à n'importe quoi (4). »

Dans le *Léviathan*, Hobbes fait mieux que de donner des faits en exemple; il en esquisse la théorie. S'il ne se trouve pas entre nos imaginations successives de transition qui n'ait été celle même de nos perceptions, la raison en est péremptoire : nos imaginations ne sont que les restes mobiles laissés en nous par les perceptions; elles se réduisent à des mouvements en nous : une fois les perceptions évanouies, ils s'aligneront dans le même ordre où celles-ci se distribuaient. Une première imagination et, par conséquent, un premier mouvement reparaît-il de manière à forcer l'attention, le second mouvement et, à sa suite, la seconde imagination ne manquera pas de revenir : tout comme, si l'on répand de l'eau sur une table plane, on n'a pour l'attirer du côté que l'on veut qu'à en guider du doigt une partie.

Cette « discursion », ou « chaîne de nos pensées », ou « discours mental », va donner lieu à une distinction

---

(1) *Hum. Nat.* ch. IV, § 1. — (2) *Leviath. Of Man*, ch. III.
(3) En anglais : *to a stone;* il n'y a pas, comme en français, homonymie; Hobbes n'a en vue qu'une quasi-simultanéité de perception visuelle.
(4) *Hum. Nat.*, ch. IV, § 2.

nouvelle. Tantôt elle est laissée à elle-même, sans rênes et sans direction; tantôt elle est menée par quelque « pensée passionnée », qui sera la conception d'une fin à atteindre, d'un désir à satisfaire.— Dans le premier cas, elle semble toute inconstance, tout désarroi : notre pensée vagabonde, nos idées n'ont point de liens; elles ressemblent à celles qui nous viennent en rêve, à l'illusion de réalité près. C'est de cette façon que l'on devise avec soi-même, quand on est seul et que rien ne préoccupe. Encore, même à ces moments-là, nos idées obéissent-elles à une loi intérieure, que ne remarque pas l'esprit inattentif, mais qui se laisse apercevoir à la réflexion. Et Hobbes, dans un passage souvent cité, d'apporter cette anecdote en preuve : « Dans une conversation sur notre présente guerre civile, quelle question pouvait sembler plus impertinente que de demander, comme on fit, ce que valait le *penny romain?* Néanmoins la liaison me fut assez manifeste. Car la pensée de la guerre fit songer à l'abandon du roi livré à ses ennemis; cette pensée suscita celle de la trahison du Christ; cette dernière à son tour, celle des trente *pence*, prix de la trahison; d'où suivit aisément cette malicieuse question; et tout cela dans la durée d'un instant, car la pensée est prompte (1). » — Dans le second cas, nos idées, au lieu d'aller ainsi à la dérive, sont coordonnées par quelque désir. Mais qui veut la fin veut, comme on dit, les moyens. Notre pensée doit donc aller de moyens en moyens jusqu'à ce qu'elle en ait saisis qui soient en notre pouvoir, auxquels enfin elle s'arrêtera. Que l'on se garde, sur cela, de crier à la contradiction et de remontrer à Hobbes qu'à l'encontre de ses engagements, il fait appel à la finalité. Le *Léviathan* saura tenir la promesse du *De Corpore* et réduire la cause finale à n'être qu'une espèce de la causalité efficiente. La démonstration sera brève : si nous examinons les meilleurs moyens d'atteindre une fin quelconque, c'est parce que nous avons toujours vu les mêmes résultats amenés par les mêmes actes ou, ce qui

---

(1) *Leviath. Of Man.*, ch. III.

est tout un, les mêmes effets précédés de causes identiques. On traduirait, à ce qu'il semble, assez exactement la pensée de l'auteur en disant que la finalité renverse à nos yeux la perspective causale, laquelle seule déroule l'ordre vrai des événements. La fin d'abord conçue (car elle est le but auquel vise le désir), évoque devant l'imagination l'idée du moyen nécessaire pour la réaliser. Mais l'ordre de la réalité est précisément au rebours. Les moyens sont, en fait, les antécédents; la fin est la conséquence, et, si notre imagination suggère, à l'occasion de la fin, les moyens voulus, c'est parce qu'une perception de ceux-ci a toujours devancé celle-là. Bref, les causes finales ne présenteraient à nos yeux que l'image intervertie de la disposition vraie qu'affectent les choses dans la durée.

V. — En vertu de ce qui précède, le principe de finalité mérite mieux que les dédains du psychologue. Pourvu que l'on évite l'illusion objective et que l'on prenne garde de confondre avec la réelle hiérarchie des faits la simple succession de nos attentes, on constatera que ce désir des moyens est le stimulant efficace qui nous incite à découvrir l'enchaînement causal. La finalité est *la cause* qui fait que l'on veut posséder *les causes*. « En résumé, le discours de l'esprit, quand il est gouverné par dessein, n'est autre chose que la poursuite (1) ou la faculté d'invention, appelée par les Latins *Sagacitas* et *Solertia*, une chasse (2) des causes de quelque effet présent ou passé ou des effets de quelque cause présente ou passée (3). »

Pour que la chasse soit fructueuse, que faire donc? Retrouver par l'imagination la troupe de fantômes dont fait partie soit cet effet soit cette cause, de manière à ressaisir la relation qui unit ou la cause à ses effets ou l'effet à ses causes. Or, ne donnerions-nous pas à cette bande

---

(1) *Seeking*.
(2) Cf. Bacon et son mythe de la chasse de Pan. V. *De Augm.* l. II, ch. XIII, et l. V, ch. II.
(3) *Léviath. Ibid.*

d'images, révélatrice de la réelle causalité, la désignation qui lui appartient, si nous la nommions *l'association des idées?* Oui, c'est l'association (encore que Hobbes n'use pas du mot) qui non seulement nous découvre les connexions permanentes entre les antécédents et les conséquents, mais qui, de plus, en autorise la prévision. Car notre science des enchaînements futurs n'est qu'une projection par delà le présent des liaisons passées. A notre pensée nulle image ne saurait s'offrir que de ce qui est ou de ce qui fut. « Il n'y a que le présent qui ait une existence dans la nature : les choses *passées* n'ont d'existence que dans la mémoire ; mais les choses *à venir* n'ont pas d'existence du tout, l'*avenir* n'étant qu'une fiction de l'esprit, qui applique les séquences des actions passées aux actions qui sont présentes. » Le talent de retenir les coordinations passées, voilà ce qu'on appelle *expérience ;* l'habileté à conjecturer les connexions futures prend le nom de *prudence*, et on la nomme *sagesse*, quand elle s'élève au plus haut degré. Et, puisque l'art de conjecturer l'avenir consiste à soumettre les événements futurs aux mêmes liaisons constantes qui relient le passé, la prudence de chacun de nous sera en raison directe de son expérience.

Mais la prudence et la sagesse humaines ne seront jamais que conditionnelles. Nous employons ces beaux mots, une fois révolu l'événement qui justifie les pronostics. A dire vrai, l'expression juste serait bien plutôt celle de *présomption*. « La prévision des choses à venir, qui est providence, n'appartient qu'à celui par la volonté de qui elles doivent arriver. » Le mécanisme causal a, si l'on peut dire, son point d'attache dans le décret divin. Par ces considérations supérieures, le principe causal se trouve investi d'une valeur objective ; son action gouverne l'être et commande nos pensées. La théologie s'acquitte de la sorte envers cette même causalité de qui elle a tant reçu : elle élève au-dessus du devenir le déterminisme et apporte à la physique comme à la psychologie une garantie transcendante. Là réside vraiment la maîtresse différence entre le système de Hobbes et l'empirisme de Hume. L'auteur du *Traité de la nature humaine* fera résulter la notion causale d'une expérience intérieure constante, et il rendra compte de l'apparente nécessité du concept par l'habitude qu'engendre en nous la répétition indéfinie de cette expérience. Ainsi, il n'aura point dépassé la sphère de la conscience et ses adversaires ne lui ménageront pas le reproche d'avoir retiré à la science sa base et donné au scepticisme ville gagnée. L'auteur du *Léviathan* voit, au contraire, dans l'association des idées, non pas l'origine, mais en quelque sorte la transcription mentale de la causalité. Ce n'est point que toute association signifie de nécessité une séquence causale; mais l'ordre des causes n'a pas d'autre voie de se trahir à nous qu'en offrant l'aspect d'une succession psychique invariable. Il est vrai que l'invariabilité de cette succession n'est jamais hors de discussion. Pour la rendre évidente, il faudrait avoir épuisé toutes les investigations possibles. Nous ne faisons donc que conjecturer; nous ne prévoyons pas. L'induction n'est que présomption. Et, si l'on eût objecté à Hobbes qu'il rendait fort aléatoire la science de la nature, ce grief ne l'eût guère ému (1). Ne savons-nous pas quel peu de cas il fait de la méthode expérimentale? Ce n'est pas à coup de conjectures — à coup d'inductions, dirions-nous aujourd'hui, — qu'il se flatte d'arracher à Protée son secret. De telles espérances, il les laisse à Bacon et à ses continuateurs. La nature, il la mesure, la calcule, la construit. Il l'aborde selon la mé-

(1) Dans le *Léviathan* (*Of Man.*) comme dans la *Nature humaine*, il n'applique sa théorie des « conjectures » qu'à des événements de l'ordre humain : peines et récompenses qui suivent les actions, sagesse qui perçoit les causes de prospérité ou de déclin des États, etc. Quant à notre connaissance des lois naturelles, il ne semble pas qu'elle entre ici en ligne de compte. Omission qu'on s'expliquera par ce fait que Hobbes construit la nature mathématiquement : et cela en dépit de ses déclarations du *De Corpore* (ch. xxv, § 1), où il annonce que, désormais, il va employer une méthode autre que celle dont il a usé jusque-là. En réalité, ce sera la même ; seulement, sa déduction partira non plus de principes purement logiques comme antérieurement, mais de données à posteriori.

thode même des mathematiciens. Suspendue à nos inductions, une pareille étude ne donnerait occasion qu'à une empirique : appuyée sur des prémisses rationnelles, elle devient une science.

VI. — Le véritable savoir est, en effet, l'œuvre de la raison démonstrative, et l'aptitude à déduire fait la grande supériorité de l'homme sur le reste de la nature vivante. Les facultés et opérations que nous avons jusqu'ici passées en revue lui sont communes avec les animaux : perceptions, imaginations, associations de fantômes, expérience, prudence. Il n'est même pas sûr, à ne considérer que ces divers dons, qu'il soit le mieux partagé. « Il y a des bêtes qui, à l'âge d'un an, observent mieux et poursuivent ce qui leur est bon avec plus de prudence que ne fait un enfant à l'âge de dix. » L'instant précis où l'homme se détache de l'animalité et où sa royauté se fait connaître, c'est, nous l'avons vu plus haut, celui où entre en scène la faculté qu'il a de parler ses idées. Avec le langage commence à poindre la raison, cette organisatrice de la connaissance. Mais, une fois cette grande étape franchie, que notre science ne rougisse pas de ses humbles commencements ! Fiers que l'usage de la parole ait ouvert à notre intelligence un champ illimité, gardons-nous de renier pour cela nos modestes débuts. Entre les généralisations que la pensée moderne systématise et les timides notions acquises par la perception sensible, il n'y a pas de lacune. De celles-ci ont procédé celles-là. « Quoi que ce soit que nous concevions, nos sens l'ont perçu d'abord, soit d'un coup, soit par parties. » Si nous ne pouvons rien supposer qui n'ait une grandeur, qui ne soit divisible, qui n'occupe sa place à l'exclusion de tout autre objet, c'est parce que rien de pareil n'est jamais tombé ni ne saurait tomber jamais sous les sens. Le rationalisme de Hobbes s'épanouit sur son sensualisme comme une riche fleur sur la tige dont elle ne saurait être séparée sans elle-même périr.

Étant donné que la raison constructrice a reçu de l'expérience phénoménale les matériaux dont elle fait emploi, quel motif y aurait-il de reconnaître une essence extra-sensible à l'âme où cette faculté est éclose ? Professer la spiritualité de la substance pensante serait, après ce qui précède, pure logomachie. Hobbes se montre ici plus intraitable encore que tout à l'heure, alors qu'il déclarait l'être divin indéterminable. Son Dieu était inaccessible et défiait toute définition positive ; du moins, cette suprême existence, si incompréhensible fût-elle, il se faisait fort d'en établir la réalité. Au lieu que notre âme et les autres esprits, tels que les angéliques, sont des êtres dont il n'admet pas que la raison naturelle puisse concevoir l'existence. Ou, s'il consent que l'on use de tels mots, c'est à la condition d'entendre par là « des corps naturels », trop ténus et subtils pour que leur action se laisse surprendre aux sens : quelque chose de fluide et d'insaisissable comme ces images que les corps projettent, que les surfaces planes réfléchissent, mais que nuls organes humains ne sauraient capter. Quant à « cette substance sans dimensions », que les hommes admettent communément, « ce sont là deux mots qui sont l'un avec l'autre en flagrante contradiction (1) ». Libre assurément à qui veut de dire, en ce sens, que l'âme humaine est un esprit immortel au même titre que l'esprit d'un ange ; mais de prétendre le savoir autrement que par la foi et de s'en déclarer instruit par l'évidence naturelle, c'est se payer de mots. « Car toute évidence est conception ; toute conception est imagination et procède des sens (2). » Que disions-nous ? Il n'est même pas bien certain que la foi nous mette en demeure de croire à la nature incorporelle des esprits. « Encore que l'Écriture reconnaisse des esprits, elle ne dit nulle part qu'ils soient sans corps, c'est-à-dire sans dimensions ni quantité ; et je ne pense pas que le mot incorporel soit du tout dans la Bible... Il me semble que l'Écriture favorise ceux qui tiennent corporels les anges

---

(1) *Hum. Nat.*, ch. xi, § 4.
(2) *Ibid.*, 5.

et les esprits plutôt que les partisans du contraire (1). »
Le sensualisme de notre philosophe ne lui laisse pas
d'autre alternative que de matérialiser les entités des métaphysiciens. Il y a non-sens à parler d'objets dont la
notion ne se puisse de proche en proche ramener à une
perception quelconque : et tel serait le cas pour des substances immatérielles. Ce n'est point tout : ceux-là mêmes
qui, érigeant en réalités ces substances, s'inscrivent en
faux contre l'axiome sensualiste, ne se doutent pas qu'à
leur insu ils s'y conforment *parte in qua* et que l'illusion
à laquelle ils cèdent a son principe dans une imagination
déviée, par conséquent, dans une perception. Ils se persuadent que l'âme humaine a même substance que ce qui
apparait dans un rêve, lorsque l'on dort, ou dans un miroir, lorsqu'on est éveillé. « Les hommes, ignorant que de
telles apparitions sont simplement des créations de la fantaisie, les croient des substances réelles et extérieures :
aussi les appellent-ils spectres, comme les Latins les appelaient *Imagines* et *Umbræ* (2). »

Empirisme et rationalisme, théisme et matérialisme :
ce sont là deux antithèses dont les termes semblent mutuellement s'exclure. Hobbes aura tenu cette gageure de les
assembler dans une même synthèse. Mais un peu de réflexion
amoindrira l'étonnement où jette tout d'abord cette singulière alliance de dogmes qui partout ailleurs se repoussent. L'expérience, il la couvre d'éloges, mais n'a garde
de la prendre pour guide et la matière, telle qu'il l'a posée,
est toute géométrique, toute conceptuelle, toute proche
de l'intelligence.

(1) Cf. Al. Bain, *l'Esprit et le Corps*, ch. VII, *Histoire des théories de l'âme*, où est signalée la croyance des premiers pères à la corporéité de l'âme, sinon à sa mortalité.
(2) *Lev. Of Man.*, ch. XII. Cf. *Hum. Nat.*, ch. II.

GEORGES LYON.

CHAPITRE VII

PSYCHOLOGIE (SUITE)

SENSIBILITÉ AFFECTIVE. — THÉORIE DES PASSIONS.

I. — Dans la belle préface qu'il a écrite en tête de la troisième partie de son *Ethique*, Spinoza se plaint que la plupart de ceux qui ont traité des choses morales aient placé l'homme parmi l'univers comme dans un îlot; qu'ils aient fait de ses sentiments et de ses émotions des phénomènes sans lien avec les autres événements de la nature. Il ne sait que Descartes qui ait essayé de les expliquer par leurs causes immédiates; encore juge-t-il que ce maître « renommé » n'a réussi qu'à une chose : à prouver la pénétration de son esprit. Ce que personne n'a fait avant lui, ce que presque personne n'a seulement tenté, l'auteur de l'*Ethique* le commence. Il montrera que les passions ne méritent ni les malédictions ni les mépris qu'on leur prodigue d'ordinaire. Ne se trouvent-elles pas dans l'univers, et par conséquent les lois générales du monde ne leur sont-elles pas applicables? « Rien dans la nature n'arrive qui puisse être attribué à une faute de la nature; car la nature est toujours et partout la même, et la même sa vertu et puissance d'opérer. »

Spinoza s'est à lui-même, comme on sait, magnifiquement tenu parole. Il ne s'est pas épargné à déterminer « les causes fixes, les propriétés fixes », du fait passionnel; fidèle à sa promesse, il l'a soumis au même traitement logique qu'il avait appliqué à Dieu et à l'âme. Mieux encore, il a dépassé ses engagements et rempli son programme au delà de ce que l'on était en droit d'espérer.

Il a pris le contre-pied de ces moralistes dont il dénonçait tout à l'heure les vues étroites. Ils avaient traité la passion comme un accident anormal, une méprise de la nature. Il voit au contraire en elle, mieux encore qu'un effet régulier de causes assignables : l'événement normal par excellence, le fait essentiel par lequel se traduit dans l'action ce qui est l'être de l'être. Et cela ne doit pas s'entendre seulement de l'être humain, de l'être vivant et conscient, mais de toute existence, quelque degré qu'elle occupe dans la hiérarchie naturelle. Au cœur de toute chose, par cela seul qu'elle a place dans la nature, vibre la passion. Toutes les passions ne sont-elles pas filles du désir ? Et le désir, qu'est-il, sinon la conscience éclairant l'*appétit ?* (1) Or l'appétit consiste dans l'effort même ou dans la tendance en vertu de laquelle tout ce qui est s'efforce, autant qu'il dépend de lui, de persévérer dans son être. Cet effort n'est point un accident étranger à l'être en qui il se déploie, mais bien « l'essence actuelle de la chose elle-même »; il s'exerce dans une durée sans limites (2). Ainsi donc la passion jaillit du plus profond de la réalité ; ou plutôt, elle est cette réalité elle-même prenant, sous des formes diverses, conscience de son effort pour vaincre la destruction. — C'est ce qu'a bien compris l'un des plus sagaces interprètes du spinozisme, M. F. Pollock (3), quand il a cru ne pouvoir trop faire ressortir l'intérêt universel qui s'attachait, en cette philosophie, à la théorie des passions. Au lieu de se demander, observe-t-il justement, s'il est exact que des choses aspirent ainsi à se préserver, mieux vaudrait renverser l'ordre de l'examen et s'enquérir d'abord de ce qu'est *une chose*. On prouverait bientôt, avec M. Herbert Spencer, qu'exister revient à persister et qu'une chose ne consiste qu'en un durable groupement de phénomènes. Persistance et chose, c'est tout un, et dire d'une chose qu'elle tend à persévérer dans son être, c'est dire simplement qu'elle est. Par là se dissipe le premier semblant de

---

(1) Prop. 9, *Schol.* — (2) Prop. 6, 9.
(3) *Spinoza, sa vie et ses œuvres*. 1880, ch. VII.

mystère que présentait peut-être la définition de tout à l'heure : « L'effort par lequel toute chose s'efforce de persévérer dans son être n'est rien en dehors de son essence actuelle. » C'était trop peu d'affirmer que la passion obéit aux lois générales ; elle est, dirons-nous, la loi par excellence ; du moins elle est cette loi, dans la mesure où la conscience éclaire l'être à ses propres yeux et lui obtient la perception de l'élan indéfectible qui se confond avec son essence.

Il serait certes déraisonnable d'attendre de Hobbes une réduction pareille. L'auteur du *Léviathan* s'est proposé un plus modeste objet que de réaliser Dieu dans le monde. Mais il ne le cède à qui que ce soit en son parti pris de sauvegarder l'unité de la science et de nouer les événements de l'âme humaine au reste du monde phénoménal. Personne moins que lui n'a tenu la passion pour une bizarrerie ou une inadvertance de la nature, demandant qu'on l'étudie à part, suivant des méthodes d'exception. Le fait passionnel, quelques curieux aspects qu'il offre au physiologiste et au psychologue, n'est, à ses yeux, qu'un prolongement remarquable du phénomène unique, racine de tout le réel. La notion de substance ne sera pas, dans le spinozisme, plus féconde que ne l'est, dans la philosophie hobbienne, celle de mouvement. Si les deux systèmes nous ouvrent sur l'univers une perspective très différente, néanmoins chez l'un et l'autre le sens de la continuité est égal ; chacun des deux, à sa mode, abat les barrières qui, de temps immémorial, séparèrent la vie morale du reste de l'existence. Spinoza, l'on va s'en convaincre, n'eût été que juste d'excepter Hobbes de l'égal dédain où il enveloppe ses devanciers.

II. — Les états affectifs de l'âme, agitation grandissante d'où s'échappent les passions, signalent, selon notre auteur, une nouvelle phase du même mouvement qui, projeté du dehors, est venu frapper le cerveau, provoquer la sensation et déposer les germes de l'idée imaginative. Tant qu'il ne s'agissait que des perceptions ou des conceptions faites de leurs vestiges, le mouvement d'où elles avaient pris naissance était allé droit au cerveau et s'était arrêté là pour retourner aux nerfs. Mais que ce mouvement, au lieu de se terminer à la substance cérébrale pour rebrousser aussitôt chemin, poursuive son trajet et parvienne au cœur : une fois là, il est inévitable qu'il favorise ou contrarie le mouvement appelé vital. Selon l'alternative qui l'aura emporté, se produira l'un ou l'autre des deux états contraires qui polarisent, si l'on peut dire, les phénomènes de la vie affective. Le mouvement ainsi prolongé est-il de nature à aider la vie, l'on a le *plaisir*, « lequel n'est en réalité rien que du mouvement autour du cœur, de même que la conception n'est rien, sinon du mouvement à l'intérieur de la tête. » Le contraire a-t-il lieu, on a la *douleur* (1). Quand on rapporte ces deux mouvements à l'objet qui les cause, le premier prend le nom d'*amour*, le second celui de *haine*. Enfin sont-ils accompagnés d'une tendance à se rapprocher ou à s'éloigner de ce qui les provoque, on les appelle l'*appétit* et l'*aversion*.

Telle est, selon la *Nature humaine*, la genèse de la passion. L'exposé qui précède ne laisse pas d'être un peu sommaire; le *Léviathan* va le compléter et y introduire d'assez notables modifications. C'est toujours des mouvements vitaux que les faits de la vie affective tirent leur origine, « mouvements commencés dans la génération des animaux et continués sans interruption à travers toute leur vie, tels que le cours du sang, le pouls, la respiration, la digestion, la nutrition, la sécrétion, etc. » Mais, en outre de ces mouvements tout automatiques, s'en accomplissent d'autres que nous appelons *volontaires*, tels que parler, marcher, remuer les membres, et que le pouvoir d'imaginer occasionne. « Il est évident que tout mouvement volontaire a son premier commencement interne dans l'imagination. » Ce premier commencement se produit, de nécessité, dans un espace et dans un temps

---

(1) *Hum. Nat.*, ch. VII, § 1.

indiscernables. Bref, il est un *conatus* ou effort, et on le désigne de noms contraires, selon la direction qu'il prend. « Vise-t-il à ce qui le cause, on l'appelle *appétit* ou *désir*... ; s'en détourne-t-il, on le nomme généralement aversion (1). » — Quelques divergences d'exposition qui séparent ces deux ouvrages, ce qui reste, c'est que l'activité passionnelle, avec la variété de ses manifestations, est immédiatement mise en branle par un mouvement interne apte à exercer quelque influence appréciable sur les fonctions de la vie. Suivant la *Nature humaine*, ce déchaînement d'énergie serait le reliquat direct du plaisir et de la douleur. D'après le *Léviathan*, rien, non pas même le plaisir et la douleur, ne le précéderait dans la vie affective. Entre l'imagination et la sensibilité, la communication se ferait instantanément, à notre insu, dans ce point indivisible qu'est un *conatus*. Ce que l'on appelle *plaisir* et *peine* ne serait que notre perception de ce mouvement qui, si l'on tient seulement compte de la force motrice qu'il met en jeu, prend les noms d'*appétit* et de *fuite* ou *aversion*. Pour tout résumer, le *plaisir* et la *douleur* d'une part, l'*appétit* et la *fuite* de l'autre, servent à dénommer un seul et même *conatus*, en qui survit un mouvement imaginatif, lui-même simple continuation du changement cérébral qui a déterminé la perception. C'est ainsi qu'en tout ce processus le physique et le mental s'entrelacent. Dans l'un et l'autre ordre, la liaison mécanique n'est pas un instant interrompue, et à cette analyse le psychologue ne trouve pas moins son compte que le physicien. S'il est, d'un bout à l'autre, mouvement, le fait passionnel est aussi, d'un bout à l'autre, conception et pensée. En conséquence, ce n'est pas d'on ne sait quel fond impénétrable, ce n'est pas des ténèbres de l'inconscient que s'élance le désir, ce rudiment de toutes les passions ; c'est d'un mouvement doublé d'une idée. L'appétit procède d'un fait organique en sa nature et notionnel en sa forme. C'est dire qu'il rentre dans le double déterminisme du physiologique et de l'intellectuel.

---

(1) *Lev.*, *Of Man.*, ch. VI.

III. — Parce que la passion relève de l'intelligence, on peut prévoir, à supposer que l'on ait perdu de vue la méthode générale adoptée pour tout le système, quelle inspiration dialectique et raisonneuse animera la théorie qui va suivre. On comprend pourquoi l'état psychique, où c'est devenu un lieu commun d'apercevoir un phénomène irréductible à la pensée réfléchie, l'événement obscur, impénétrable entre tous, d'autant plus captivant qu'il est enveloppé de plus de voiles, apparaît dans les analyses de la *Nature humaine* et du *Léviathan*, comme une claire intellection, qui se définit, se démontre, s'enchaîne solidement à des intellections antérieures. On ne s'étonne plus que la passion y dépouille cette spontanéité, cette irréflexion qui passent pour lui donner son attrait et qui, dans la morale courante, en font la partielle excuse. Ici elle sera toujours, fût-ce à l'état d'ébauche, un raisonnement.

Et d'abord, il est un point au sujet duquel Hobbes n'a jamais varié : la frivolité des discussions séculaires sur la nature du souverain Bien. Ce sont là *verba et voces*, attendu qu'il n'y a pas de Bien absolu. Rien n'est en soi ni bon ni mauvais. Il n'y a rien d'ἀγαθὸν ἁπλῶς. « Même la bonté que nous concevons en Dieu tout-puissant est sa bonté à notre égard (1) ». « D'où le *Léviathan* concluera qu'« il n'existe point de commune règle du Bien et du Mal qui puisse être empruntée à la nature des objets eux-mêmes. » Qu'est-ce donc que le *Bien* et le *Mal* ? Deux termes par lesquels nous signifions que quelque chose nous plaît ou nous répugne. Ou encore, désir et plaisir étant identiques, ce que nous nommons bien n'est que l'objet de notre appétit ; ce que nous appelons mal, l'objet de notre aversion. Et Aristote l'avait bien compris, qui définissait le Bien : ce que tous désirent. Mais les hommes désirent et fuient des *objets* très divers. « Ce qui est un bien pour nous est un mal pour nos ennemis. » Assurément, il nous est loisible de parler de bien commun à plusieurs ou même à tous: la

---

(1) *Hum. Nat.*, ch. vii, § 3. — Cf. *Lev., Of Man*, ch. vi. — *Elementa. De homine*, ch. xi. — *The Elements of Law*, part. I, ch. vii.

santé, par exemple. Mais la valeur n'en demeure pas moins conditionnelle. « L'expression de bien s'emploie donc relativement à la personne, au lieu et au temps. Ce qui plaît à l'un, ici, maintenant, déplaît à l'autre, là, plus tard. » Citons, dans son expressive brièveté, la formule qui termine : *Natura enim Boni et Mali sequitur rerum* συντυχίαν (1).

Au Bien, tel qu'on vient de le définir, est étroitement uni le Beau, et c'est une association d'idées qui accomplit la liaison. « La Beauté est cette qualité de l'objet grâce à laquelle on en attend le bien. Ce qui est pareil à ce qui a plu semble voué à plaire. La Beauté est donc l'indice du bien à venir. » Que l'on n'objecte point l'apparente autonomie du jugement esthétique. Le fait qu'à la longue les hommes aient fini par goûter le beau en lui-même, pour lui-même, indépendamment des biens dont, au début, il n'avait fait qu'apporter la promesse, ne suffirait pas à ruiner cette théorie. Originellement, pourrait alléguer notre auteur, le signe ne vaut point par lui-même, mais seulement eu égard à ce qu'il représente. Cependant, peu à peu, l'on finit par ne tenir compte que du symbole, sans plus songer à la chose symbolisée. C'est ainsi que l'avare en vient à aimer l'argent pour lui-même, au point de se priver, pour l'acquérir, des biens indispensables dont ce métal n'est, après tout, que la représentation conventionnelle.

Pas plus que le Beau, l'Utile ne se distingue essentiellement du Bien. « La chose qui, en tant qu'on la désire, est appelée bonne, si c'est pour elle-même qu'on la désire, on la dit *agréable* ; si c'est pour autre chose, on la dit *utile* (2). » Dans ce dernier cas, le Bien que l'on recherche n'est pas goûté en lui-même ; il agrée comme instrument d'un bien ultérieur à la réalisation duquel il est nécessaire. La distinction entre le Bien *véritable* et le Bien *apparent* n'a pas d'autre signification. La chaîne des événements est ainsi forgée qu'en elle les biens se rivent aux maux et les maux aux biens. Le point sera donc de savoir si

(1) *De Homine*, ch. XI, § 4. — (2) *Ibid.*, § 5.

c'est le Bien où le mal qui dominera dans la série. A faire ce discernement excellent les hommes de prévoyance. Au contraire, les gens à courte vue happent au passage tout ce qui les tente, et ce n'est que plus tard qu'ils éprouveront les suites fâcheuses annexées au présent objet de leur convoitise. Par conséquent encore, la *fin* ou terme de l'appétit n'est qu'un nom de plus pour désigner ce qui est bon, c'est-à-dire le but où s'élance le désir. Nous n'admettrons pas plus de fin dernière, limite idéale où les anciens philosophes plaçaient la suprême félicité, que nous n'avons souscrit à un Bien absolu. Pour céder à une telle imagination, il faut bien peu connaître notre nature. « Tant que nous vivons, nous avons des désirs, et le désir présuppose une fin au delà (1). » D'où cette incurable mobilité de nos cœurs et ce perpétuel renouvellement de nos désirs. « Étant donné que tout plaisir est appétit et que l'appétit présuppose un but plus éloigné, il ne peut y avoir de satisfaction, sinon dans la marche en avant. Ce n'est donc pas merveille de voir qu'à mesure que les hommes obtiennent davantage de richesses, d'honneurs ou de pouvoir, à mesure s'accroît leur appétit et, quand ils sont parvenus à l'extrême degré d'un genre de puissance, ils en poursuivent un autre aussi longtemps qu'en un ordre quelconque ils se jugent distancés. Quant à ceux qui ont atteint le faîte de l'honneur et de la richesse, il en est qui ont ambitionné de passer maîtres en un art : tels, Néron, en musique et en poésie, Commode aux talents du gladiateur... Et les hommes ont raison de se plaindre comme d'un grand chagrin de ne savoir que faire. Aussi, la *félicité* (par quoi nous désignons un perpétuel plaisir) consiste-t-elle non pas à avoir été, mais à être heureux (2). »

Pascal a exprimé les mêmes pensées à plusieurs reprises avec son éloquence accoutumée : « Le présent, écrit-il à Mlle de Roannez, est le seul temps qui est véritablement à

---

(1) *The Elements of Law*, part. I, ch. VII, § 6 ; édit. Ferdinand Tonnies, p. 30.
(2) *Ibid.*, § 7.

nous et dont nous devons user selon Dieu. C'est là où nos pensées doivent être principalement comptées. Cependant, le monde est si inquiet qu'on ne pense presque jamais à la vie présente et à l'instant où on vit, mais à celui où l'on vivra, de sorte qu'on est toujours en état de vivre à l'avenir et jamais de vivre maintenant (1). » Dans ses *Pensées*, le sombre moraliste déplore cette perpétuelle instabilité du cœur humain qui fait que la vie se passe à anticiper sur ce qui n'est pas encore et à prendre en dégoût le présent, sitôt qu'il nous est donné d'en jouir (2). Toutefois, si Pascal a décrit admirablement le mal, peut-être en a-t-il insuffisamment tracé l'étiologie véritable. Il semble parfois supposer qu'il y ait, chez les hommes, parti pris de se masquer la misère actuelle et que leur volonté soit la complice de leur orgueil. Combien l'explication de Hobbes est plus forte, prise de plus loin à la fois et plus indulgente! A lire les *Pensées*, on croirait vraiment que l'homme s'applique à ne pas être heureux, et, comme à la tendance au bonheur est le ressort même de la vie affective, ressort qui ne se peut briser qu'avec la vie elle-même, on a peine à comprendre tant d'ingéniosité dépensée à se rendre le bonheur irréalisable. Cette contradiction, le livre de la *Nature humaine* la dissipe. Si nous ne savons pas goûter la joie de l'heure présente, la faute n'en est pas à nous. En vain le voudrions-nous, nous ne le pourrions pas. Nous ne sommes que désir ; le plaisir même est un désir encore : nous sommes donc tout mouvement. Or, il est de l'essence du mouvement de ne se fixer jamais. S'arrêter, pour un être de qui la mobilité fait l'essence, reviendrait à s'anéantir. L'inconstance de nos aspirations est la loi de notre nature, la condition originelle de nos sensibilités.

IV. — Quel que soit le penchant de Hobbes à intellectualiser les modes de la vie affective, il faut bien qu'il se résigne à ne faire accompagner ceux qui mettent directement en cause les fonctions sensorielles que d'un minimum de

---

(1) *Extr.*, § 7. — (2) V. notamment art. VIII, § 5 (éd. Havet).

connaissance. C'est ainsi que, bon gré mal gré, il devra convenir du caractère tout physiologique inhérent aux plaisirs du toucher et du goût. Les conceptions qui s'y attachent sont d'ordre purement affectif et, à leur occasion, n'intervient nulle notion de temps. Il n'en est déjà plus tout ainsi, quand nous en venons aux sensations de l'odorat. Des observations triviales, mais décisives, autorisent Hobbes à ne pas expliquer par des effets seulement organiques bon nombre des déplaisirs qui en dépendent : dans les cas qu'il allègue en exemple, le dégoût que nous éprouvons n'est que la conception d'un dommage pour notre santé, partant l'idée d'un mal à venir. Pour rendre compte des plaisirs de l'ouïe, les notions de mesure et de nombre sont d'un grand secours, et l'intellectualisme de la théorie reprend ici ses avantages. Le prolongement, l'égalité des sons simples sont pour nous plaire : ainsi ceux d'une cloche ou d'un luth. Les sons s'agglomèrent-ils, nous les aimons à l'unisson, « qui n'est que le son de cordes égales également tendues. » Que si la hauteur des sons diffère, nous en goûtons l'inégalité et l'égalité alternantes, qui font que « la note la plus haute frappe deux fois pour un coup de l'autre. » Pour le reste, l'auteur des *Éléments de la loi* renvoie son lecteur aux démonstrations de Galilée, dans son premier Dialogue sur les mouvements locaux. Mais, demandera-t-on, d'où vient, à ce compte, le charme que nous cause la mélodie ; d'où la suavité d'une succession de notes sur un ton plutôt que sur un autre ? Hobbes s'avoue en peine de le dire ; il hasarde toutefois une conjecture : « Certaines d'entre elles peuvent imiter ou faire revivre quelque passion à laquelle, sans cela, nous ne prendrions pas garde ; les autres, non : et, en effet, nul air ne plaît que pour un temps ; pour un temps aussi l'imitation (1). » Le plaisir de l'harmonie n'a rien non plus que d'intelligible : l'alliance de divers sons peut assurément enchanter l'oreille, tout de même que le mélange de couleurs choisies caresser ou éblouir la vue. Mais en Hobbes,

(1) *Elements of Law.*, part. I, ch. VIII, § 2.

le psychologue se double d'un satirique, et il soupçonne les mélomanes de rechercher une jouissance étrangère à la pure musique : « à savoir le ravissement où ils sont de leur propre talent. » En ce qui concerne les impressions visuelles, nous sommes beaucoup moins renseignés. Toutefois notre psychologue fait assez clairement entendre que le même procédé d'analyse leur serait facilement applicable. « Les plaisirs de l'œil consistent également en une certaine égalité de couleur ; car la lumière, la plus glorieuse de toutes les couleurs, est produite par l'opération égale de l'objet, au lieu que la couleur est une lumière inégale (1). »

V. — On ne peut considérer le phénomène du plaisir et de la douleur que déjà le fait passionnel ne soit en perspective. Du premier au second, il n'y a que la distance de l'actuel au futur. Aux *plaisirs des sens*, issus de la perception présente, le *Léviathan* oppose *les plaisirs de l'esprit* dus à la prévision des séquences prochaines. En tête de ces derniers, il faut placer la *joie*, qui a pour contraire le *chagrin*. Ce sont, avec l'*appétit*, le *désir*, l'*amour*, l'*aversion*, la *haine*, les passions fondamentales d'où se détachent des espèces diverses. Les noms qu'on leur donne sont empruntés tantôt à l'opinion que l'on se fait de la probabilité d'atteindre ce que l'on désire, tantôt à l'objet qui motive notre amour ou notre haine, tantôt à leur réunion, quand plusieurs d'entre elles forment un assemblage, etc. (2) Tel est le cadre où se disposent les passions que le *Léviathan* va passer en revue.

Cette énumération est rapide et sèche. L'auteur y résume, plutôt qu'il ne la justifie, sa psychologie des passions. Bien plus élaborée et mieux déduite est toute cette théorie dans la *Nature humaine*. Le passage des plaisirs sensibles aux affections de l'âme y est bien moins *ex abrupto*. Ce n'est plus la fuyante idée de *futur* qui nous permet de le franchir ; à cette première notion une autre

(1) *Elements of Law.*, part. I., ch. VIII. — (2) *Lev.*, *Of Man.*, ch. VI.

va se joindre, qui lui fera mieux prendre corps : celle de *pouvoir*. Pour comprendre l'utilité de ce concept auxiliaire, rappelons-nous ce que l'auteur a établi plus haut : que l'avenir ne se laissait pas directement percevoir, qu'on l'appréhendait par stratagème, si l'on peut dire, et en allongeant, par delà même le présent, la ligne du souvenir. On se dit que quelque chose, dont on a gardé la mémoire, aura lieu derechef. On se le dit, oui sans doute, à une condition cependant : « c'est que l'on sache qu'il existe dès à présent une puissance capable de produire ce recommencement ; quiconque est dans l'attente d'un plaisir, doit concevoir qu'il y a en lui-même quelque pouvoir lui permettant de l'atteindre (1). » Toutes les sources de plaisirs qui sont en nous constituent dès lors autant de pouvoirs. Telles seront les fonctions corporelles qui, sous peine de souffrance, exigent satisfaction : fonctions nutritives, génératives, motrices ; telles les facultés de l'esprit, qui convergent à la connaissance ; tels enfin ces avantages que nos talents, pour une part, nous confèrent, et, pour une part aussi, notre bonne fortune, c'est-à-dire, en fin de compte, la bienveillance divine : ce seront « la richesse, les charges, l'amitié ou la faveur (2). »

Mais ces pouvoirs multiples, diversement répartis entre les hommes, sont voués à d'incessants conflits. « Le pouvoir de l'un résiste au pouvoir de l'autre et en entrave les effets : quant au *pouvoir* simplement dit, ce n'est rien de plus que l'excès du pouvoir de l'un sur celui de l'autre. Car des pouvoirs égaux opposés se détruisent l'un l'autre : opposition qui s'appelle lutte. » Cela dit, et le pouvoir ne consistant plus que dans la supériorité *des* pouvoirs que l'on possède sur ceux dont nos semblables sont pourvus, un troisième concept intervient, qui va parfaire les deux autres, celui d'*honneur*. « L'aveu du pouvoir est appelé honneur ; et honorer un homme en son for intérieur est concevoir ou avouer que cet homme possède un excès de pouvoir sur celui avec lequel il rivalise ou se compare. Et

---

(1) *Hum. Nat.*, ch. VIII, § 3. — (2) *Ibid.*, § 4.

honorables sont les signes auxquels on reconnaît qu'un autre a du pouvoir ou l'emporte sur son compétiteur (1). » Tous les signes par lesquels se traduiront aux regards notre *pouvoir,* ou notre excès d'avantages par comparaison avec nos émules, tendront à provoquer de la part des autres hommes ces démonstrations ou marques qui leur servent à nous honorer. Ce seront donc des signes honorables que la beauté de la personne (pouvoir générateur) ; que la force du corps (pouvoir moteur) : ainsi « la victoire dans une bataille ou un duel, et *à avoir tué son homme* (2) » ; que le talent de persuader (signe de connaissance) ; que la richesse ; que la noblesse (honorable à la réflexion, comme signe de pouvoir chez les ancêtres) ; que l'autorité ; que la bonne fortune (signe de la faveur divine). Et les signes contraires sont autant de défauts qui déshonorent (3) celui en qui ils se rencontrent. A tous ces indices, on connaît soi-même qu'on l'emporte en pouvoirs et que l'on mérite d'être honoré. Les signes par lesquels nos semblables témoigneront qu'ils tombent d'accord de cette prééminence, seront les suivants : louer, magnifier, bénir, prier, remercier, et cela sans préjudice des attitudes, démarches habituelles, par lesquelles se manifeste le respect que l'on porte à autrui. Posséder et contempler en soi les premiers signes, être exempt de leurs contraires ; constater que nos semblables attestent par les seconds signes leur opinion à notre endroit et qu'ils n'usent pas des contraires : à cette double ambition sont rapportées, comme à leur principe, les passions du cœur humain. Il semble bien que ce que les moralistes appellent l'amour-propre résumerait à peu près la première de ces aspirations et que ce qu'ils nomment vanité, superbe, orgueil, désignerait plus proprement la seconde. La Rochefoucauld était fondé, dans son pessimisme incisif, à ne point séparer ces deux mobiles ; mais Hobbes

(1) *Hum. Nat.*, VIII, § 5.
(2) Ces derniers mots, avec leur construction insolite, sont en français.
(3) *Dishonourable,* l'expression anglaise a un sens moins fort que l'équivalent français.

ne s'en tient point là, et il donne la raison de cette solidarité. Il nous montre que ces deux passions mères s'appellent l'une l'autre, la seconde tendant à ce que, dans autrui, se réfléchisse la grande estime de nous-mêmes, que la première entretient dans nos cœurs, et toutes deux ayant pour origine l'appétit du pouvoir, c'est-à-dire la soif d'amasser le plus d'avantages positifs aptes à renouveler indéfiniment les plaisirs et les jouissances que nous avons goûtées dans le passé, que vainement nous chercherions à fixer dans un présent toujours fugitif et que nous nous flattons de savourer encore dans l'avenir (1).

VI. — Il était donc tout indiqué que le tableau des passions particulières s'ouvrît par celle où l'amour-propre brille de son plus vif éclat : la *gloire* « ou glorification intérieure, passion dérivée de ce que nous imaginons ou concevons que notre propre pouvoir dépasse celui de nos rivaux ». Cette imagination ou conception, quand elle se fonde sur l'expérience de nos faits et gestes, peut susciter en nous l'idée de l'accroître par nos actes à venir : elle donne alors naissance à l'*ambition*. Que si cette passion repose, non sur la conscience de notre valeur, mais sur la confiance d'autrui, ce n'est que la *fausse gloire*; lorsqu'elle se repaît de chimères et fait miroiter à nos yeux des actions sans pareilles dont personne ne serait capable que nous, ce n'est plus que la *vaine gloire* : nous en avons un naïf exemple dans la fable où la mouche se pose sur l'essieu et se dit avec complaisance : que de poussière je soulève ! La passion inverse consistera dans la conscience que l'on a de sa propre faiblesse : ce sera l'*humilité* (2). Entre les deux contraires peut se produire une manière de combinaison, et il semble bien que ce soit un fusionnement de ce genre que désigne le mot de *honte*, état de l'homme qui, tout ensemble, a de lui-même une bonne opinion et se découvre quelque infirmité dont le souvenir lui fait baisser le front. Le *courage*, qui, dans la plus large acception du

---

(1) *Hum. Nat.*, VIII, § 5-8. — (2) *Ibid.*, ch. IX, § 1 et 2.

mot, met à l'abri de toute crainte devant le danger, est, en un sens plus précis, « le mépris des blessures et de la mort qui peuvent barrer le chemin, alors que l'on marche à son but. »

Les passions qui viennent ensuite, bien que distribuées avec moins de méthode, ont la même filiation que les précédentes. C'est ainsi qu'en dernière analyse, l'idée de pouvoir nous rend compte de ce que c'est que colère et vengeance. La première se ramène à un soudain courage qu'engendre « l'appétit de surmonter une opposition présente »; et, pour nous convaincre, contrairement à ce que l'on a prétendu, qu'elle ne se réduit pas au chagrin causé par une opinion méprisante, il suffit de ce fait d'expérience que l'on s'irrite parfois contre les objets inanimés. La seconde naît de l'attente où nous sommes ou de l'imagination que nous caressons « d'agir en sorte que celui qui nous a nui s'aperçoive que sa propre action lui est nuisible à lui-même », plus encore, « de faire qu'il en convienne, et c'est là le fort de la vengeance ». Un tel aveu ne s'arrache pas sans peine. Plus d'un préféra la mort plutôt que de s'y résigner (1).

Le *repentir* vient de l'opinion où nous sommes ou de la connaissance que nous avons que l'action accomplie par nous ne menait nullement au but; il a donc pour résultat de nous faire renoncer à la ligne que nous suivions, pour adopter une direction meilleure. Cette passion, telle que Hobbes la voit, n'a rien de proprement moral, rien qui implique la conscience d'un devoir enfreint, d'une loi sacrée méconnue. Deux sentiments contraires s'y associent: l'un de tristesse (2) pour la méprise passée, l'autre de joie pour le redressement prochain. L'*espoir* est à la fois l'attente d'un bien et la crainte d'un mal à venir: fait-il totalement défaut, on tombe dans le *désespoir*. La *confiance* consiste à croire en celui de qui nous attendons un bien, mais cela si aveuglément que nous n'essayions nulle autre voie pour atteindre le terme désiré. La *défiance*, au

---

(1) *Hum. Nat.*, VIII, § 6. — (2) *Ibid.*, § 7.

contraire, se trahit à ce signe que nous tentons une seconde route pour arriver à nos fins (1).

Jusqu'à présent, le paradoxe ordinaire aux moralistes de l'intérêt ne s'est point trop crûment fait jour. Mais voici où il va paraître dans toute sa dureté : quand il s'agira de ces affections par lesquelles il semble pourtant que l'âme s'ouvre et déborde pour se déverser dans autrui, tendres mouvements, élans généreux qu'ont de tout temps invoqués les optimistes de la morale en vue de prouver que le cœur humain recélait des penchants innés au désintéressement et à l'abnégation. La première de toutes et la plus touchante est la *pitié*. A quel point Hobbes ne la ravale-t-il pas ! Elle n'est, à son dire, que « l'imagination ou la fiction d'un malheur à venir pour nous-mêmes ; elle procède de ce que nous percevons la présente infortune d'autrui. Le malheur éclate-t-il sur des gens que nous estimons ne le mériter pas, la compassion grandit par ce qu'ainsi la probabilité augmente que pareil sort nous soit réservé. Car le mal qui arrive à un innocent peut arriver à chaque homme (2). » Un petit calcul d'orgueil, dans lequel nous nous jugeons d'autant moins à l'abri de l'infortune que les plus méritants sont atteints par l'adversité : la pitié ne serait rien de plus ! Mais non ; nous prenons à faux l'intention du sévère psychologue. Ce n'est pas un raisonnement de la vanité qui nous dirige, mais une supputation de chances. Le malheur qui fond sur le coupable n'est ni pour nous étonner ni pour beaucoup nous attendrir ; par contre, celui qui frappe l'homme de bien est la preuve que l'infortune tombe au hasard et doit mettre tout le monde en alarme. Fort bien ; mais, demanderons-nous alors, d'où vient notre alerte, d'où notre étonnement, sinon de cette conviction instinctive que, dans l'ordre normal des choses, le bonheur est dû à l'innocence et les peines au manquement ? Conviction dont, plus tard, l'utilitarisme de Stuart Mill s'ingéniera à découvrir une origine associationniste et dont l'auteur de la *Nature humaine* s'autorise, ce semble,

---

(1) *Hum. Nat.*, VIII, § 8 et 9. — (2) *Ibid.*, § 10.

un peu légèrement. Aussi bien, sa définition même s'applique-t-elle vraiment à la réelle, à la pure pitié ? Ce sentiment, dans une telle analyse, n'est plus qu'une disposition partielle, s'adressant à une élite de malheureux et n'ayant pour objet que l'innocence affligée (1). Combien plus profonde et sublime, cette autre pitié qui embrasse tout ce qui est avili, repoussé, honni, détesté : les humbles, les misérables, les flétris de toute provenance ; cette pitié qui anime la religion de l'Évangile ; celle qui fait tomber aux pieds d'une courtisane du ruisseau le héros du roman russe et lui arrache le cri : « Ce n'est pas devant toi que je m'agenouille ; c'est devant toute la souffrance humaine ! » Il est vrai que, même devant ce cas extrême, un hobbien de nos jours ne resterait pas sans réponse. Peut-être y verrait-il un phénomène de substitution, par lequel notre imagination nous met à la place d'autrui, en sorte que nous nous figurons éprouver nous-mêmes les maux dont d'autres sont accablés ; peut-être encore l'expliquerait-il par une dissociation que notre esprit opère entre l'acte du crime et le fait de la souffrance, de manière à oublier l'acte pour ne retenir que le fait. Nos modernes utilitaires ne sont jamais pris de court. — En contraste avec la pitié, il faut placer l'*indignation*, profondément définie par notre auteur : « ce chagrin qui consiste dans la conception d'un heureux succès survenant à ceux que l'on en juge indignes ; et, comme les hommes tiennent pour indignes tous ceux à qui ils portent de la haine, ils les jugent indignes non seulement de leur bonne fortune, mais aussi de leurs vertus (2). » La passion ainsi décrite ne coïncide pas entièrement avec celle que notre langue désigne du même mot. Nous entendons généralement par là une protestation vio-

---

(1) « Quand nous voyons un homme souffrir pour de grands crimes auxquels nous avons peine à nous croire exposés, la pitié s'amoindrit d'autant. » — Cf. *Lev.*, *Of Man.*, ch. vi : « Quand la calamité arrive par suite d'une grande scélératesse, les hommes les meilleurs ont le moins de pitié et, pour une même calamité, ceux-là ont le moins de pitié qui s'y jugent le moins sujets. »

(2) *Hum. Nat.*, ix, § 11.

lente et sincère, soit implicite, soit exprimée, contre un acte qui tend à renier ou avilir ce que nous respectons. L'indignation dont parle Hobbes est faite de colère, de haine aveugle et de mépris. Elle se mêle à la pitié pour composer le grand ferment des âmes qu'agite et soulève l'éloquence. A les enfler outre mesure excelle cette trompeuse, et elle a, pour y réussir, deux moyens infaillibles : « l'exagération de l'infortune et l'exténuation de la faute... A force de diminuer la valeur de la personne, tout en magnifiant son succès (et c'est le rôle de l'orateur), on peut parvenir à changer ces deux passions en fureur. »

Cette rudesse d'analyse ne pardonne même pas à des sentiments plus doux, devant lesquels les plus rigides se sont d'ordinaire laissé fléchir. L'*amour*, non point ce mouvement simple de l'âme, qui n'est, au vrai, qu'une manifestation de l'appétit et du plaisir, mais « celui que les Grecs nomment Ἔρως, attrait qui porte un sexe vers l'autre et qui, au lieu d'être, comme le premier, un désir indéfini, est limité *ad hanc*, » n'obtient pas de lui une analyse plus indulgente. Vainement les poètes ont-ils à le célébrer consacré leurs plus mélodieux accents. « En dépit de leurs louanges, il faut le définir par le mot de besoin, car il est la conception du besoin que l'on a de *la* personne désirée. » La beauté, ni d'autres qualités dans la personne que l'on aime, ne suffisent toujours, « ni même principalement », à faire naître cette passion en la personne qui aime : il faut aussi que cette dernière entretienne quelque espérance (1). Il est une forme de l'amour moins orageuse, qui n'est pas, comme Ἔρως, fille du besoin, et semblerait mériter qu'on lui reconnût une origine désintéressée : on la nomme plus proprement bienveillance ou *charité*. Elle n'obtient pas grâce devant lui et, bon gré mal gré, il faut qu'elle s'adapte à la théorie du pouvoir, c'est-à-dire se plie au culte de soi-même, sous le double rite de l'intérêt et de l'orgueil. « Il ne peut y avoir pour l'homme de plus grand argument de son propre pouvoir

(1) *Hum. Nat.*, ix, § 16.

que de se découvrir capable, non seulement de réaliser ses propres désirs, mais aussi d'aider les autres hommes à réaliser les leurs : conception à laquelle la charité se réduit. » Cette passion, d'ailleurs, Hobbes ne la voit guère s'exercer que des parents aux enfants (c'est, remarque-t-il, la στοργή des Grecs) ou de l'individu à son entourage. Quant au sentiment qui pousse à combler de bienfaits des étrangers, il n'admet point qu'on le décore du nom de charité, et il n'y voit rien de plus, sinon « un contrat en vue de se procurer leur amitié, ou l'effet d'une crainte qui porte à se procurer la paix (1) ». Chemin faisant, le mordant psychologue effleure la théorie hasardée par Platon, dans le *Banquet*, sur cet « amour honorable » qui incline les sages à rechercher, pour les instruire, les beaux jeunes gens. Pourquoi cette préférence en faveur de ceux qui ont la beauté, demande-t-il d'un ton railleur? « Il y a là quelque chose qui fleure les habitudes du temps. » La continence de Socrate fut peut-être réelle ; mais le tempérant se distingue du débauché non pas en ce qu'il est exempt des passions, mais en ce qu'il les réfrène. Cet amour platonique pourrait bien n'être que sensuel, avec un prétexte spécieux pour le déguiser.

VII. — Jamais le pessimisme utilitaire ne s'est montré plus intraitable. La Rochefoucauld dit les mêmes choses et en des phrases d'un arrangement plus coquet. Mais ses maximes ne semblent le plus souvent que des boutades misanthropiques, jetées sans ordre ni lien ; elles laissent le lecteur dans l'ignorance des causes latentes qui expliquent toutes ces ruses et ces hypocrisies du cœur. Avec Hobbes, le voile tombe, les passions s'étalent dans une claire dépendance à l'égard de ce qui est l'essence de notre nature. Elles traduisent dans leurs divers idiomes un fait unique : notre appétit de posséder à nouveau ce qui nous a plu déjà, appétit dérivé du mouvement que provoquèrent en nous les choses et qui résume notre vie sensible. L'égoïsme n'est

---

(1) *Hum. Nat.*, ix, § 17.

donc plus un fait monstrueux, un crime continuel, une flagrante rébellion contre la nature, que l'industrie de l'homme social s'emploie à farder de belles couleurs. Il résulte analytiquement du fait même de notre existence. La définition de l'homme l'implique avec même nécessité que la définition du cercle les propriétés de cette figure. Aussi ne s'étonnera-t-on pas que cette savante psychologie ait compté, parmi notre dix-huitième siècle, d'ardents admirateurs, et l'on entend sans surprise un Diderot, qui d'ailleurs ne professait guère à l'égard du cœur humain des doctrines plus flatteuses, s'écrier, à la lecture de la *Nature humaine* : « J'en suis sorti de ce traité..... Que Locke me paraît diffus et lâche, La Bruyère et La Rochefoucauld pauvres et petits, en comparaison de ce Thomas Hobbes ! C'est un livre à lire et à commenter toute sa vie (1). » Pour nous, tout en rendant hommage à la rigueur du logicien et à la pénétration de l'analyste, le doute nous vient si tout cet appareil dialectique ne nous masque pas davantage le vrai que ne faisaient les poétiques et fuyantes peintures d'un François Bacon (2).

Une réduction aussi absolue à des raisonnements plus ou moins inaperçus de lui-même par lesquels le moi se prouve en secret son propre mérite, concorde à souhait avec toute cette géométrie de la nature et de l'homme. Elle fait, en retour, la faiblesse d'une psychologie à tant d'égards supérieure. Il n'est pas évident, en effet, que la vie affective se laisse ainsi résoudre en de pures notions, et la description que l'on nous présente de l'état passionnel est à ce point intellectualisée que nous avons peine à reconnaître l'original. Un dernier exemple, d'autant plus instructif qu'il est plus familier, mettra mieux en lumière encore ce que le procédé a de factice. Nous voulons parler

---

(1) Diderot, Lettre à Naigeon.
(2) V. notamment le mythe de Bacchus, *De Augmentis*, fin du livre II; les *Essais*, II, *Of Death*, etc., etc. Pour être juste, il faut ajouter que Bacon a esquissé de main de maître une physiologie des passions, que le *Traité* de Descartes n'a nullement éclipsée. V. sa *Sylva sylvarum*, l'admirable *Century VIII*.

de la passion « innommée, mais qui a pour signe cette contorsion de la physionomie que nous appelons le *rire*. » Si l'on s'en tient à la *Nature humaine*, il faudrait ne voir en elle que la joie de triompher sur autrui. L'analyse pénètre comme toujours très au vif. L'auteur estime que le côté présomptueux de cette passion a été généralement perdu de vue et que d'ordinaire on la confond trop avec l'esprit ou la plaisanterie : comme si les hommes ne riaient pas « de mésaventures ou d'inconvenances où n'entre ni plaisanterie ni esprit ! » Au vrai, ce qui cause le rire, c'est d'abord, à l'entendre, la soudaineté et l'inattendu de la pensée qui le fait jaillir ; c'est ensuite le fait que cette pensée nous révèle notre mérite ou nos talents, par la comparaison où elle nous engage avec les infirmités ou la sottise d'autrui, à moins que ce ne soit avec notre propre faiblesse ou sottise d'antan. La preuve en est que la plaisanterie qui nous a le mieux réjouis naguère, ne nous amuse plus du tout sitôt qu'elle nous atteint nous-mêmes ou frappe ceux de qui nous partageons le ridicule (1). — Oui, assurément, dirons-nous, le rire est souvent cela, le sourire surtout, celui que provoquent les épigrammes, la satire, l'ironie de salon. Mais le franc rire, le rire aux éclats, large explosion de gaieté, secousse physique irrésistible, n'est-il pas autre chose ? Ne naît-il pas, en dehors de tout calcul, à l'encontre même de notre volonté, soulevé par l'impression irréfléchie que fait sur nous le contraste imprévu, souvent déraisonnable, de mots, d'images, de pensées toutes déconcertées de se trouver ensemble ?

Au résumé, ce n'est pas la passion, dans sa fougue et son aveuglement, manifestation orageuse de nos aversions et de nos désirs, aliénation subite de soi qui fait qu'au moment de la crise une âme étrangère semble se substituer à la nôtre et qu'une fois l'éclat passé, nous ne nous retrouvons plus dans celui que le tourbillon emportait ; ce n'est pas ce « court délire (2) », que

---

(1) *Hum. Nat.*, chap. xi, § 13.
(2) Sénèque.

Hobbes nous a retracé, et en cela surtout sa théorie est vulnérable. Ses habiles définitions ne nous ont point fait descendre dans les profondeurs de la vie affective ; elles nous ont maintenus dans les lucides régions de l'intellect. Une passion n'est guère, avec lui, qu'un concept, et nous sommes, quand nous y cédons, non des fous, mais des casuistes.

La théorie des passions est, au reste, le desideratum de toutes les grandes doctrines. De cela seul que le philosophe est, par devoir, un logicien, astreint à tout démontrer et à tout enchaîner, ses explications sont vouées à un échec. La vie affective défie ses théorèmes ; ses cadres sont impuissants à la contenir, précisément parce qu'elle met en œuvre des puissances semi-physiologiques, semi-mentales, qui échappent à la déduction et plongent au-dessous de la conscience claire. De là l'insuccès des plus célèbres tentatives accomplies en vue d'en rendre raison. La passion, chez Descartes, dépouille trop sa nature d'événement moral, et nous n'en apercevons plus que le concomitant physiologique. Si profondément que Spinoza ait étudié le cœur humain, elle apparaît, dans son Éthique, tout d'abord comme une entité de métaphysicien et dépasse infiniment l'humanité. Avec Hobbes, elle n'est plus qu'un anneau dans la chaîne du mécanisme, ou encore, sous son autre aspect, le calcul d'une intelligence, plutôt que l'agitation d'une sensibilité. Peut-être, en fin de compte, les doctrines sont-elles impuissantes à nous satisfaire sur ce sujet et en apprendrons-nous plus en regardant la vie, en consultant le théâtre, le roman, la poésie, qu'en interrogeant les systèmes. La théorie des passions est l'écueil des philosophies et la revanche des littératures.

CHAPITRE VIII

PSYCHOLOGIE (FIN)

LA VOLONTÉ

I. — La philosophie première de Hobbes n'a pas laissé le plus léger prétexte à ce que l'on appelle hasard ou, d'un nom plus pompeux, contingence. De la définition des causes il résulte à priori que les événements de la nature sont tissus par une nécessité que nul pouvoir ne saurait rompre. Les illusions que les hommes peuvent entretenir à cet égard ne sont que des mirages de leur ignorance.

Cette doctrine de la *Physica* se justifiait par la simple considération des idées fondamentales. La question qui maintenant se pose est celle de savoir comment ce déterminisme de droit se concilie, en fait, avec les données de l'observation intérieure. Hobbes, il est vrai, a la main forcée, et nous ne devions pas espérer que son *De Homine* répudiât l'absolu mécanisme de son *De Corpore*. Encore avait-il lui-même, dans les premières pages de la *Nature humaine*, distingué deux sortes de facultés mentales : celles qu'il nommait conceptives et celles qu'il appelait motrices. Et, s'il est exact que ces dernières ne se distinguent point, aux yeux du philosophe de Malmesbury, des modalités affectives et des états passionnels, il n'en reste pas moins que leurs plus vives énergies ont toujours paru se rassembler dans une vertu psychique privilégiée, susceptible de se fortifier par son exercice même jusqu'à tenir en échec, semble-t-il, le mécanisme causal et capable de s'opposer, comme puissance contre puissances, à la sensibilité et à l'entendement. Ce pouvoir est la *volonté*, qui, sous sa forme la plus parfaite et à son plus haut degré d'indépendance, prend le nom de *liberté*. Quelle place va donc revenir au vouloir et au libre arbitre dans la théorie mentale de Hobbes, à supposer qu'il leur en réserve aucune? Ou, s'il les laisse à l'écart, quel succédané en fournira-t-il et à la conscience et au langage?

Sa réponse est catégorique : ces facultés nouvelles ne méritent en aucune manière un rang à part, et les sections de ses livres où il en traite ne forment qu'une annexe à la philosophie des *Passions*. Avant de les définir, nous devons nous reporter d'abord à l'état affectif simple d'où nous avons vu que toute passion dérivait : à l'appétit. Ou bien un premier appétit précède directement, sans nulle transition, l'acte auquel il incline, ce qui a lieu quand nous agissons soudainement : en ce cas, il est un pouvoir immédiatement moteur, entraînant de lui-même son effet. Ou bien à un premier appétit succède la notion de maux pouvant résulter de notre docilité à le suivre : cette conception, qui n'est autre que la *crainte*, neutralise l'effet du désir et nous empêche de pousser plus avant. Mais il arrive souvent que la crainte soit suivie d'un nouvel appétit ramenant à la direction primitive. Celui-ci peut lui-même être supplanté par une nouvelle crainte et ainsi de suite jusqu'à ce que l'acte s'exécute ou que survienne un accident définitif qui en empêche l'accomplissement. Cette alternance des deux passions entre lesquelles notre esprit oscille « tout le temps où il est en notre pouvoir de faire ou de ne pas faire l'acte, nous la nommons *délibération* (1) ». Enfin la délibération implique en l'acte sur lequel elle porte deux choses : 1° qu'il est à venir; 2° qu'il y a ou bien espoir de le réaliser, ou bien possibilité de ne pas l'accomplir. « Car l'appétit et la crainte sont des attentes de l'avenir, et il n'y a pas attente du bien sans espoir, non plus que du mal sans possibilité. Les choses nécessaires ne sauraient donc être objets de délibération (2). »

(1) *Hum. Nat.*, ch. xii, § 1. — (2) *Ibid.*, 2.

Ces préliminaires posés, le terme de *volonté* se trouve virtuellement défini : il désigne simplement la dernière phase de la délibération, c'est-à-dire soit l'appétit, soit la crainte, selon que c'est à l'un ou à l'autre de ces sentiments que l'action aura directement succédé. Par conséquent, la volonté (*velle*) et son contraire (*nolle*) se confondent avec l'appétit et la fuite, à cette différence près qu'ils ont eu pour antécédent immédiat une délibération (1). Quand l'homme veut, tout se passe en lui comme chez les animaux, lorsque, après avoir commencé par délibérer, ils désirent. Aussi le *Léviathan* critique-t-il la formule en usage dans les écoles, « la volonté, appétit rationnel » : si elle était exacte, il ne devrait pas pouvoir arriver que l'on commît volontairement d'acte que blâme la raison. Au lieu d'appétit rationnel, disons : « appétit qui résulte d'une délibération précédente, » mieux encore : *le dernier appétit quand on délibère*, et nous serons dans la vérité (2). On ne qualifie de volontaires, il est vrai, ni l'appétit, ni la crainte, ni l'espoir, ni les autres passions. La raison en est qu'il y aurait à les appeler ainsi une tautologie fastidieuse. Ces mouvements de l'âme ne dérivent pas du vouloir ; ils sont le vouloir lui-même, et il y aurait de la déraison à appeler volontaire la volonté. « On n'est pas plus en droit de dire qu'on veut vouloir, que de dire qu'on veut ce qui est absurde et dénué de sens (3). »

II. — Voilà donc en quoi se résout la faculté de vouloir : en l'une ou l'autre de ces passions élémentaires, l'appétit ou la fuite, sous cette unique réserve qu'une délibération ait précédé. Mais la liberté, que devient-elle en tout ceci ? A quoi sera-t-elle à son tour ramenée ? — A rien. Dans la *Nature humaine* comme dans le *Léviathan*, elle ne figure pas. On la supprime par voie de prétérition. Le *De Corpore* nous propose cette alternative : ou de la nier absolument ou de la fondre dans le vouloir même, en qui elle

(1) *De Corpore*, ch. xxv, § 13.
(2) *Lev.*, *Of. Man.*, ch. vi.
(3) *Hum. Nat.*, § 5. — Cf. le passage des *Nouveaux Essais* de Leibnitz, sur le *vouloir vouloir*. (Liv. II, ch. xxi, § 24.)

désignerait simplement la faculté d'exécution. A quelque parti que l'on se range, nous n'en possédons pas une parcelle de plus que les bêtes. « Une liberté de telle nature qu'elle échappe à la nécessité ne convient à la volonté ni des hommes ni des brutes. Que si, par *liberté*, l'on entend la faculté, non de *vouloir*, mais d'*accomplir* ce que l'on veut, la volonté ainsi prise peut assurément être concédée aux uns et aux autres (1). » Dans son opuscule *de la Liberté et de la Nécessité*, Hobbes se montre un peu moins expéditif, et il se décide, après avoir rendu compte de la délibération, à faire entrer en ligne la liberté. Il consent, déclare-t-il, qu'on la définisse : *absence de tous empêchements à l'action non contenus dans la nature et la qualité intrinsèque de l'agent*. Par exemple, « on dira de l'eau qu'elle descend *librement* ou qu'elle a la *liberté* de descendre en suivant le canal de la rivière, parce qu'il n'y a pas d'empêchement à cette route; mais non pas en la traversant, parce que les rives l'en empêchent (2). » Et, bien qu'il soit impossible à l'eau de monter, on ne dira pas: ce qui lui manque, c'est la *liberté*, mais bien : c'est la faculté ou le pouvoir de monter, parce que, cette fois, les empêchements résident en sa nature. La liberté ainsi comprise consiste donc en ce que nulle action efficiente extérieure n'entrave la causalité inhérente à l'agent et n'interfère avec les lois internes qui le gouvernent (3). La formule

(1) *Of Lib. and Nec.* § *My opinion about Liberty and Necessity.*
(2) *De Corpore*, ch. xxv, § 13.
(3) Hobbes se souvenait-il du *De Fato* de Cicéron et du passage où le philosophe orateur qui, selon toute vraisemblance, ne fait que transcrire ou résumer un écrit de Clitomaque, expose de quelle manière le fertile Carnéade conseillait aux Epicuriens de sauver le libre-arbitre, sans contrevenir à l'universel fatalisme formulé par Chrysippe ? Il fallait, selon le subtil académicien, distinguer, — ce que le Portique n'avait pas fait, — entre deux formes de causalité : l'une extérieure à l'être même ; l'autre, qui lui est inhérente. C'est ainsi qu'un atome, emporté par son poids dans le vide, échappe à l'action causale dans le premier sens, mais nullement dans le second. Le mouvement volontaire sera précisément dans le cas de cet atome, et l'on peut, en conséquence, adhérer au libre-arbitre sans encourir les foudres des physiciens, qui interdisent, et à bon droit, l'hypothèse d'un

spinoziste lui conviendrait assez bien : une libre nécessité.

Si l'on se plaint que ce soit là simplifier à l'excès nos actions, l'auteur de la *Nature humaine* fait remarquer que l'on a toute licence de les distribuer en trois classes : les *volontaires*, les *involontaires* et les *mixtes*. Les premières, nous venons de les décrire. Les secondes sont celles qu'impose la nécessité même de la nature : ainsi, lorsque, pour avoir été poussé, l'on tombe et qu'en sa chûte l'on blesse quelqu'un. Quant aux actions mixtes, elles participent des deux précédentes : un homme que l'on mène en prison n'y va pas de son gré, en cela son action est involontaire ; mais c'est volontairement qu'il marche, parce que, s'il s'y refusait, il sait qu'on le traînerait par terre. Ainsi subsiste entre les créatures agissantes une suffisante diversité. Que l'on n'accuse donc pas la théorie de supprimer toute beauté dans l'Univers en y répandant l'uniformité et la monotonie. Le reproche serait on ne peut moins fondé, attendu qu'elle distingue trois sortes d'agents : les uns *nécessités*, ceux que détermine la nature pour ainsi dire automatiquement ; d'autres *libres*, ceux qui délibèrent ; les autres *contingents*, ceux qui se meuvent en vertu de causes ignorées d'eux. « Et ainsi, réplique triomphalement Hobbes au marquis de Newcastle, vous voyez que, bien qu'il y ait trois sortes d'événements : *nécessaires*, *contingents* et *libres*, cependant ils peuvent être tous nécessaires, sans que cela entraîne la destruction de la Beauté ou de la Perfection de l'Univers (1). » Il y a, nous le soupçonnons, une douce raillerie dans cette concession indulgente. Le partisan du libre arbitre serait de bonne composition, s'il se dédommageait ainsi de la proie par un peu d'ombre.

Pour conclure, tous les événements de la nature ont ceci de commun qu'ils ne se doivent pas à eux-mêmes leur commencement. Cette loi, qui s'étend à tout ce qui a

---

mouvement sans cause (*de Fato*, § 11). — Le génie philosophique des Grecs a devancé les modernes sur presque toutes leurs positions.

(1) *Of Lib. and Nec.*, § *To the Arguments from Reason* : Le Traité est en forme de lettre au marquis de Newcastle.

une origine (1), ne saurait pas plus laisser en dehors d'elle les résolutions des hommes que n'importe quels autres faits. « Quand donc, pour la première fois, un homme a un appétit ou une volonté qui le porte à quelque chose, la cause de sa volonté n'est pas le vouloir lui-même, mais quelque chose d'autre qui n'est pas à sa disposition. De la sorte, comme il est hors de conteste que les actions volontaires ont, dans le vouloir, leur cause *nécessaire* et que, d'autre part, la volonté est aussi causée par d'autres choses dont elle ne dispose pas, il suit que toutes les actions volontaires ont des causes nécessaires et par conséquent sont nécessitées (2). » Cette nécessité est suffisante : elle est donc absolue, puisque, si elle ne l'était point, il se pourrait, hypothèse absurde, qu'elle ne produisît pas son effet. « Définir, comme l'on fait d'ordinaire, l'agent libre en disant qu'*il peut, lorsque sont présentes toutes les choses requises pour la production de l'effet, ne pas le produire*, implique contradiction, puisque cela revient à dire : la cause peut être suffisante, c'est-à-dire *nécessaire*, et cependant l'*effet* ne pas suivre (3). »

Ainsi l'activité de l'homme, de quelques illusions que sa vanité le berce, ne déroge en rien aux lois générales qui gouvernent le cours des choses. Sa soi-disant libre conduite résulte mécaniquement de ses passions prépondérantes et, par l'intermédiaire de celles-ci, provient de

---

(1) *Of Lib.* § *My opinion, etc.*

(2) Signalons, dans la dernière partie de l'*Of Liberty*, cet argument de métaphysicien, en vue d'établir qu'il est inconcevable que quoi que ce soit d'incausé ait un commencement : en effet, essayons d'imaginer que cela puisse être, nous trouvons autant de raisons de concevoir que ce quelque chose commençât en un temps qu'en un autre, c'est-à-dire d'égales raisons (lisant : *that he has equal Reason*, avec l'édition de 1654, et non : *that he has not equal Reason*, que l'in-folio de 1750 porte à tort), d'admettre qu'il commençât dans tous les temps : ce qui est impossible. Donc il doit y avoir quelque cause spéciale pour que le commencement ait eu lieu alors et non plus tôt ou plus tard. Sinon, ce quelque chose n'a pas commencé, mais est éternel.

(3) *Of Lib. My opin.*, etc.

mouvements extérieurs qui ont traversé l'organisme, agité les sens, ému la conscience, impressionné l'imagination, appelé le désir. Nous n'avons qu'à remonter le courant de nos actions, par delà les passions et les conceptions d'où elles dérivent, jusqu'à ces chocs physiologiques qui donnèrent l'impulsion initiale, pour nous convaincre que ce que nous appelons notre liberté n'est qu'un dernier canal par lequel la force en réserve au dedans de nous va s'écouler au dehors et se répandre dans ce monde ambiant d'où elle nous arriva. Enfin, si l'on a égard à la complexité des causes (des *concauses*, dira Stuart Mill) qui l'ont produite, la résolution humaine apparaîtra comme la résultante d'influences innombrables, où l'univers entier a sa part. « Il n'y a peut-être pas une action, quelque fortuite qu'elle semble, » ajoute notre déterministe dans un passage digne de Leibnitz, « à la causation de laquelle ne concoure tout ce qui existe *in rerum natura* (1). »

III. — Jusqu'à présent, soit que, comme dans le *De Corpore*, il assît sur la notion de cause sa loi de l'universelle nécessité, soit que, comme dans la *Nature humaine* et le *Léviathan*, il s'aidât des secours de l'observation intérieure, rattachât au fait passionnel la décision volontaire et bannît de l'activité humaine toute contingence, Hobbes a parlé en dogmatique, insouciant des controverses agitées sans trêve par les Écoles. Mais il ne pouvait s'en tenir à ces affirmations successives, si serré qu'en fût l'enchaînement, sans laisser derrière lui bien des objections redoutables. L'antinomie de la nécessité et du libre arbitre a ceci de particulier qu'à quelque solution qu'on se range, elle engage dans un dédale d'arguments, d'instances, de contre-instances, de raisonnements féconds en surprises, qui se retournent le plus aisément du monde contre celui qui les disposa, sauf, bien souvent, à lui revenir, quand l'adversaire semble le plus près de triom-

---

(1) *Of Lib.* § *Certain distinctions, etc.*

pher par eux. C'est aussi le grand attrait du problème et ce qui le recommande à la curiosité des penseurs. Dès le temps de Hobbes, il était déjà tourné et retourné sous toutes les faces. Les succès de la secte arminienne lui avaient valu un regain de faveur, et la plupart des positions essayées de nos jours par les plus habiles dialecticiens étaient alors occupées. En ce temps comme aujourd'hui, tous les domaines de la philosophie étaient mis à contribution dans l'espoir d'obtenir des secours ici contre la thèse, là contre l'antithèse : théologie sacrée et rationnelle, psychologie introspective, psychologie comparée, morale théorique, morale appliquée, législation civile, pénale, politique. Sur ces différents terrains, Hobbes était de taille à tenir en haleine les meilleurs champions de la liberté. Il ne lui fallait qu'un prétexte pour soumettre à l'épreuve de la discussion cette théorie nécessitarienne, dont il s'était jusque là borné à produire la démonstration synthétique. Cette occasion, sa dispute avec un Arminien zélé, l'évêque Bramhall, la lui procura.

Nous avons raconté, dans notre chapitre de biographie, comment, à la suite du débat engagé devant le marquis de Newcastle, les deux adversaires avaient, chacun dans un écrit, consigné leurs vues respectives. Ainsi prit naissance ce petit chef-d'œuvre de Hobbes : *De la Liberté et de la Nécessité* (1654), bientôt complété par le gros recueil de ses réponses aux instances de son contradicteur : *Questions concernant la Liberté, la Nécessité et le Hasard* (1) (1656). L'évêque arminien fut bien inspiré de soulever ce débat, où Hobbes allait déployer une incroyable fertilité de ressources et imaginer nombre d'arguments et de droit et de fait, qui sont devenus classiques dans l'école nécessitarienne. Ajoutons que Bramhall ne soutient point la lutte d'une manière trop inégale, qu'il a parfois la main heureuse, que toutes ses objections ne sont pas sans force, qu'il atteint une certaine éloquence à se faire l'in-

---

(1) Ce recueil occupe tout le tome V des *Œuvres anglaises*, dans l'édition Molesworth.

terprète des protestations du sens commun et des revendications de la morale. Il est vrai que son dogmatisme passe souvent la mesure. Pour un peu, il déclarerait que la négation du libre arbitre est non seulement une erreur, mais un crime, qui relève moins d'un arbitrage philosophique que des tribunaux séculiers. Il aimerait que les pouvoirs publics missent en pratique cet *argumentum baculinum* administré par le fondateur du Portique sur les épaules d'un esclave qui, trop informé des doctrines de son maître, s'était excusé d'un vol sur la nécessité de son vouloir. « Et moi, répondit Zénon, la même nécessité exige que je te châtie. » — Cette plaisanterie captieuse, en vain Hobbes prétendait-il la tourner à son avantage, sous prétexte qu'au déterminisme elle laissait le dernier mot, l'évêque ne répugnera pas à la prendre au sens littéral. Il tient que Zénon a voulu, par sa cinglante réplique, enseigner l'art de venir à bout d'une prétention raisonneuse qui « mérite qu'on la réfute, non à coups de raisons, mais à coups de verges (1). »

Il ne peut être ici question de reproduire par le menu cette polémique. On nous saura gré cependant d'en signaler les moments principaux et de réunir les plus savantes réparties de Hobbes. En ce long duel philosophique, bien plus que dans ses présomptueuses attaques contre Wallis et les géomètres, nous connaîtrons son incomparable talent de controversiste.

IV. — Les raisonnements échangés entre les deux adversaires peuvent se prêter à ce sommaire groupement : les uns se réfèrent soit à la nature de Dieu, soit à son action dans le monde et relèvent de la métaphysique ; d'autres font appel au témoignage du sens intérieur et nous ramènent à la psychologie familière ; d'autres enfin portent sur le bien et le mal, la justice, la sanction, et sont d'ordre exclusivement moral.

(1) *English Works*, VI, p. 147, n° 13 (édit. Molesworth).

1° *Théologie.* — L'autorité des Écritures donne-t-elle gain de cause au libre arbitre ? — Bramhall n'en doute pas, et il étale une belle moisson de textes sacrés. Mais cette érudition n'impose point à Hobbes. Outre qu'aux citations il saurait, et en abondance, opposer les citations, il n'est pas en peine d'émousser l'arme que l'Écriture fournirait contre lui. Il lui suffit d'en revenir à son concept du Dieu inaccessible, qui emprunte aux hommes leur langage, pour se faire entendre d'eux, non pour leur dépeindre au vrai ses attributs comme ils sont : à peu près de même, sans doute, que les mères et les nourrices prononcent aux petits enfants les mots inarticulés et vides de sens défini qu'ils apprendront à répéter. « Lorsque Dieu parle aux hommes de son vouloir et de ses autres attributs, il en parle comme si ces attributs ressemblaient à ceux des hommes, afin de pouvoir être compris d'eux. Et, par conséquent, c'est à l'ordre de son ouvrage, c'est au monde, où une chose en suit une autre avec une convenance à laquelle l'homme, agissant d'après un plan, ne pourrait parvenir, qu'il donne le nom de vouloir et d'intention. Car, ce que nous appelons dessein, qui est raisonnement et pensée après pensée, ne peut proprement être assigné à Dieu, dans les pensées duquel il n'y a ni *avant* ni *après* (1). » La position de Hobbes est ainsi singulièrement avantageuse. Quelque alternative qui prévale, sa cause n'en recevra nul dommage. Tel passage sacré prête-t-il à une interprétation déterministe, il s'en couvre contre l'orthodoxe. La liberté s'y trouve-t-elle expressément affirmée, il ne s'en embarrasse pas ; l'expression est toute symbolique et relative à l'entendement humain. Aussi bien l'on en pourrait appeler à la théologie elle-même de ses propres arrêts. Le dogme de la prescience divine exclut de nos âmes une puissance de hasard qui en serait le perpétuel démenti. Quant aux subterfuges auxquels ont eu recours les scolastiques, les uns distinguant entre la prescience et

---

(1) *The Questions*, etc. § *The Fountains of Argument in this question.*

le décret, les autres, à la suite de saint Thomas, plaçant Dieu dans un présent éternel, Hobbes déclare que ce sont finesses qui dépassent son entendement. Pas davantage il ne consent à la défaite que Suarez avait imaginée : *si l'homme veut, alors Dieu concourt*, « car ce serait assujettir non plus le vouloir de l'homme à Dieu, mais le vouloir de Dieu à l'homme. » Tous ces expédients sont hors de saison.

2° *Psychologie*. — Entre les objections de fait que Bramhall met en ligne, nous relèverons les suivantes : « Toutes les consultations sont rendues vaines ; les avertissements aux hommes raisonnables ne sont pas moins en pure perte que ceux que l'on adresserait à des enfants et à des fous ; tout ce qui est conseils, actes, livres, études, remèdes, etc., devient sans objet. » Ces arguments, tout démologiques, manquent de portée. Ils reposent sur la confusion du déterminisme scientifique avec ce qu'on a justement appelé le fatalisme paresseux. Que je prenne ou non ce remède, si ma destinée est de guérir, je guérirai ; il est donc inutile que je m'en inflige le dégoût. Quoi que je fasse, si ma destinée est de vivre demain, je ne mourrai pas aujourd'hui ; je puis donc impunément me passer mon épée au travers du corps. Ces vieux sophismes omettent un élément essentiel du concept de causalité : l'interexistence de moyens entre la cause initiale et l'effet. Quand on dit que l'effet est déterminé, l'on sous-entend que les moyens requis pour sa production seront réunis. Dans l'espèce, l'effet est le choix de la volonté ; ce choix a sa cause déterminante, laquelle « est, pour la plus grande part, la *délibération* ou *consultation* ; la consultation, par conséquent, n'est point superflue (1). » Cette réplique va très loin ; elle vaut contre la plupart des preuves psychologiques qui ont défrayé, de nos jours encore, tant de manuels de philosophie : les prières, les contrats, les serments, etc. Ceux-là qui les invoquent paraissent croire que la cause naît *e nihilo* et que nul intermédiaire, nécessité lui-même, ne la sépare de son effet. C'est-à-dire que

---

(1) *The Questions*, etc., *To the Arguments from Reason*.

l'on réfute le mécanisme en se permettant une hypothèse qui en est l'implicite négation.

Que si l'on adresse ses avertissements aux adultes raisonnables, non aux enfants ni aux fous ni aux égarés que la passion emporte, la raison en est facile à saisir. Qu'est-ce qu'avertir? C'est dérouler aux yeux les conséquences futures, bonnes ou mauvaises, d'une action. Or une personne d'expérience est plus apte qu'une inexpérimentée à saisir ce qu'un avis a de raisonnable : aux enfants et aux fous ce serait peine perdue de donner un avis. D'autre part, une personne qui partage les passions de son conseiller est mieux disposée à admettre que ce dernier lui dit vrai que s'il était animé de passions contraires à celles qui l'émeuvent elle-même violemment (1). Et c'est pourquoi l'homme qu'agitent des passions puissantes se trouve hors d'état d'entendre des conseils de nature à les refréner.

Bramhall avait cru mettre au rouet son contradicteur en lui opposant des exemples où les actes avaient beau né point suivre une délibération, ils n'en étaient pas moins universellement réputés volontaires. Ces opérations, auxquelles l'évêque donne le nom de spontanées (c'est le cas des enfants, des fous, d'animaux tels que l'abeille et l'araignée) seraient en contradiction formelle avec la théorie de Hobbes. — Point, déclare notre philosophe ; le désaccord n'est qu'apparent. Et de soutenir que les actes dont il s'agit ne sont pas moins volontaires que ceux qui ont pour auteur l'homme adulte et sain d'esprit. La première action de l'enfant aura pu être involontaire ; mais la seconde, grâce à la leçon des verges, sera précédée d'une délibération. Les fous choisissent mal, soit ; encore choisissent-ils. Quant aux abeilles, leur art, leur prudence, leur politique, n'égalent-elles pas, ou peu s'en faut, l'habileté de l'espèce humaine? N'est-ce pas d'elles qu'Aristote a écrit : « Elles ont la vie civile ? » Vainement Bramhall repousse cette assimilation à l'homme ; vainement il allègue que, s'il y

---

(1) Ed. Molesw., vol. V. *Quest.*, n° 14.

a des traces d'intelligence et d'art aux travaux des bêtes, c'est à Dieu qu'en remonte toute la gloire. Hobbes maintient, sans rien céder, sa thèse d'une délibération identique chez l'homme et chez l'animal. Tout l'avantage du premier sur le second tient aux généralisations que lui permet l'emploi du langage (1).

C'était donc, et l'évêque le comprit, autour de la délibération, antécédent immédiat, condition déterminante du vouloir, que les champions du libre arbitre devaient porter le fort de la défense. Dans une observation qui n'est pas sans finesse, Bramhall remontre que cet antécédent de la résolution n'en peut être isolé, mais fait un avec elle et que ces deux moments expriment, chacun à sa manière, une vivante unité. La dernière dictée de l'entendement, en suite de laquelle la volonté se décide, n'est nullement une détermination extérieure au moi. Loin d'exclure la liberté, elle l'implique plutôt. De même la détermination fait corps avec l'acte. « L'entendement et le vouloir, affirme l'évêque, ne sont pas des agents différents, mais des facultés distinctes d'une même âme (2). » On ne saurait mieux dire ; le tout est de savoir si le théoricien de la liberté en tire le moindre gain. Hobbes ne le croyait pas. Cette homogénéité des trois phases n'affaiblit, estimait-il, en quoi que ce soit, sa thèse, puisque toutes les trois, la dictée de l'entendement, la résolution et sa conséquence, sont également nécessitées.

3° *Morale.* — De toutes les provinces de la philosophie, l'éthique est généralement réputée la plus propice aux champions de la volonté autonome. Mais sa théologie de la force prête à Hobbes de précieuses armes et, même sur ce nouveau terrain, il remporte plus d'un succès.

Comment, demande avec véhémence Bramhall, peut-on parler de la justice d'un Dieu qui punit la faute, alors que le pécheur a subi une contrainte qui n'était point de son fait ? Selon Hobbes, cette question procède d'une

---

(1) V. Edit. Molesw., t. V, n° 8, et répl. de Hobbes.
(2) *Quest.*, n° 23. Ed. Mol. V, 316.

fausse interprétation des mots *justice divine*. La justice de Dieu n'a d'autre mesure que sa puissance. Le langage des apôtres comme des Pères le prouve surabondamment. C'est ainsi que, chez saint Paul, Dieu, pour justifier sa ligne de conduite envers l'homme, n'invoque d'autre raison que son pouvoir souverain : « As-tu un bras comme le mien? Où étais-tu, quand j'ai jeté les fondements de la terre? » C'est, en dernière analyse, « le pouvoir irrésistible qui réellement et proprement justifie toutes les actions (1) ». Mais l'évêque insiste : le livre *de la Liberté* a développé cette thèse que la piété, le culte, les prières, ne sont qu'autant d'aveux de la force divine; à ce compte, les diables peuvent avoir autant de piété que les chrétiens, puisqu'ils savent certes, et à leurs dépens, que cette force est immense. Bref, une telle théorie est suppressive de toute bonté comme de toute justice en ce Dieu qui châtie ses créatures pour des fautes qui lui sont imputables (2).
— Hobbes tâche à parer ces nouveaux coups en soutenant que bonté et pitié sont parties intégrantes du pouvoir divin. Et, prenant à son tour l'offensive, il lance cette question redoutable qui met en péril et le dogme de la grâce et le système entier de la révélation chrétienne: Dieu inflige à toutes ses créatures des maux de mille sortes; il condamne à la damnation éternelle toute l'humanité antérieure à l'avènement du Christ : sera-t-il pour cela cruel? (3)

Si Hobbes juge frivole l'objection fondée sur les attributs divins, celle qui se tire des éloges des hommes, de leur justice et de leurs lois ne le touche guère plus. Nos louanges, déclarait-il dans son petit livre *de la Liberté*, vont aussi bien à ce qui nous apparaît comme nécessairement bon qu'au bien librement accompli (4). Or n'y avait-il point là une confusion qui touchait au sophisme? Ce fut l'avis de Bramhall, qui, avec une

(1) *Of Lib.* Cf *Quest.* Édit. Molesw, n° 11, *Animadv.*, etc.
(2) *Quest.* n° 15. — (3) *Ibid., Animadv., etc.*
(4) Cf. le même argument chez Stuart Mill : **Examen de la philosophie de Hamilton**, chap. xxvi.

grande sagacité, distingua entre l'éloge simple et l'éloge moral : ce dernier, le seul qui compte, ne s'adresse qu'à ce qui est moralement bon, c'est-à-dire l'œuvre d'une liberté. En cet endroit, il faut le reconnaître, l'avocat de la nécessité mollit, et sa réplique ne laisse pas d'être évasive. Mais il va regagner le terrain perdu, lorsqu'on l'aura mis au défi de justifier la loi pénale. Suivant lui, quand le législateur édicte des châtiments, il se place à un point de vue d'utilitarisme social et n'a nullement égard à quelque justice transcendante. Il n'a qu'un objectif : réformer le vouloir du coupable et le donner en exemple à qui serait tenté de marcher sur ses traces (1). Toute cette partie de son argumentation est supérieurement conduite. Les utilitaires de nos jours ne trouveront guère mieux.

V. — Dans ce débat passionné, ce qu'il faut admirer, c'est, qu'on nous passe le mot, l'intransigeance de Hobbes. D'un bout à l'autre de la dispute, il garde le ton d'un homme extraordinairement sûr de son fait. Il n'a pas, pour la croyance qu'il discrédite, l'ombre d'un regret. Pas un instant, il ne se trouble devant l'énorme contradiction morale qu'en dépit de toutes les ruses logiques, soulève le déterminisme, contradiction qui réduira Kant lui-même à suivre, de plus savante façon, l'exemple de Bossuet et à tenir les deux bouts de la chaîne.

Aussi bien, pourquoi Hobbes concevrait-il le moindre scrupule ? Il ne reconnaît pas de Bien absolu, de loi morale éternelle. Ce serait, à son sens, un cercle manifeste de prouver le libre arbitre par la moralité, puisque la moralité n'est elle-même qu'un effet nécessaire du vouloir des hommes agrégés en société. Pourquoi, d'autre part, éprouverait-il un regret ? L'hypothèse de la liberté ne serait bonne qu'à introduire le hasard et, du même coup, le scepticisme, dans la géométrie sociale qu'il a projetée. Au contraire, s'il reste entendu que notre vouloir est la conséquence forcée des conceptions que provoquent les objets

---

(1) *Quest.* n° 14, *Animadv.*, etc.

de nos passions ou, en moins de mots, qu'il est la suite fatale de nos jugements, le théoricien politique, en façonnant ces derniers, agira sur les résolutions humaines à coup sûr (1), et l'État qu'il aura constitué se verra garanti contre la menace d'un déclin immédiat par le tour prudent que l'éducateur politique aura su donner aux croyances et aux opinions des citoyens.

Et maintenant, le sol est libre, les matériaux sont prêts : il n'y a plus qu'à bâtir.

(1) *The Elements of Law*. Part. I, ch. xii, § 6, Éd. Ferdinand Tonnies.

CHAPITRE IX

MORALE

I. — La science des devoirs occupe, dans plus d'un système, un rang hors de pair. Nombre de philosophes la considèrent encore ainsi qu'un système d'injonctions émanées directement de l'Absolu. Elle n'a, s'il faut les en croire, rien à attendre de l'étude empirique de la sensibilité humaine. Elle dérive ses principes d'une notion à priori, et elle les dicte à des volontés conçues comme raisonnables et libres. De bonne heure, on voit percer chez les modernes fondateurs de la sociologie l'ambition de suspendre à des principes qui planent bien au-dessus de la nature la théorie des actions humaines. Un maître, dont l'action n'aura pas été la moins décisive en ce sens, le grand Hugo Grotius, ne s'applique-t-il pas, dans les *Prolégomènes* de cet admirable *De Jure Belli et Pacis* (1625), demeuré si longtemps un code classique d'arbitrage international, à établir le Droit des gens sur une philosophie des mœurs ? Et cette philosophie tiendrait en un seul article : l'homme est la créature d'un Dieu sage, aux fins duquel il est sûr de se conformer si, dans sa conduite, il prend la raison pour guide. Plus d'un siècle après, Rousseau, dans son *Contrat social*, sera métaphysicien à sa manière, puisque sur un dogme abstrait, posé comme indiscutable, celui de l'égalité et de la liberté humaines, il fera reposer ses chimériques institutions. Kant suivra plus opiniâtrément la route à priori. Il isolera de toutes autres recherches l'étude du devoir; il délivrera sa liberté pure de toutes attaches empiriques, contemplera le moi dans l'action comme il ferait un esprit angélique et déduira devoirs, vertus, de la seule conception d'une idéale bonne volonté.

Avec Hobbes, rien de pareil. L'Éthique de son choix n'a rien d'une philosophie close, recevant du ciel ses dogmes fondamentaux. Ce n'est pas que personne au monde ait eu plus à cœur que lui d'ériger une telle étude à la dignité de science. Il en a merveilleusement compris la grandeur. Il entendait que l'on appliquât à la connaissance des mœurs la même méthode géométrique qui lui avait si fort réussi, estimait-il, en physique (1). Aussi bien tous les maîtres de la morale ont fait de même. Que serait-ce qu'une Éthique qui ne consisterait pas en une logique de l'action? Une basse routine, indigne du nom de savoir. Mais, si la méthode dont Hobbes va faire usage continue d'être éminemment déductive, la base de ses démonstrations est comme toujours fournie par la seule expérience. Nul axiome transcendant, émané soit de la métaphysique, soit de la révélation, ne domine son code des devoirs. Et dans les *Elementa* et dans le *Léviathan*, la règle des mœurs ne suppose que des données à posteriori, celles-là mêmes que nous a obtenues la considération de la nature humaine. L'âme a des désirs et des répugnances ; le dernier appétit ou la dernière fuite qui a clos l'alternance du oui et du non constitue le vouloir. Il n'est pas besoin d'autres postulats. A quelles maximes pratiques faut-il qu'adhère la volonté pour se diriger au mieux de ses tendances, c'est-à-dire d'une manière conforme et aux appétits et aux craintes qui l'animent naturellement? A cela, suivant Hobbes, se ramène le problème moral. Ce n'est pas qu'en dépit de cette brève formule, le sujet ne soit à ses yeux singulièrement ardu. Il reproche à la plupart de ceux qui ont écrit sur ces choses d'avoir paru en tenir la connaissance pour très aisée. Ils en auront été punis à la mode d'Ixion qui, admis à la table des dieux, s'était épris de la reine de l'Olympe et dont l'ingrate passion fut abusée par Jupiter : en place de Junon, il étreignit un nuage qui offrait à ses regards les traits de la déesse; de cette chimérique union naquirent

---

(1) Lettre dédicative, en tête du *De Cive*, au comte de Devonshire.

les Centaures, semi-hommes, semi-chevaux. Eux, de même, ces trop confiants moralistes, n'auront embrassé de la justice qu'une mensongère image, et leurs spéculations nous offrent un indistinct mélange d'erreur et de vérité (1).

Parce qu'il refuse de s'élever au-dessus des phénomènes et que son éthique ne présuppose rien, sinon les mobiles qui stimulent et la réflexion qui éclaire, l'auteur du *De Cive* et du *Léviathan* n'a pas à redouter de déception semblable. Par contre, il détrône la morale de sa place d'honneur. Elle n'a plus ses franchises, sa Coutume à elle. Hobbes a positivement fait d'elle la servante de la psychologie. Ou plutôt elle n'est que la psychologie même, mais vivante, agissante, disciplinée par la raison.

Ces deux caractères, rationnel et empirique, qui s'associent en tout le reste du système de Hobbes, ne s'unissent pas moins étroitement dans sa philosophie morale. Si la psychologie en procure la matière, c'est la logique qui en fournit la forme, et la part de l'entendement n'y doit pas être plus perdue de vue que celle de la conscience. Ce n'est, en effet, que du moment où l'homme raisonne ses désirs, réfrène les uns, favorise les autres et fait intervenir la prévision, le calcul, la subordination, le choix, dans la conduite d'une vie jusque là purement impulsive, que date réellement l'institution de règles pratiques. Cette pensée organisatrice qui va régner sur les instincts de l'homme affectif ne se réclamera pas de purs concepts ou de décrets divins. Elle ne sera pas comme un don tombé d'en haut. Nous reconnaîtrons en elle cette vertu de discerner, d'abstraire, de généraliser, de supputer, faculté aux humbles origines, mais à laquelle nous devons notre suprématie sur le reste de la nature animée. Elle aura pour mission, non d'orienter la volonté humaine sur quelque discutable idéal, mais de mettre nos aspirations d'accord, de donner à tous nos besoins le plus complètement possible satisfaction.

Enfin, et pour clore ces prolégomènes, il est clair

---

(1) *De Cive. Præfatio ad lectores.*

que ce rôle de la raison serait bien modique, si chaque homme n'avait à compter qu'avec lui-même et la nature ambiante. Son expérience des lois physiques pourrait sans doute lui apporter des conseils de prévoyance. Mais, pour qu'il s'astreigne à des devoirs, pour que son intelligence lui dicte un formulaire d'impératifs, il faut qu'il se soit mis en rapports avec d'autres êtres qui lui ressemblent, il faut qu'il ait décidé d'établir entre eux et lui un *modus vivendi*, que déjà, par conséquent, eux et lui soient liés par une manière d'association. C'est dire que la raison n'invite l'homme à reconnaître une obligation pratique qu'à partir de l'instant où il passe de la vie vagabonde et séparée à la vie en commun. Point d'éthique donc qui n'ait pour préambule quelque rudiment de politique.

II. — Jusqu'à ce que s'opérât cette transformation dans leur existence, les hommes vécurent sous la domination égoïste de leurs tendances naturelles. Le changement une fois accompli, ces instincts sont bridés de toutes les manières, et cela au plus grand avantage de chaque individu qui, en échange de quelques sacrifices dont l'ensemble compose la somme de ses obligations, obtiendra paix et sécurité. Le premier état fut celui de nature ; le second est celui d'organisation civile. Dans le premier, la raison n'étant pas encore entrée en scène, le personnalisme n'était point tenu en échec, et il se donnait carrière contre tous : chaque membre de l'humanité était à l'égard et de la part des autres menaçant et menacé. Dans le second, la raison a rempli son office, dompté l'égoïsme en servant les intérêts de cet égoïsme même : l'individu cesse d'être menaçant ; par contre, on ne le menace plus. Tout à l'heure, l'homme présentait à l'homme l'aspect d'un fauve ; maintenant il lui devient l'objet d'un culte. « A bon droit l'on a dit l'un et l'autre mot : *L'homme est pour l'homme un dieu, et l'homme est un loup pour l'homme. Homo homini deus, et homo homini lupus* (1). »

(1) Dédicace au comte de Devonshire. Le mot se trouve dans Bacon :

De cette formule antithétique, on n'a retenu que la moitié, sauf, en l'isolant, à en dénaturer le sens. Certes, le politique du *De Cive* n'entretient sur le désintéressement inné de notre race aucune illusion. Mais encore ne faut-il pas renchérir encore sur son pessimisme et lui faire dire que l'homme est à jamais animé contre l'homme d'une féroce malveillance. Sa pensée est claire : tant que la société ne s'est pas constituée et avec elle la morale, rien ne garantit personne contre les mauvais desseins de personne, non pas même aucun devoir ni aucune loi, de quelque genre que ce puisse être, puisque loi et devoir impliquent une association humaine au moins en voie de formation. Cette association a-t-elle pris naissance, par conséquent la morale est-elle apparue, les égoïsmes individuels sont mis hors d'état de se nuire ; toute personnalité est rendue inviolable pour les autres. La primitive condition était celle d'une humanité fragmentée où chacun voyait en lui-même son unique fin et ne se jugeait tenu de respecter qui que ce fût au monde (1). La condition nouvelle est celle d'une communauté bien réglée, que maintiennent en paix des garanties mutuelles, où personne ne fait courir de périls à personne, où chacun jouit du respect de tous. Retracer ce passage de l'égoïsme anarchique à la condition de société régulière, ce sera du même coup raconter la genèse de la loi morale. — Mais ne nous y trompons pas : il ne s'agit point de rappeler un processus de fait. Le point de vue de l'histoire n'est que bien rarement celui où se place Hobbes. Il ne se demande pas, ainsi que ferait un moderne, si les choses se sont bien passées comme il conçoit et quels documents authentiques justifient sa prétention que telle

De Augmentis, liv. VI, ch. III, parmi les *Antitheta* de la Rhétorique : § *Justitia*. — *Justitiæ debetur quod homo homini sit deus, non lupus*.

(1) De cette condition primitive nous avons une image dans la défiance et la haine mutuelles des États entre eux. Caton le Censeur traitait les rois de bêtes féroces, et Pontius Telesinus, dans sa guerre contre Sylla, rendait aux Romains le compliment, lorsqu'il demandait qu'on détruisît Rome, attendu que « les loups ravisseurs ne feraient jamais faute à l'Italie tant que l'on n'aurait point rasé la forêt qui leur servait d'asile ». Dédic. au comte de Devonshire.

ait été au vrai la marche des événements. Géomètre, il n'a point cure des arguments empiriques. Il lui suffit que des hommes vivent actuellement à l'état de citoyens : cette donnée même suppose, dans le passé, une série de transformations nécessaires auxquelles la natu.e psychologique a dû se plier. Plus précisément encore, par cela seul que, grâce aux lois civiles, les hommes ont contracté, les uns à l'égard des autres des obligations imprescriptibles, tout se présente à nous *comme si*, réellement, ils avaient souscrit aux renoncements successifs qu'implique l'existence des sociétés. L'histoire a pu tâtonner plus ou moins. La vérité de fait a pu côtoyer inégalement la vérité de droit. Des inconséquences, des anomalies ont pu retarder la coïncidence. Il suffit qu'en ce moment et sous nos yeux les deux vérités se joignent, et Hobbes se juge autorisé à faire abstraction des écarts temporaires qui ont pu les séparer. A résumer ce grand changement, en vertu duquel un chaos de volontés discordantes a été remplacé par un harmonieux ensemble de personnes morales, est consacré le premier livre du *De Cive* : *Libertas*.

III. — Pour nous représenter cette double création de la morale et de l'État, nous n'avons pas à remonter par delà les mobiles passionnels qui dirigent l'appétit et, par suite, la volonté. Rejetons donc ces entités auxquelles les moralistes confient le soin d'étayer leurs déductions et dont la moins décevante ne serait pas la notion d'un instinct social inné à notre espèce. Quoi de plus creux, en effet, qu'une telle fiction, gratuitement imaginée par des philosophes qui ont admis sur parole l'aphorisme : ἄνθρωπος ζῶον πολιτικόν? Croire à une disposition spontanée de ce genre, c'est se faire de la nature humaine une idée bien superficielle. Oui, les hommes se recherchent mutuellement, mais un amour inné les attire si peu les uns vers les autres que, si nous observons le détail de leurs actes, nous constaterons que toujours ou l'intérêt ou la vanité a dicté leur conduite. On fréquente qui peut vous servir, qui vous flatte, qui vous amuse de ses ridicules, parce qu'en les raillant,

9.

on fait mieux ressortir à ses propres yeux sa supériorité à l'égard du prochain. « Quoique parfois ce commerce soit inoffensif, il est manifeste cependant que ce n'est pas avant tout la compagnie, mais notre gloire, qui nous charme. Le plus souvent, au reste, dans ces sortes de réunions, on daube sur les absents, on examine, on juge, on condamne, on plaisante leur vie entière, leurs paroles, leurs actions. Les personnes présentes ne sont épargnées que pour subir même traitement dès qu'elles ne seront plus là. Aussi n'était-il pas un sot, celui qui avait coutume de ne quitter la scène de l'entretien que le dernier de tous. Et ce sont les vrais délices de la société (1). » A ne rien taire pourtant, Hobbes ne se cantonne point dans ce dédain humoristique. Peut-être sous la contrainte d'objections dont il sentait la force, il admet, dans une note, que les hommes aient naturellement quelque goût de se fréquenter, de converser ensemble. Mais qu'est-ce que cela prouve ? Que la nature a fait de l'homme un animal politique? Comme si, pour qu'un État fût fondé, il suffisait que des individus se réunissent! Autre chose est s'assembler, autre chose se lier mutuellement par des contrats (2).

Renonçons donc à l'hypothèse d'un instinct général qui, fût-il réel, ne rendrait compte de rien. Le fait de se réunir en société est un acte volontaire. Or la volonté n'a qu'un objet : son bien, c'est-à-dire ce qui lui plaît. Comme il ne peut être, en l'espèce, question du plaisir organique, il semble ne rester que les plaisirs de l'âme, qui tous consistent ou dans la gloire ou dans ce qui favorise la gloire. Mais ce mobile non plus ne peut ici convenir. La gloire pour tous, ce n'est la gloire pour personne. Aussi bien, si un désir de gloire nous dirigeait, ce ne serait pas à entrer en société, mais plutôt à exercer la domination, qu'il nous inclinerait.

Le vrai, le seul motif qui détermine les hommes à s'a-

---

(1) *De Cive*, ch. ɪ, § 2.
(2) *Societates civiles non sunt meri congressus, sed Fœdera, quibus faciendis fides et pacta necessaria sunt. Ibid.*, note.

briter sous des lois est la *crainte*. Cette passion, qui même ne disparaît pas entièrement après l'institution de l'État et dont il est facile de ressaisir aujourd'hui encore plus d'un vestige (1), est inspirée par deux choses : l'égalité naturelle des hommes et leur mutuelle volonté de nuire. Par égalité naturelle, ne comprenons nullement un dogme absolu, au sens de J.-J. Rousseau et de notre Déclaration des Droits. Il s'agit de cette constatation banale, que la machine humaine est tellement fragile que la vie même du plus fort est à la merci du premier venu et qu'à cet égard on peut négliger les différences individuelles (2). Quant à l'universelle volonté de nuire, on la voit assurément répartie de manière inégale chez les individus. Elle provient de causes multiples, dont la principale est que plusieurs désirant une même chose et ne pouvant en jouir à la fois, c'est le plus fort qui s'en rendra maître. Et comment décider du plus fort ? Par la lutte (3).

Cela dit, souvenons-nous qu'il est une passion dans laquelle nous avons cru trouver le ressort de toute notre vie affective : l'appétit du bien, la fuite du mal et, par-dessus tout, du plus grand des maux naturels : la mort. La nécessité inhérente à ces sentiments n'est pas moins fatale que « celle qui emporte la pierre en bas ». Chacun agira donc raisonnablement de tout faire au monde pour se préserver de la mort et de la souffrance. Or, ce qu'approuve la raison est appelé *juste* et reconnu *de droit*. « Le mot de *droit*, en effet, ne signifie pas autre chose sinon la liberté que chacun possède d'user conformément à la droite raison de ses facultés naturelles. » En conséquence, le premier fondement du droit est « que chacun défende de son mieux sa vie et ses membres (4). »

(1) V. une note mordante à la fin du § 2, ch. i, *De Cive* : Les royaumes s'entourent de forteresses, les cités de remparts ; les particuliers, la nuit, ont soin de verrouiller leurs portes, les voyageurs d'emporter des armes.
(2) L'énergie du latin est remarquable : *Æquales sunt qui æqualia contra se invicem possunt. At qui maxima possunt, nimirum occidere, æqualia possunt.* § 3.
(3) *Ibid.* § 6. — (4) § 7.

Ce droit de nature (car quel autre nom lui donner?) va-t-il faire cesser l'état de dispersion et de lutte? En aucune manière. Que disons-nous? Il s'ajoute à nos autres maux et menace d'aggraver encore notre condition primitive ou, s'il contribue à nous en dégager, ce n'est qu'en achevant de nous la rendre intolérable et de nous en inspirer l'horreur. En effet, quiconque est libre de poursuivre la fin l'est évidemment aussi d'employer les moyens. Or, à quelle fin tend ce droit essentiel? C'est, pour chacun, à sa propre préservation. Et de quels moyens faire usage? A chacun d'en décider, ainsi que l'établit la démonstration suivante : « il est contraire à la raison que je juge moi-même de mon propre péril, un autre en jugera. Or, dès qu'un autre juge des choses qui me concernent, par la même raison, puisque nous sommes naturellement égaux, je jugerai de celles qui le regardent. Il est donc selon la droite raison, c'est-à-dire de droit naturel, que je juge de son opinion, à savoir si elle favorise ou non ma conservation (1). » Chacun demeurant juge de ce qui est nécessaire à sa sauvegarde aura, par cela seul, dans l'état de nature, droit sur tout et de tout faire. D'où il suit qu'en l'état de nature, l'*utilité* sert de « mesure au *droit* (2). » Critère, il est vrai, tout platonique, puisque appartenant à tous, c'est comme s'il n'était échu à personne. Le bel avantage de pouvoir dire : ceci me revient, si les prétentions non moins légitimes de mon voisin m'en interdisent la jouissance!

C'est ainsi que les notions qui, à première vue, semblaient le mieux devoir perpétuer entre les hommes la concorde sont précisément celles dont on nous fait un épouvantail. L'égalité primordiale et le droit naturel de chacun sur tout coopèrent à la même œuvre de dissolution que le mutuel désir de nuire. Loin que, par elles-mêmes, les deux premières influences annulent la troisième, elles l'avivent au contraire et ne la rendent que plus malfaisante. Et, au lieu que de telles causes aplanissent les voies aux conven-

(1) *De Cive*, ch. I, § 9. — (2) § 10.

tions sociales, elles sont les forces délétères que seule réussira à neutraliser ou à détruire l'institution de l'État. Jusqu'à ce moment et par leur faute, la condition humaine reste celle d'une défiance réciproque. Chacun a *droit* d'attaquer, chacun a *droit* de résister, et tous nourrissent à l'égard de tous de continuels soupçons. Si facile est la surprise, si incertaine la défense ! En un mot, l'état naturel est celui de guerre : « je dis la guerre de tous contre tous. Qu'est-ce, en effet, que la guerre, sinon ce temps dans lequel actes et paroles attestent suffisamment la volonté de la lutte ? (1) »

IV. — Aussi longtemps que régnera l'égalité naturelle et qu'avec elle prévaudra le droit naturel de tous à toutes choses, aussi longtemps l'état de guerre persistera. Mais, comme une pareille condition ne pourrait se prolonger sans entraîner la ruine de tous et de chacun, les hommes tenteront de s'y soustraire et, pour cela, de mettre fin à l'égalité native, source de ces maux et de ces défiances. On se cherchera des alliés. S'ils refusent leur concours, on les contraindra de se soumettre et de prêter caution de leur future assistance. Il sera loisible au conquérant de prendre à cet égard toutes les garanties, sans que nulle clause du code naturel mette d'obstacle à sa prévoyance. N'a-t-il pas le droit de son côté, puisqu'il est le plus fort, par conséquent seul juge de ce que commandent les périls ? « En la condition de nature, la puissance certaine et irrésistible confère donc le droit de gouverner et de dominer ceux qui ne peuvent faire résistance (2). » La sécurité ainsi obtenue serait toutefois bien précaire. Que le vainqueur relâche de sa vigilance, que sa force décline, la guerre est à l'horizon. L'exercice discret et modéré du droit naturel peut tout au plus faciliter une trêve et suspendre momentanément les maux qu'a déchaînés l'abus de ce même droit. En vain espérons-nous d'un tel principe l'avènement de la paix parmi les hommes. Cette paix, que le droit n'a pas fondée, qui l'assurera ?

(1) *De Cive*, ch. i, § 12. — (2) § 13 et 14.

Ce sera la *Loi*. — Non pas la Loi divine que proclament les théologiens : dans la condition où nous a placés notre hypothèse, l'homme n'aperçoit aucune volonté présente à laquelle il se subordonne, et d'ailleurs il n'y a Religion que là où il y a Cité. — Non pas la Loi sociale ou politique, laquelle présupposerait un État tout organisé : or nous sommes encore dans la nature. — Non pas davantage quelque Loi transcendante demandée à la métaphysique : notre méthode nous interdit de dépasser la sphère des désirs qui meuvent le cœur humain. — Cette *loi naturelle* est proche parente du droit naturel que nous venons de décrire ; elle s'en distingue, cependant, par un trait remarquable : « La loi naturelle est une dictée de la droite raison concernant ce qu'il faut faire ou omettre en vue de sauvegarder, à jamais si possible, notre vie et nos membres (1). » *A jamais si possible* : on ne saurait trop insister sur cette incidente ; elle renferme, comme on dit en logique, la *différence dernière* de notre définition. Le droit naturel mettait l'homme en possession d'assurer sa défense par telles voies que bon lui semblait, sans avoir d'égard qu'au danger actuel, à l'assaut imminent. La *loi naturelle* fait entrer en ligne de compte l'idée d'avenir, d'un avenir indéfini : supputer le futur, l'organiser par avance, c'est là, aussi bien, le grand office de la raison. Ce concept d'une durée sans terme, à peine introduit dans la philosophie pratique de Hobbes, y détermine comme une révolution. N'est-ce pas, d'ailleurs, l'intervention de cette idée du temps à venir qui a permis aux utilitaires, tant anciens que modernes, depuis Épicure jusqu'à Bentham et à Mill, de transformer en morale rationnelle ce qui ne s'annonçait d'abord, avec un Aristippe, que comme l'Éthique tout instinctive du désir animal et de la satisfaction instantanée ? La *droite raison* qui dictera les lois naturelles n'a rien de la divinité « infaillible » à laquelle nombre de philosophes adressent leurs hommages. Nous prenons cette expression au sens humble et terrestre d'une faculté qui met chacun

---

(1) *De Cive*, ch. ii, § 1.

à même de faire d'exacts raisonnements sur « celles de ses actions qui sont de nature à entraîner, soit une utilité, soit un dommage, pour les autres hommes. » Consultons donc cette raison correcte, et apprenons d'elle devant quelles lois notre intérêt à longue échéance nous commande de nous incliner.

V. — Toutes se résument en une seule maxime : *il faut se procurer la paix, quand on peut l'obtenir; est-ce impossible, il faut se procurer des secours pour la guerre* (1). Cet axiome entraîne sur l'heure une conséquence : *le droit de tous à toutes choses ne saurait être retenu; mais il faut que certains droits soient ou transférés ou abandonnés* : sans quoi, chacun resterait maître d'attaquer, chacun serait libre de se défendre et l'on en reviendrait à cette condition d'anarchie d'où nous aspirons à sortir (2). Mais abandonner son droit se peut de deux manières : ou par *renonciation* simple, c'est-à-dire en déclarant que l'on ne se considère plus comme autorisé à faire ce que jusque-là on avait pleine licence d'accomplir ; ou par *transfert*, c'est-à-dire en signifiant à quelqu'un, qui lui-même y consent, que, lorsqu'il accomplira tel acte déterminé, on s'interdira de lui opposer aucune résistance. En d'autres termes, le transfert ne consiste nullement dans la collation de quelque droit inédit : comment, aussi bien, investir d'un droit nouveau celui qui, en l'état de nature, avait déjà droit à tout ? (3)

Bien qu'à proprement parler, le transfert, en tant que des mots l'expriment, porte *sur le présent* (que serait-ce que dire : je donnerai demain, sinon : je ne donne pas encore?), toutefois il vaut pour le temps qui suivra, dès là que celui qui parle manifeste par des signes indubitables sa volonté d'engager l'avenir. Ce qui confère en effet à un tel acte sa valeur, ce ne sont pas les mots, c'est l'expresse volonté de celui qui le réalise. Tout signe est donc valable qui constitue une formelle *declaratio voluntatis* (4). Y a-t-il

---

(1) *De Cive*, ch. ii, § 2. — (2) § 3. — (3) § 4. — (4) § 6 et 7.

transfert mutuel, par conséquent échange de droits, nous avons ce que l'on nomme un *contrat*. L'un des deux contractants accorde-t-il des délais à l'autre ou même se font-ils réciproquement crédit, ce devient un *pacte* (1). Enfin, pour qu'il y ait pacte, est également requise l'acceptation de la partie à l'égard de laquelle il engage. Comme cette adhésion ne se fait connaître que si le consentant la signifie, il découle de là qu'on ne peut sceller de pacte ni avec les animaux, « vu que le langage et l'entendement leur font défaut », ni avec la majesté divine, si ce n'est dans la mesure où, par la Révélation, elle a délégué à des hommes sa prérogative de souscrire des contrats et des vœux (2).

Point de pacte qui n'oblige, sinon au possible et dans l'avenir. En voici la preuve en forme : « Les pactes ne portent que sur les actes qui tombent sous la délibération. En effet, il n'y a point pacte sans la volonté de qui le conclut. Or, la volonté n'est que le dernier acte de la délibération. » Et peut-on délibérer sur ce qui ne serait plus en notre pouvoir? (3) Ici se pose un problème de casuistique : Doit-on se considérer comme lié par les pactes que la crainte nous a arrachés? Sans nul doute, pour peu que ce que l'on a reçu soit un bien et que ce à quoi l'on s'est engagé soit licite. Ainsi est tranché le point de savoir si un voyageur assailli par des brigands a le devoir de leur payer la rançon qu'il leur a promise en échange de la vie. Et que l'on ne dise pas qu'un engagement pris sous le couteau est par cela même nul et non avenu! A ce compte, ils seraient nuls aussi, les engagements mutuels que prennent les hommes quand ils s'associent et fondent des lois pour sauvegarder la vie civile! N'agissent-ils pas également sous l'empire de la crainte? — La comparaison est, en vérité, piquante. Mais n'y voyons pas un trait de satire : elle est, aux yeux de Hobbes, d'une fidélité littérale. Selon lui, le contrat social ne diffère en rien, par son origine, du pacte que l'on peut avoir à conclure avec un bandit.

(1) *De Cive*, ch. II, § 9 et 10. — (2) § 12 et 13. — (3) § 14.

L'abandon d'une part de nos droits naturels, telle est la rançon dont nous payons à l'État notre sécurité (1).

Enfin, étant donné que les pactes n'obligent qu'au possible, il n'y a pas d'engagement au monde qui nous puisse faire un devoir « de ne point résister à qui brandit sur nous la mort, les blessures ou tout autre dommage corporel. » La raison en est évidente : il y a des degrés dans la crainte, selon l'imminence et la grandeur de ce que l'on redoute. Est-on menacé du mal que l'on tient pour le plus grave qui nous puisse atteindre, la crainte est au paroxysme et une nécessité irrésistible de notre nature nous entraîne à le fuir. Or, il n'y a pas de mal naturel plus terrible que la mort et la souffrance. C'est pourquoi l'on enchaîne et l'on entoure de gardes les condamnés que l'on mène au supplice, vu qu'il n'y a pas de pactes imaginables qui les obligent suffisamment à ne point opposer de résistance. « Autre chose est de dire : si je ne le fais point au jour dit, tue-moi ; autre chose : si je ne le fais point et que tu me tues, je ne résisterai pas. » Il arrive de souscrire au premier engagement ; quant au second, ce serait folie (2). Pour des motifs semblables, nous dirons que personne ne saurait être astreint par des pactes à s'accuser soi-même ou à témoigner contre ceux dont la condamnation lui rendrait à l'avenir la vie insupportable. On sait que, sur le premier point, la procédure anglaise confirme la théorie de Hobbes ; elle interdit l'interrogatoire de l'accusé, et l'examen contradictoire n'a lieu que pour les témoins, sur l'initiative alternante de l'accusation et de la défense. Pareillement encore, il va de soi que la torture ne crée pas l'obligation de dire vrai. Elle ne constitue qu'un adjuvant de l'instruction. Quant au patient qui l'endure, il lui est loisible de dire à son gré, soit le vrai, soit le faux, à moins qu'il ne préfère ne rien répondre du tout (3). Et Hobbes de poursuivre, multipliant ses exactes remarques sur les mœurs et les passions humaines, montrant un sens très fin de la réalité psychologique, sans que tant d'heureux em-

---

(1) *De Cive*, ch. II, § 15 et 16. — (2) § 18. — (3) § 19.

prunts à son expérience des choses humaines coûtent à sa géométrie sociale le plus léger sacrifice. Parfois même, il semblerait que cette construction, empiriquement si fournie, pivote tout autour du principe d'identité. Il arrive au moraliste du *De Cive* de traiter la méconnaissance de ses préceptes éthiques, comme ferait un mathématicien la violation de quelque théorème. Tel est le cas pour l'*injure* (mot que notre philosophe ne veut pas que l'on identifie avec celui d'*injustice*, ce dernier terme ayant plutôt rapport aux personnes, le premier à la loi elle-même). L'injure consiste à enfreindre la loi naturelle, laquelle enjoint d'observer ses pactes. Entre un tel manquement et ce que les écoles appellent l'*absurde*, Hobbes déclare l'analogie saisissante. Des deux parts, en effet, il y a flagrante contradiction. Dans le cas de l'*injure*, la maxime de l'action à la fois se pose et se nie : par le pacte on veut, par la violation du pacte on ne veut pas, qu'une même chose ait lieu (1). N'est-ce pas sur une démonstration analogue et au nom de l'accord de la volonté pratique avec elle-même que, dans ses *Fondements de la métaphysique des mœurs*, Kant fera reposer le devoir de tenir ses engagements ?

VI. — Du principe général suivant lequel les hommes doivent travailler au maintien de la paix découle la loi naturelle qui prescrit l'observation des pactes. Les règles naturelles suivantes n'en dérivent pas moins nécessairement :

Ce sera d'abord celle qui condamne l'*ingratitude* : « Ne consentez pas que celui qui, confiant en vous, vous a rendu un bienfait, ait par votre faute à en souffrir ; ou encore, ne recevez un bienfait qu'avec la résolution de ne pas donner à votre bienfaiteur un juste sujet de s'en repentir. » La raison en est que, si l'ingratitude s'implantait parmi eux, toute bienveillance, toute bonne foi, seraient bannies d'entre les hommes ; du même coup disparaîtraient la mutuelle assistance et la concorde : l'état de guerre renaî-

---

(1) *De Cive*, ch. III, § 3.

trait. Ce sera celle, ensuite, qui commande à chacun de se rendre utile aux autres et qui l'autorise à lutter de toutes ses forces pour le nécessaire, mais non pour le superflu, sous peine de se rendre odieux à tout le monde (1). Ce seront encore celles qui prescrivent de pardonner à qui demande grâce, du moment qu'il offre caution; celles qui ordonnent, dans la vengeance ou le châtiment, d'avoir égard non au passé, mais à l'avenir et de viser seulement soit à corriger le coupable, soit à améliorer les autres : préceptes dont l'oubli se nomme *cruauté*; celles qui proscrivent tout signe de haine et de mépris : naturellement nous nous valons tous, et l'inégalité qui éclate entre les hommes n'est qu'un effet de la loi civile; en agissant d'autre sorte, on se rend coupable d'*orgueil*. Pour que cette égalité ne soit pas illusoire, la nature nous commande implicitement de concéder aux autres les droits que nous revendiquons pour nous-mêmes : par là nous exercerons la vertu de *modestie*, qui a pour contraire la πλεονεξία. Des considérations identiques justifient cette autre maxime : n'accorder à qui que ce soit plus qu'aux autres, vertu qui sera l'équité et dont l'omission constitue l'acception de personnes ou προσωποληψία (2). En conséquence, les biens qui se prêteraient mal à un partage devront être possédés en commun. Que si la communauté de jouissance est irréalisable, on possédera à tour de rôle, suivant une alternance déterminée par le sort; le sort lui-même sera ou arbitraire (le hasard consulté d'après un mode consenti de tous) ou naturel (ordre de primogéniture et droit du premier occupant) (3).

A mesure que se succèdent les conséquences du principe qui a proclamé l'obligation d'assurer la paix coûte que coûte, nous entrons davantage dans le vif de la pratique. C'est un devoir de faire en sorte que les médiateurs de cette paix demeurent sains et saufs : maxime qui con-

---

(1) Voir la jolie comparaison entre les caractères égoïstes et les pierres anguleuses que l'on jette de côté au lieu de les utiliser à bâtir. *De Cive.*, ch. III, § 9.

(2) *Ibid.*, § 10-16. — (3) § 18.

tient, malgré que, selon Hobbes, les États soient entre eux à l'état de nature, comme un rudiment de droit des gens (1). C'est un devoir pour les parties, entre lesquelles naît un litige sur l'application de ces lois, d'en référer à un arbitre désintéressé, nul ne pouvant être juge en sa propre cause (2). Dernier devoir, qui ne constitue pas le moins curieux de ces corollaires : puisque la loi naturelle est, de par nos définitions, l'œuvre propre de la raison et que, pour l'observer, il faut que la volonté se tienne sans cesse sur le qui-vive, cette loi prohibera donc tout ce qui, par notre faute, pourrait nous mettre hors d'état de la consulter et de la comprendre : par exemple, la gloutonnerie et l'ivresse. C'est donc la nature elle-même qui nous fait un devoir de la tempérance (3).

Tant de lois naturelles ne forment-elles pas un réseau bien compliqué et sera-t-il possible d'en saisir l'enchaînement ? La progression selon laquelle l'axiome de l'universelle paix engendre nécessairement ces multiples obligations n'est-elle pas trop artificielle ou, tout au moins, trop subtile pour que les volontés acceptent des chaînes aussi savantes ? Le robuste bon sens de Hobbes ne lui permettait point de passer outre à l'objection. Oui, convient-il, la violence de la passion peut aveugler celui qu'elle maîtrise et lui dérober cette filiation logique ; mais, une fois la passion tombée, ses yeux se dessilleront. Au reste, le code naturel n'est complexe qu'en apparence. On le peut condenser en un précepte unique, précepte qui nous fournira un critérium infaillible, quelles que soient les conjonctures où hésite la résolution : *l'on doit se mettre à la place d'autrui* (4). Cette concise formule, qui est celle de l'Évangile, le moraliste du *De Cive* néglige, il est vrai, de la déduire. Mais nous pouvons sans peine suppléer à son silence et demander à ses procédés favoris la démonstration qu'il omet. Ce que nous voulons à tout prix, c'est prévenir l'état de guerre entre nos semblables et nous. Or, le plus sûr moyen

(1) *De Cive.*, ch. III, § 19. — (2) § 20-22. — (3) § 5. — (4) § 26.

d'y réussir n'est-il pas de nous demander, à propos de toute action qui affecte, si peu que ce soit, les intérêts d'autrui : Qu'en penserions-nous nous-mêmes, si quelqu'un l'accomplissait à notre égard ? Estimerions-nous, ou non, qu'elle nous fait tort et que l'égalité naturelle est par elle violée à notre détriment ?

VII. — Nous avons terminé la liste des lois dictées par la nature. La morale qu'elles développent se présente comme tout objective, ne régissant la volonté que par le dehors, exigeant d'elle des actions, non des états de conscience. Mais voici que, grâce à un mouvement tournant, le système va offrir un aspect inattendu. Les ordres de la moralité gouverneront, par delà les démarches effectives, les mobiles secrets qui président à la conduite. Par suite de cette ingérence dans l'orientation même de nos pensées, des injonctions qui semblaient de prime abord variables et contingentes revêtiront la majesté d'impératifs universels. Cette morale de fait se convertit en une morale de l'intention.

« L'intention seule fait le mérite des actions des hommes » : cette maxime de La Bruyère, qui est celle de tous les grands moralistes, Hobbes ne la désavouerait pas. « La loi de nature, lisons-nous dans le *De Cive*, oblige toujours et partout dans le *for intérieur* ou conscience, non toujours dans le *for extérieur* (1). » Une note, en ce même endroit, appuie davantage encore : « En l'état de nature, juste et injustice doivent être mesurés, non aux actions, mais au dessein et à la conscience des agents. Ce qui est fait nécessairement et par amour de la paix, en vue de se préserver, est bien fait. Hors cela, tout dommage envers l'homme constitue une violation de la loi naturelle et une injure contre Dieu. » Que l'on ne dise pas qu'installer l'intention morale dans une Éthique de l'intérêt et de la défiance est un procédé arbitraire et que l'alerte dialecticien se rend coupable d'un

_____

(1) *De Cive.*, ch III, § 27.

escamotage. Hobbes n'affirme que ce qu'il peut prouver, et sa démonstration ne se fait pas attendre. Les actes, remarque-t-il, sont si peu, par eux-mêmes, la mesure de la moralité que, selon les circonstances, ils peuvent, sans se modifier en rien, obtenir l'approbation ou attirer le blâme. C'est ainsi que les vertus, qui tout à l'heure étaient prescrites au nom de la loi naturelle, perdent, de par cette même loi, leur caractère obligatoire, dès que les autres omettent de les professer à notre égard. Qui se trouverait seul à les pratiquer se verrait, en effet, bien vite la proie de ceux qui les violent et irait à l'encontre de la fin que se proposa la nature en les édictant. La modération, la réserve, si prisées dans la paix, ne sont plus, dans la guerre, que lâcheté. Au contraire, l'ivrognerie, la cruauté, ne sauraient, en aucune hypothèse, bénéficier d'une tolérance, parce qu'en aucune hypothèse ces vices ne peuvent favoriser l'acquisition de la paix. L'intention d'assurer cette paix : tel est, en dernière analyse, le critère de la moralité. Ne savons-nous pas que loi de nature et droite raison font un? Par conséquent la valeur d'une action, à ne tenir compte que de l'éthique naturelle, se tire du motif rationnel qui l'a dictée (1).

Parce que la raison est, dans ce système, la grande législatrice, les impératifs qu'elle formule sont supérieurs à toute diversité de temps et de lieux. « Les lois de la nature sont immuables et éternelles; ce qu'elles interdisent ne peut jamais être licite, jamais illicite ce qu'elles commandent (2). » En aucun temps, l'orgueil, l'ingratitude, le manque de foi, ne sauraient être excusés ni les vertus, qui en sont les contraires, condamnables. La conduite de fait comporte bien de la variété; il n'en doit pas être de même des dispositions intérieures que la morale cultive dans les consciences. « Les actions peuvent être diversifiées par les circonstances et la loi civile : équitables en

---

(1) D'où il suit, dira Hobbes un peu plus loin, que les lois de nature ne demandent que l'effort : *conatum solum*. Celui-là est juste, qui, en toute chose, s'efforce de l'être. *De Cive*, ch. III, § 30. — (2) § 29.

tel temps, injustes en tel autre ; en un temps, conformes, en un autre, opposées à la raison. La raison pourtant est la même et ne change ni sa fin, qui est *paix* et *défense*, ni les moyens, savoir ces vertus de l'âme que nous avons dites et que nulle coutume, nulle loi civile, ne sauraient abroger. »

Par ce détour et sans revenir sur ses pas, il a été donné à Hobbes de rejoindre les métaphysiciens des mœurs. La loi naturelle dont nous avons suivi le développement coïncide, déclare-t-il, avec ce que les philosophes appellent la *loi morale*, accessible à toute intelligence, valable pour toute volonté. C'est que, pour lui non moins que pour eux, une Éthique serait indigne de ce nom, qui ne relèverait pas du seul entendement. Oui, lorsqu'il s'agit de dicter aux hommes leur devoir, il faut que la sensibilité abdique devant l'intellect. Et nous ne saurions mieux clore notre résumé que par la forte preuve sur laquelle Hobbes appuie sa conviction. Nous avons défini le bien : ce que l'on désire; le mal : ce que l'on fuit. Or, les désirs ou les appétits, outre qu'ils sont ce qu'il y a de plus divers au monde, n'ont égard qu'à la jouissance actuelle, et l'on ne saurait ni les soumettre à de communes mesures ni en recevoir le moindre talent de prévision. C'est pourquoi, tant que l'appétit se fait juge de ce qui est bien, la guerre sévit, condition que les hommes, d'un avis unanime, tiennent pour pernicieuse. Si l'on veut que dure la paix, il faudra donc que la détermination du bien et du mal dépende d'un autre arbitre. « Et ainsi les mêmes hommes qui ne pouvaient s'entendre sur le bien présent se mettent d'accord sur le bien à venir, ce qui est l'œuvre de la raison. Car, si les sens perçoivent les choses présentes, la raison seule perçoit les choses à venir. Or, puisque la raison enseigne que la paix est bonne, de par la même raison, ils seront bons aussi, les moyens nécessaires pour l'acquérir (1). »

(1) *De Cive.*, ch. III, § 31.

CHAPITRE XI

POLITIQUE

L'ÉTAT

I. — Le droit naturel n'avait fait que mieux nous ancrer dans notre condition originelle de défiance et d'anarchie. La loi naturelle engendre en nous toutes les dispositions nécessaires pour nous en dégager. Toutefois elle ne réussirait point, par elle seule, à nous faire franchir le pas. Elle n'a point assez d'efficace, comme eût dit un théologien, pour nous faire parvenir du coup à l'état d'organisation. Au point de vue où nous en sommes, la bienfaisante révolution qui substituera à la barbare devise : *homo homini lupus*, la maxime civilisée : *homo homini deus*, est mûre dans les âmes. Accomplie dans notre for intérieur, il reste qu'elle se traduise dans nos résolutions ; il faut que, de la virtualité, elle passe à l'acte.

Pour cela, il est indispensable que chacun se voie mis à couvert de l'usurpation d'autrui. Tant qu'il n'aura pas à cet égard pleine sécurité, que lui serviraient les meilleures dispositions du monde ? Ce seraient autant de pièges tendus à sa bonne foi, autant de chances d'écrasement dans la lutte impitoyable des appétits. Les vertus que préconise la loi naturelle se tourneraient, nous l'avons vu, contre qui les exerce, puisqu'elles n'aboutiraient qu'à faire de lui la victime de qui ne les respecte pas. En cette période d'attente, l'individu dépenserait tout son zèle à déjouer le premier les méchants desseins du prochain, et chacun, en dépit des tendances morales qui déjà l'animent, retiendrait intégralement son droit primordial. Bref la *guerre de tous contre tous* continuera de se déchaîner. On ne sera pas sorti de l'état de nature. On vivra de rapt (ληστρικήν), ainsi que faisaient nos plus lointains aïeux. Ce n'est pas que l'humanité d'alors fût cruelle, ajoute Hobbes en une page où quelque chose a passé de l'inspiration d'un Lucrèce : en ces temps d'universel brigandage, on épargnait la vie, on respectait les bœufs de labour (1).

Voici, dès lors, comment se pose le problème : la paix ne devant régner parmi les hommes que moyennant la mise en pratique de la loi naturelle, à quelles conditions cette loi sera-t-elle observée sans péril ? — Nous n'avons pas le choix de la réponse. Il faudra que tout empiètement soit rendu si dangereux pour qui le commet que pas un homme sensé ne préfère s'en abstenir. Pour qu'il en aille de la sorte, ce ne serait pas assez que deux ou trois personnes tombassent d'accord de se protéger mutuellement. Il faudra que la multitude des alliés apparaisse si grande que l'adjonction d'auxiliaires ne puisse pour ainsi dire point faciliter aux ennemis de sa sécurité la victoire et que tout surcroit d'agresseurs soit à bon droit tenu pour une quantité négligeable. Ce n'est pas assez encore. Si nombreux que ces alliés se trouvent, la diversité des humeurs est telle qu'à peine le danger immédiat surmonté, la guerre ne manquerait pas de renaître entre ceux qui s'unirent pour la détourner. Il faudra donc que non seulement les contractants conviennent de conserver la paix, mais que, toutes les fois qu'entre le bien particulier et le bien public menacera de s'élever un conflit, la crainte les empêche de retomber dans les discordes. (2)

(1) *De Cive.*, ch. v, § 2.
(2) Dans un développement de tour très satirique, Aristote est pris à partie pour avoir rangé parmi les animaux politiques, en outre de l'homme, la fourmi et l'abeille. Les réunions de ces dernières, soutient Hobbes, ne composent nullement des Etats, et leur gouvernement n'est que *consensus*. « Les volontés multiples visent un seul objet; elle ne sont pas (comme il le faut pour l'Etat) une volonté unique. » Et de noter entre ces bêtes et l'homme les différences suivantes: seul il rivalise pour la gloire, d'où la *haine* et *l'envie*, sources de la sédition et de la guerre; elles confondent le bien particulier avec le bien public, elles ne critiquent pas le

Non, il ne suffit pas que plusieurs volontés se mettent d'accord ; il faut, de plus, pour tout ce que réclame l'intérêt de la paix et de la défense, que les volontés de *tous* se confondent, jusqu'à n'en faire qu'*une seule*. Et c'est à quoi l'on réussira, si chacun soumet sa volonté à celle d'un autre, *homme* ou *assemblée* (ce dernier mot (1) signifiant « une réunion de plusieurs hommes qui délibèrent sur ce qu'il convient de faire ou de ne point faire en vue du bien commun de tous »). Se soumettre consistera à ne résister point à la volonté soit de cet homme, soit de cette assemblée. De la sorte se trouvera réalisée *l'union*. Cette non résistance se généralise-t-elle, par conséquent chacun a-t-il transféré à la volonté choisie le droit de disposer de ses facultés, le pouvoir en qui se seront concentrées toutes les volontés particulières rassemblera en lui « de si grandes forces que, par la terreur qu'elles inspirent, il pourra façonner toutes les volontés en vue de la paix et de la concorde (2) ». L'union fondée, *l'État* existe. Et, par État, nous entendons « *une personne*, de qui la volonté, en vertu des pactes de divers hommes, doit être tenue pour leur volonté à tous, en sorte qu'elle puisse user de leurs forces et de leurs ressources pour la paix et la défense commune (3) ». En cette définition du *De Cive* perce l'idée maîtresse et presque l'image symbolique du *Léviathan*.

Tant que l'union n'est pas accomplie, il n'y a ni État ni peuple, mais seulement *multitude*, c'est-à-dire pluralité d'hommes dont chacun décide à sa manière et pour son propre compte. La multitude, prise en sa totalité, n'a aucun titre qui autorise à la traiter comme une indivi-

---

pouvoir qui les administre et n'ont pas, comme l'homme, de nombreux novateurs ; aux bêtes la voix sert à exprimer les impressions qui les affectent, et elles n'ont pas l'art des paroles pour troubler les âmes en exagérant le bien ; « la langue de l'homme est une trompette de guerre et de sédition. » Satisfaites, elles n'accusent pas les autres ; au contraire, plus il est oisif, plus l'homme est nuisible à l'Etat. (Ch. v., 5.)

(1) *Concilium* ; et dans le texte anglais : council.
(2) § 6-8. — (3) § 9.

dualité distincte. Elle ne possède pas ; il n'y a pas à parler de *son* action. Au contraire l'État est quelqu'un et en dehors de lui n'existe ni empire ni propriété. On ne saurait trop distinguer entre multitude et État. Le premier de ces mots désigne une condition qui est encore celle de la nature ; le second en marque l'abandon définitif (1).

II. — De quelle manière et sous quelles formes s'opérera le transfert des droits particuliers à une volonté unique? Ici la différence entre le point de vue logique ordinaire à Hobbes et le point de vue historique, où il ne se place que très exceptionnellement, s'efface presque. En fait comme en droit, il semble bien que, préalablement au pacte d'où est né l'État, il ait dû y avoir une façon d'assemblée plénière, seule apte à décider le transfert et de qui la résolution, prise à la majorité des voix, devait être tenue pour l'expression impérative de la volonté unanime. Que s'il s'élevait contre cette décision une minorité de dissidents, prête à s'en affranchir, l'Etat, désormais constitué, reprendrait contre elle ses droits primordiaux, c'est-à-dire se considérerait comme étant à son égard dans la condition de guerre. Cette sorte d'universel congrès ne doit pas, cela s'entend de reste, être confondue avec l'assemblée ultérieure ou *concilium* sur laquelle, par préférence à un monarque ou à une oligarchie, il peut arriver que le congrès arrête, dans la suite, son choix et en faveur de qui il opérerait, en ce cas, le transfert des droits particuliers.

La délibération de l'Assemblée plénière peut se porter sur bien des objets ; mais la plus urgente des questions à trancher concerne les conditions requises pour le maintien de la paix. Ces conditions se résument en un article :

---

(1) Dans une multitude, chacun a sa volonté. Mais c'est improprement que l'on dit, en parlant d'une sédition, que le peuple d'un État s'est soulevé. « L'État, qui est une personne, ne peut prendre les armes contre lui-même. » *De Cive*, ch. vi., § 1.

il faut que personne « n'ait un juste sujet de craindre les autres, aussi longtemps qu'il n'aura point fait aux autres d'injure. » Mais une telle obligation resterait toute théorique, si elle ne reposait que sur une manière d'avis public, de recommandation à tous venants. La malignité humaine ne donne que trop lieu de prévoir combien serait stérile un précepte simplement persuasif. Pour garantir à cette injonction le respect général, les pactes ne suffisent point ; il faut qu'aux pactes s'ajoutent des peines édictées de telle sorte qu'aux yeux des plus pervers ce soit, en toute évidence, un plus grand mal de commettre l'injustice que de s'en abstenir. Le droit d'infliger des peines, ou mieux le transfert de ce droit à un détenteur désigné, consistera dans l'engagement de tous à ne point faire résistance, toutes les fois que l'exercera leur élu (1).

Le droit de punir se nomme le *glaive de justice* ; mais, afin que l'État qu'il protège ait une entière sécurité, les mêmes mains qui le détiennent en doivent posséder un second. Ce n'est pas seulement contre les infractions de ceux que le pacte a liés envers lui que le chef élu, homme ou assemblée (car Hobbes ne se lasse pas de proposer l'alternative, tant il est éloigné de n'avoir en vue, comme on l'a compris trop souvent, que le despotisme d'un seul), a besoin d'être prémuni. Il faut aussi que l'État se mette à l'abri des assauts qui pourraient être dirigés du dehors par ceux sur qui son épée de justice n'a pas juridiction. Bref, il importe que, pour faire front à l'étranger, l'élu puisse armer autant de soldats qu'il jugera bon. Et c'est le *glaive de guerre* (2). Homme ou assemblée, ce chef qui, au nom du pacte que tous ont consenti, a en mains le glaive, exerce le *souverain pouvoir*. Plus concisément encore, il est le *souverain*.

Dans le possesseur de ces deux armes de justice et de guerre, il ne faudrait pas ne voir qu'un simple agent

(1) *De Cive*, ch. vi, § 3 et 4. — (2) § 7.

d'exécution. Il est le bras qui frappe et la tête qui résout. Le droit de glaive confère, en effet, la faculté d'employer à son gré et sans en rendre compte à personne la force dont on dispose. Au détenteur du glaive, il appartient donc d'en décider l'usage. Sinon, l'un ayant charge de juger, l'autre d'exécuter, ce serait un leurre de parler de droit souverain (1). En vertu du même raisonnement, comme la prévoyance est la raison d'être du pacte social et que prévenir vaut mieux que sévir, c'est également le pouvoir souverain qui sera maître de déterminer le *mien* et le *tien*, le *juste* et l'*injuste*, l'*honnête* et le *malhonnête*, le *bien* et le *mal* : définitions dont la somme constituera les lois civiles (2). Mais, dira-t-on, s'il arrivait que ce code nouveau fût en divergence avec les lois de nature, en quel sens trancher le conflit? D'une telle éventualité Hobbes n'a point souci. Il la tient pour irréalisable. Dans le *De Cive*, les lois civiles ne sont-elles pas données pour des corollaires de la morale naturelle? (3) Le *Léviathan* est moins elliptique, et l'hypothèse d'un désaccord de ce genre y est repoussée à l'aide d'un raisonnement en forme. La loi naturelle, on s'en souvient, préconise l'équité, la reconnaissance et les autres vertus qui en découlent; mais, à proprement parler, ce ne sont encore là que des qualités qui disposent à la paix et à l'obéissance. Une fois l'État institué, « ces qualités deviennent des lois actuelles, ce qu'elles n'étaient pas auparavant; elles sont donc aussi des lois civiles, puisque le pouvoir souverain oblige d'y obéir. » Qu'il en fût autrement, lorsque s'élèverait quelque contestation entre particuliers sur le point de savoir ce que commande l'équité, le litige resterait à jamais pendant; il ne saurait être efficacement clos que par les ordres émanés du pouvoir souverain. La loi de nature fait donc, en ce sens, partie de la loi civile. Mais d'autre part, une vertu, celle de justice, est l'âme de la morale naturelle, et la justice réside en la volonté de

---

(1) *De Cive*, ch. vi, § 8. — (2) § 9. — (3) V. notam. ch. xvi. § 10.

remplir ses engagements. Or, chaque sujet de l'État s'est engagé à respecter la loi civile. Cette dernière est donc à son tour comprise dans la loi de nature. « La loi civile et la loi naturelle ne sont pas différents genres, mais bien différentes parties de la loi : une partie, qui est écrite, est appelée civile, l'autre, non écrite, naturelle. Mais le droit de nature, savoir la liberté naturelle de l'homme, peut, par la loi civile, être amoindrie et restreinte ; que dis-je ? la législation n'a pas d'autre fin qu'une restriction de ce genre, au défaut de laquelle nulle paix ne serait possible. Et la loi n'a pas été mise au monde pour autre chose, sinon pour limiter la liberté naturelle des particuliers, de telle manière qu'ils ne puissent pas se léser, mais qu'ils s'assistent l'un l'autre et s'unissent contre l'ennemi commun (1). » La politique de Hobbes est donc innocente de toute contradiction avec sa morale, et le système échappe au reproche d'incohérence.

De cet accord nécessaire il ressort que les vertus auxquelles nous reconnaissons un fondement naturel et qui trouvent place dans nos codes, comme celles qui prescrivent de respecter la vie, la propriété, l'honneur et le foyer d'autrui, n'acquièrent civilement la valeur de lois qu'en vertu de l'expresse désignation de l'État. Donc, à la loi civile il appartient de déterminer ce qu'il conviendra d'appeler *homicide*, *vol*, *adultère*. Ce ne sont là des actes condamnables que si l'État les a prohibés. Le vol n'était-il pas permis aux enfants par la loi lacédémonienne, à la condition qu'ils ne se fissent point prendre ? De même la légitimité du mariage ne réside que dans ce fait qu'il est un acte civil. Sacrement ou non, il n'importe ; le mariage consiste en un contrat légitime de cohabitation entre le mari et la femme, c'est-à-dire en une convention que la loi autorise et qui sera indissoluble, s'il plaît à l'État (2). Par le fait de déterminer ce qui est interdit, l'État fixe implicitement ce qui est juste et permis. Le droit de propriété n'émane que de lui. En effet, avant que ne fût fondé

(1) *Lev.*, part. II, ch. XXVI, § 4. — (2) *De Cive*, ch. VI, § 16, not

l'État, tout appartenait à tous. « La propriété a donc pris naissance avec les États. Appartient à chacun ce qu'il peut retenir au nom des lois et par la puissance de l'État (1). » En conséquence, nous dirons que les lois civiles « sont pour tout sujet les règles que l'État lui a, par paroles, par écrit ou par tout autre signe suffisant de sa volonté, prescrit d'appliquer à la distinction du légitime et de l'illicite (2). » Mais cet État, auquel est dévolu l'attribut, quasi divin, de légiférer sur le juste et l'injuste, sur le bien et le mal, qu'est-il, donc, par lui-même ? Un être anonyme. Il ne devient une personne et ne peut réaliser quoi que ce soit que par l'organe de son représentant. En d'autres termes, il n'y a qu'un législateur : le Souverain. Au Souverain seul il appartient d'abroger une loi antérieure, ce qui ne se peut faire qu'au moyen d'une loi nouvelle interdisant qu'on mette la première à exécution. La théorie des juristes qui voudraient que l'on séparât de l'exécutif le pouvoir de légiférer est aux yeux de Hobbes une flagrante absurdité. Avancer, comme on fait souvent, que « la loi commune ne saurait être contrôlée que par le Parlement, » n'a de sens que dans un cas : celui où le Parlement détient la souveraineté et où l'on ne le peut ni convoquer ni dissoudre qu'à sa discrétion. Dans toute autre hypothèse, cette prétention tombe d'elle-même : « car, si quelque autre a le droit de dissoudre le Parlement, il a, par cela même, le droit de le contrôler et par conséquent le droit de contrôler ses contrôles. Ce droit n'existe-t-il pas, alors le contrôleur des Lois est non point *Parliamentum*, mais *Rex in Parliamento* (3). » Bref, dans ce dernier cas, c'est le Parlement lui-même qui exerce la royauté.

III. — « Le Souverain est législateur. Par cela même, il se trouve personnellement au-dessus des lois. Ne sont-elles pas son ouvrage ? N'est-ce pas lui qui les abroge ? A supposer que telles ou telles lui déplussent, il n'aurait qu'à

---

(2) *De Cive*, ch. VI, § 15. — (2) *Lév.*, part. II, ch. XXVI, *Initio*. — (3) *Lév.*, *ibid.*, § 6.

les rappeler et à en promulguer de nouvelles. Or, s'il s'y peut soustraire, c'est donc qu'il en était affranchi. C'est être libre que de se rendre libre sitôt qu'il vous plaît. Mais personne ne saurait être obligé envers soi-même, attendu que pouvoir lier, c'est pouvoir délier (1). » Ni l'État ni le Souverain, cette incarnation de l'État, n'est donc obligé par les lois civiles (2). Par suite, la propriété n'est pour le citoyen un droit qu'à l'égard de ses concitoyens, nullement vis-à-vis du Chef du Gouvernement. Les sujets « n'ont rien en propre sur quoi n'ait droit celui qui possède le Pouvoir souverain, dont les ordres sont les lois elles-mêmes, dont la volonté contient les volontés particulières (3). » A ce compte, demandera-t-on, comment se fait-il que de simples particuliers soient admis à poursuivre en justice l'organe du gouvernement? — Cette difficulté avait été présentée à l'auteur du *De Cive* sous une forme plus saisissante : selon votre théorie, lui avait-on objecté, le Chef de l'État se verra donc dispensé de payer ses dettes! Une distinction très fine le tire de cet embarras. « Toute action intentée au Souverain relève, déclare-t-il, non pas du *droit civil*, mais de *l'équité naturelle*. Il ne s'agit pas de ce que peut, en droit, le détenteur de la souveraineté, mais bien de ce qu'il a voulu ; aussi sera-t-il lui-même juge, comme si, une fois connue l'équité, il lui était impossible de porter un jugement inique (4). » Une poursuite de ce genre équivaut à en appeler du Souverain illogique au Souverain plus conséquent. De même se résout l'objection tirée de ses dettes. Il ne s'agit point de savoir si l'État ou, ce qui revient au même, son Chef, a le droit de posséder ceci ou cela, mais si, à consulter les lois antérieures, il a voulu ou non le posséder. Que l'on prenne garde, en effet, de prendre la dette pour le *tribut*. Le tribut

---

(1) *Lev.*, *ibid.*, § 2. — (2) *De Cive*, ch. vi, § 14. — (3) *Ibid.*, § 15.
(2) Notre conseil d'État peut nous offrir quelque image de cette procédure : une délégation du Souverain (ce terme étant pris *lato sensu*) juge du point de savoir si le Souverain s'est montré, dans tel ou tel cas particulier, conséquent avec ses décisions et lois antérieures.

ne comporte pas d'action légale, le Souverain ayant droit de l'exiger. Il en va tout autrement de la dette, car enfin l'État ne saurait se faire, *per calliditatem*, spoliateur d'un citoyen.

Comme il a charge de légiférer, le chef élu possède au même titre toutes les attributions qui, retenues par d'autres citoyens, ne lui laisseraient plus qu'une pseudo-souveraineté. Les pouvoirs administratifs sont en ses seules mains. Libre à lui sans doute de se choisir des ministres et des conseillers ; mais ils ne sont ou ne continuent d'être quelque chose dans l'État qu'en vertu du mandat qu'il leur a conféré et aussi longtemps qu'il ne les en décharge point. Par le droit de glaive, il assemble les milices, déclare la guerre, dirige les armées. Sa mission de défense contre l'étranger implique le privilège d'établir des taxes : n'a-t-on pas surnommé l'argent le « nerf de la guerre ? » Il sera donc maître de prélever d'aussi lourds impôts qu'il jugera utile au salut du peuple. — Vainement divers écrivains politiques ont-ils prétendu diviser la souveraineté : au monarque reviendrait le droit de paix et de guerre, à d'autres celui de lever des subsides ; comme si, séparée de la seconde, la première attribution n'était pas rendue dérisoire ! (1) ! L'histoire de l'Angleterre en ces dernières années revenait assurément à l'esprit de Hobbes. N'était-ce pas la nécessité d'obtenir des crédits qui avait amené les Stuarts à capituler devant les Communes ? Dès le *De Corpore politico*, il s'était attaqué à ce principe de la division des pouvoirs, qui est devenu un axiome de droit constitutionnel chez la plupart des nations modernes, mais qu'il ne pouvait tenir que pour une utopie malfaisante, suffisamment réfutée par les calamités de sa patrie. Aux théoriciens qui réclamaient que le gouvernement fût réparti entre trois organes : une grande assemblée démocratique, chargée de faire les lois, une seconde investie du pouvoir judiciaire, une troisième ayant mission d'administrer, il répondait par un spécieux dilemme. De deux choses l'une, disait-il : ou bien les trois pouvoirs seront

---

(1) *De Cive*, ch. xii, p. 5.

d'accord, et en quoi les citoyens seront-ils moins assujettis au maître? Ou bien il y aura discorde, et ce sera la guerre. « Donc la division de la souveraineté ou ne produit nul effet susceptible de supprimer l'absolue sujétion ou ramène la guerre, et alors l'*épée privée* reprend place (1). »

D'un État achevé (*civitate perfectâ*) le droit de glaive privé est exclu. Toutes les volontés s'inclinent devant celle du gouvernant. Personne ne se trouvant, de par la loi naturelle, en situation de le frapper, le Souverain, quoi qu'il fasse, l'accomplit impunément. C'est précisément là posséder le Suprême Pouvoir, c'est-à-dire une puissance telle que les hommes n'en sauraient conférer de plus grande, c'est-à-dire enfin, pour l'appeler de son vrai nom, l'*Empire absolu*. Et que l'on ne considère pas l'existence d'un tel empire comme purement idéale, ou simplement comme exceptionnelle. Par le fait qu'un État est constitué et, pour peu que cet État, quelque forme spéciale qu'il revête d'ailleurs, se trouve dans les conditions normales, c'est-à-dire hors les époques de rébellion et de guerre civile, durant lesquelles il y a deux *Suprêmes Pouvoirs* au lieu d'un, l'Empire illimité s'y exerce sans interruption. « Les séditieux qui ont coutume de déclamer contre la puissance absolue s'attachent bien moins à l'anéantir qu'à la faire passer chez d'autres. C'est que, cette puissance retirée, l'État disparaît du même coup, et la confusion générale recommence. » A ce pouvoir absolu répond, de la part des gouvernés, l'obéissance *simple*, c'est-à-dire la déférence la plus complète qui se puisse accorder. Cette soumission sans réserves est, pour les sujets, un devoir médiat : elle résulte du droit d'empire dont nous avons doté le Souverain. Sans leur obéissance simple, son droit s'évanouirait, et l'État tomberait en ruines (2).

C'est pourquoi il n'y a pas de plus grand forfait que de manquer au pacte de docilité envers l'État. Ce pacte contient en lui toutes les lois ; qui le rejette les rejette indistincte-

---

(1) *De Corpore polit.*, part. II, ch. I, § 16.
(2) *De Cive.*, ch. VI, § 12 et 13.

ment. C'est le crime de *lèse-majesté*. On s'en rend coupable. Pour peu, l'on signifie, par acte ou parole, la volonté de ne plus accepter pour maître le dépositaire du pouvoir souverain (1). A la différence des autres manquements réprimés par les lois pénales, cette forfaiture ne porte pas atteinte proprement aux lois civiles, par la raison que ces dernières sont ultérieures au devoir de soumission à l'État. En retour, elle enfreint la loi naturelle, aux termes de laquelle il est interdit de violer ses pactes. C'est donc au nom du droit de nature que seront frappés ces grands criminels (2).

IV. — Jusqu'ici l'homme artificiel, en faveur de qui la collectivité humaine a fait abandon de ses droits et de ses énergies, ne nous est apparu que comme une irrésistible machine de défense, à l'abri de laquelle les individus pouvaient, en pleine assurance, vivre, agir, travailler. Cet omnipotent mandataire de tant de volontés n'a encore été vu que régissant les hommes dans leur conduite, réglant leurs mutuelles relations, les guidant du dehors en quelque sorte. Mais l'expression, prise à la lettre par Hobbes, d'*Empire absolu*, nous a fait assez pressentir que le logicien politique entendait ne réserver aucune influence, quelle qu'elle fût. Afin d'établir qu'il serait contraire à la raison commune de refuser au Souverain la moindre portion de puissance, c'est-à-dire de concevoir un État où l'empire ne serait pas détenu *absolument*, Hobbes imagine une démonstration renouvelée de l'ontologie la plus ambitieuse. Admettons, dit-il, l'existence d'un pareil État. L'empire y est donc limité. Mais par qui ? Ce ne saurait être que par une puissance supérieure, celui qui impose des limites étant, de nécessité, plus fort que celui qui les subit. Cette puissance qui prédomine est-elle limitée à son tour ? Le même raisonnement lui sera applicable, « jusqu'à

(1) Des lois spéciales peuvent ériger en crimes de lèse-majesté des actes qui, par eux-mêmes, ne paraissent pas mériter ce nom, ainsi la fabrication de la fausse monnaie ; mais c'est afin d'en mieux inspirer l'horreur
(2) *De Cive*, ch. xiv, § 20 et 21.

ce que l'on en vienne enfin à un pouvoir qui n'a d'autre limite que celle qui est le *terminus ultimus* des forces possédées par tous les citoyens ensemble. » Celui-là sera donc absolu (1). N'est-ce pas, à peu de chose près, ainsi que raisonnait saint Anselme ? Seulement, à la différence de ce Père, Hobbes avance la preuve à priori pour démontrer l'existence, non pas de l'absolu transcendant que l'ontologie considère, mais de cet absolu terrestre qui offre aux hommes une image affaiblie du Dieu des Théologiens. De même que, quand il s'agit de l'être parfait, l'argument ontologique ne laisse en dehors du concept qu'il analyse aucun attribut qui enferme de la perfection, de même, dans cette application à la souveraineté politique, il ne saurait, sous peine de contradiction, exclure une seule des prérogatives qu'enveloppe la notion d'Empire absolu. Sinon la même objection renaîtrait : cette prérogative qui ferait défaut, on serait libre de la concevoir en un autre empire, jointe à toutes celles qu'il réunit déjà par hypothèse, et ce serait ce nouvel empire que l'on devrait dire illimité. — Démonstration d'un tour fort inattendu chez un tel ennemi de la scolastique, mais qui devait d'autant plus séduire ce pur rationaliste qu'il ne construit guère moins à priori sa cité omnipotente que les métaphysiciens leur Dieu infiniment parfait.

Or, il existe deux sortes d'influences que nous n'avons point comprises encore parmi celles dont fait usage le Pouvoir Souverain, influences profondes, plongeant au plus intime des âmes, remuant les plus secrets ressorts qui tendent les volontés et, par là même, bien autrement actives que les énergies superficielles dont nous avons vu jusqu'ici l'État disposer. La première commande aux pensées, la seconde aux consciences. Il faut que l'une et l'autre soient adjointes à l'empire. Les en sépare-t-on, la souveraineté se partage, c'est-à-dire qu'il y a plusieurs maîtres ou plutôt qu'il n'y a point d'État.

---

(1) *De Cive*, ch. vi, § 18.

V. — Les pensées! Dans quel intérêt agir sur elles? Parce que le Souverain ayant pour tâche, non seulement d'écarter le danger présent, mais, ce qui vaut incomparablement mieux, d'obvier aux périls à venir, doit prédisposer, par tous les moyens, ses sujets à des actions pacifiques et sages. Or la conduite dépend de la volonté; celle-ci, par son mécanisme, procède de l'opinion que l'on se fait du *bien* et du *mal*, des *peines* et des *récompenses*. En conséquence, c'est au détenteur de l'empire, homme ou Assemblée, de juger quelles doctrines, quelles opinions, sont de nature à compromettre la paix, et il lui appartient d'en interdire la propagande (1). Que l'on n'allègue point, pour adoucir l'âpreté de la thèse, que l'ingérence de l'État en ces délicates matières n'aura lieu que très accidentellement, les sujets de nature à mettre en cause d'aussi graves intérêts n'étant guère nombreux ni d'étude courante! Cette atténuation ne nous est point concédée, et l'auteur nous avise, en note, qu'il n'y a pas, pour ainsi dire, de point de doctrine qui ne puisse devenir l'outre aux tempêtes, pas de question sur laquelle le Souverain ne fasse donc prudemment de se prononcer. (2) Non que les dogmes que l'on hasarde soient toujours par eux-mêmes funestes, mais ils sont rendus malfaisants par l'ambition et la vanité des prétendus sages qui les professent.

Veut-on connaître les principales de ces thèses pernicieuses qui contribuent à faire naître ou à entretenir la désobéissance civile? On en peut lire dans le *De Cive* l'énumération (3). La première, la plus fertile en hérésies corruptrices, consiste à soutenir qu'*à chacun en particulier appartient la connaissance de ce qui est bien et de ce qui est mal*, au rebours de notre principe suivant lequel les règles

---

(1) *De Cive*, ch. vi, § 11.
(2) *Dogma fere nullum est, neque circa cultum Dei, neque circa scientias humanas, unde dissensiones, deinde discordiæ, convitia et paulatim bellum oriri non possit.* (*De Cive*, ch. vi, § 11, note.)
(3) *Libertas*, ch. xii : *Causes internes de dissolution des États.*

du bien et du mal sont des lois civiles, et le souverain légitime rend juste *ipso facto* tout ce qu'il ordonne. Erreur fatale entre toutes ! Faute diabolique, contre laquelle Dieu avait mis en garde notre premier père, quand il lui avait dit : *Ne mange pas à l'arbre de la science du bien et du mal!* La même indiscrétion damnable a dicté cette opinion séditieuse : *les sujets pèchent toutes les fois qu'ils exécutent les ordres de leurs Princes, si ces ordres leur semblent injustes*, et cette autre plus scélérate : *le tyrannicide est permis*. Le mot même de tyran couvre une équivoque. Car, de deux choses l'une : ou bien celui que l'on désigne de ce nom détient un empire illégitime; dans ce cas, c'est un ennemi et, de par le droit de guerre, il est licite de le frapper ; le mettre à mort ne sera point commettre un tyrannicide, mais bien plutôt accomplir un *hosticide*. Ou bien il exerce de plein droit le pouvoir; mais alors, « qui donc t'a informé qu'il fût un tyran, sinon que tu as mangé à l'arbre que je t'avais interdit? (1) » C'est encore la prétention de connaître du juste et de l'injuste qui dicta cette maxime mensongère : *Les détenteurs du pouvoir souverain sont eux aussi soumis aux lois civiles* (2) ; ou cette autre : *la souveraineté peut être divisée* (3) ; ou celle-ci : *les divers citoyens ont sur ce qu'ils possèdent un pouvoir absolu* (4).

Lorsqu'il ne s'agit que de propositions de ce genre, où sont mis en question les privilèges du Souverain et ses droits sur les gouvernés, on comprend que le chef de l'État prenne sur lui d'en interdire la diffusion. Hobbes ne l'entend pas seulement ainsi ; il veut que la prévoyance politique embrasse un horizon plus étendu. Toutes les connaissances : mécanique, art de bâtir, art naval, etc., que l'on englobe sous le nom de philosophie et qui, n'ayant pas été enseignées par le Christ, exigent qu'on les apprenne par raisonnement, c'est-à-dire « en suivant les conséquences, après avoir demandé à des expériences le point de départ » ; bref, toutes les sciences seront sous la haute

---

(1) *De Cive*, ch. xii, § 3. — (2) § 3. — (3) § 5. — (4) § 7.

tutelle de l'État, soit en la personne du chef, soit en la personne des magistrats que le chef a délégués. Et il faut bien se résoudre à une pareille extrémité. Les raisonnements humains sont tantôt vrais, tantôt faux ; or, quand ils portent sur les questions philosophiques, ils peuvent causer dans le peuple un grand trouble et donner prétexte à des séditions. Il est donc nécessaire que quelqu'un mette fin à la dispute, pour peu qu'elle menace la paix publique ; il faut que quelqu'un prononce « si ce que l'on infère est bien inféré. » Mais quel sera cet arbitre ? Impossible ici de s'en remettre à la Révélation. Le Christ n'a point apporté de règles à cet égard ; « il n'est pas venu en ce monde pour enseigner la Logique ». Reste que les juges soient « ceux qu'en chaque Etat le chef institue ». Ainsi voilà l'État, c'est-à-dire le Souverain, grand maître ès sciences et philosophie ! Que des controverses s'élèvent sur la signification des mots et des expressions : le débat est-il de telle nature que la paix publique ait besoin de définitions fermes, ce sera aux gouvernants de les promulguer. Ainsi, voilà l'État, c'est-à-dire le Souverain, suprême professeur de grammaire et de logique ! (1) Dans ces conditions, comment ne pas attacher une importance de premier ordre au rôle éducateur de l'État? Les mauvaises doctrines, ces ferments de sédition pour les cités, germent assurément de bien des manières ; elles sont propagées par les prédications des Églises, les conversations des oisifs qui suivent, faute d'avoir mieux à faire, l'enseignement des Académies. Mais, de ces diverses causes, la dernière a le plus d'étendue. C'est aussi celle-là que le Souverain aura le plus directement sous sa surveillance. Qu'il s'empare de l'enseignement ! Qu'il jette les fondements d'une philosophie civile, en sorte que les jeunes gens imbus des saines démonstra-

---

(1) *De Cive*, ch. XVII, § 12. Hobbes donne un exemple très spécieux : si une femme met au monde *partum formæ insolitæ* et que la loi interdise l'homicide, la question se pose de savoir *an partus sit homo*. On cherche ce que c'est qu'un homme. L'État décide, sans avoir égard à la définition d'Aristote suivant laquelle l'homme est un animal raisonnable.

tions puissent plus tard les inculquer au peuple! Quand on remarque avec quelle aisance s'insinuent tant d'absurdités, peut-on douter que la bonne doctrine ne se répandit facilement? (1) Ce faisant, l'État se montrera deux fois prévoyant : il aura étouffé, dans leurs germes, les théories dangereuses et favorisé l'éclosion de la saine philosophie (2). Le souverain aura rempli le personnage d'universel instituteur. Ayant lui-même modelé les intelligences de ses sujets, comment ne se serait-il pas assuré de longue main par là même le gouvernement de leurs volontés?

VI. — Arrivons à la dernière attribution de l'État, la plus indiscrète, la plus envahissante qu'une autorité terrestre se puisse arroger. Au Souverain les citoyens devront compte et des opinions qu'ils professent sur ce qui dépasse cette vie mortelle et des pratiques par lesquelles ils témoignent au Roi du Monde leur respect et leur piété. Bref, il s'assujettira la conscience religieuse. Cette prérogative porte sur deux choses : le culte et la croyance. Les règles qui concernent ce double objet seront les lois sacrées.

Le culte consiste, nous l'avons vu plus haut, dans un ensemble de signes honorifiques par lesquels les hommes conviennent de rendre hommage à Dieu. Si, dans l'État, chacun était maître d'employer tels signes qu'il lui plairait, quelle diversité de pratiques absurdes, quel chaos de cérémonies ridicules! Il faut donc qu'une autorité unique et reconnue décide de quelle manière seront rendus à Dieu

(1) *De Cive*, ch. XIII, § 9.
(2) A peu près ainsi, Platon, dans son dernier grand ouvrage, se préoccupe de garantir les jeunes gens de sa cité philosophique contre les enseignements propres à les pervertir. Il va jusqu'à réglementer leurs lectures et, leur cherchant des ouvrages modèles qui ne leur puissent inculquer que de salutaires leçons, il propose à leur étude ou bien ses *Lois* elles-mêmes ou quelque livre qui leur ressemble. Hobbes ne parle pas d'imposer à la jeunesse son *De Cive* comme le meilleur des manuels politiques. Il faut dire aussi que dans sa cité, royauté et philosophie ne se confondent pas, comme le souhaiterait Platon. (V. les *Lois*, l. VIII, 811.)

des honneurs publics (1). Quant à la croyance, la Religion nous en fait un devoir ; nombre de théologiens ont même aperçu dans la foi la vertu par excellence. Par malheur, ce devoir ne brille pas d'une clarté immédiate, du moins aux yeux d'un chrétien. Le canon de la doctrine chrétienne ne réside point, en effet, dans la lettre, mais bien dans la pensée véritable, dans le sens authentique du Verbe de Dieu. La première condition à remplir, pour qui veut se conformer aux Écritures, sera donc les comprendre : ce qui revient à dire que les Écritures ne sauraient devenir canon que grâce à un interprète, dont le verbe soit tenu pour le Verbe même de Dieu (2). Cet interprète, qui sera-ce? Suffira-t-il, pour briguer un tel honneur, d'être en état de traduire à des auditeurs les textes sacrés, de l'hébreu au latin, du latin au français ? Personne ne le prétendra. Déjà, sur quelque sujet que ce soit, les paroles ne se font point entendre sans le concours de certaines conditions auxquelles ne satisfait pas le premier venu. De plus, les hommes sont sujets à bien des mirages, enclins à bien des complaisances ; il peut leur arriver de faire fléchir leur traduction dans le sens de leurs désirs. Enfin, si les commentaires offrent de l'obscurité ou s'ils se trouvent en désaccord, il faudra donc commenter les commentateurs ! Mais alors, où s'arrêter ? Il n'est qu'un parti de raisonnable : « L'interprète canonique devra être quelqu'un ayant pour office légitime de terminer les controverses que soulève l'explication du Verbe divin et dont l'autorité ne fasse pas moins définitivement loi que celle des hommes qui les premiers recommandèrent à notre foi l'Écriture comme Canon ; il faut que l'interprète de l'Écriture et de toutes les doctrines soit le même que le suprême Juge (3). »

Le privilège de l'interprète consistera en ce que personne n'enseigne contradictoirement au sens qu'il aura

(1) *De Cive, Religio.*, ch. xv., § 17. — (2) *Ibid.*, ch. xvii, § 17. — (3) *Ibid.*, § 18.

énoncé. Ce monopole se ramène donc au droit de définir (1). Or, qu'une telle fonction ne puisse échoir à un particulier, cela découle de la notion d'Empire absolu (2). Que si l'on conteste, Hobbes ne manquera pas de ramener son argument à priori, modelé, disions-nous, sur la preuve de saint Anselme : comment serait-elle illimitée, la puissance qui laisserait hors de ses prises les choses sacrées? S'en remet-on à l'arbitrage de chaque conscience individuelle? Autant vaudrait pour l'État décréter sa propre dissolution. Chacun se tenant pour juge de ce qui plaît ou déplaît à Dieu, les citoyens se demanderaient, avant d'obéir aux Princes, si les ordres qu'ils ont reçus d'eux sont ou non conformes à l'Écriture. Ce faisant, ils se placeraient, au mépris du pacte civil, sous leur propre domination, non sous la dépendance de l'État ; licence redoutable qui soulèverait sans tarder d'infinies dissensions. Les hommes redeviendraient en proie à la haine, et le fléau de la guerre ne manquerait pas de se déchaîner. Préfère-t-on s'en référer à une autorité étrangère (et c'est le cas pour l'Église romaine), ceux qui règlent sur ses dictées leurs croyances et leur vie se font en réalité les sujets d'un autre État. Quant au monopole que cet étranger s'arroge, il ne le peut revendiquer sans commettre un cercle vicieux. Pour que j'adhère à sa prétention, il devra nécessairement s'autoriser de l'Écriture et, fort de ce témoignage, établir qu'il en est, vis-à-vis de moi, l'intermédiaire attitré ; mais, à mon tour, pour que je convienne du bien fondé de sa démonstration, il faudra que je consulte cette même Écriture et que je l'interprète de la même manière que lui. Autant vaudrait dire alors que chaque citoyen est maître d'interpréter : proposition que nous nions l'un et l'autre, lui puisqu'il ne reconnaît ce droit qu'à une puissance étrangère, moi, puisque j'en fais l'apanage de l'État (3).

(1) *De Cive,* ch. xvii, § 27. — (2) Ch. xv, § 17.
(3) *Ibid.*, ch. xvii, § 27. — Relevons ici une méprise où sont plus d'une fois tombés les détracteurs de la politique hobbienne et qui consiste à faire de l'existence de Dieu une proposition qui ne tient

L'autorité religieuse est partie indivise de la Souveraineté politique, et l'Église fait un avec l'État. Cette identité des deux règnes, qui est l'idée-mère du *Léviathan*, Hobbes nous l'avait fait, en son *De Cive*, pressentir par cette exégèse à laquelle il avait soumis l'histoire du peuple élu (1). En la personne de Moïse, puis des rois et, après la captivité de Babylone, en celle des grands Prêtres, il nous montrait indissolublement liés l'un et l'autre pouvoirs. Mais le point était de trop de conséquence pour qu'en ce même Traité, il n'en fît pas l'objet d'une démonstration régulière, suivie de la chaîne de ses scholies. Cette preuve, une nouvelle analyse va nous l'acquérir. Qu'est-ce que l'Église ? Laissant de côté les acceptions plus ou moins arbitraires où ce mot est souvent pris (2), nous ne l'emploierons que pour désigner une communauté dotée de certains droits et exerçant des actions personnelles. En d'autres termes, ce sera « *la multitude des hommes qui ont, par l'intermédiaire du Christ, conclu avec Dieu le nouveau pacte : multitude qui peut être légitimement convoquée, en*

sa vérité que du décret du Souverain. C'est l'erreur que commit notamment l'auteur d'un *De Tribus Impostoribus magnis* (Christianus Kortholt, 1680 : les trois imposteurs sont Herbert, Hobbes, Spinoza) lorsque, comparant Hobbes à Herbert, il écrivait : ... *Hobbius contra rationi et consensui tam parum tribuens, ut ne quidem Deum esse, ex naturæ lumine omnibus mortalibus constare, aut constare posse palam doceat, a potestatis civilis arbitrio religionis summam suspendit.* Ce que l'interprète d'État établit, c'est le commentaire de l'Écriture ; mais, si l'Écriture est par lui commentée, c'est qu'elle est d'origine divine. Or l'existence de Dieu est démontrable, de par l'argument causal, à la raison naturelle. Kortholt, qui renvoie au chap. xiv du *De Cive*, a pris à faux la note à laquelle il se réfère. — Au reste, la thèse même qu'a professée Hobbes sur le rôle de l'État en matière d'exégèse sacrée est une de celles qui soulevèrent, dans son pays, le plus de protestations. Gildon, dans son *The Deist's Manual* (Lond. 1705) nous en dévoile la raison : « Nous refuser toute intelligence des Écritures qui sont le Verbe de Dieu, sinon par le canal de l'Église, qui, dès lors, en doit être l'interprète auprès de ses enfants : position extrêmement conforme au Concile de Trente, je le confesse, et à l'Infaillibilité Papale. »

(1) V. plus haut notre chap. v, § 5.
(2) Ex. : *Pro baptizatis, — pro omnibus Christianis collective.*

un lieu donné, par quelqu'un et qui, sur cette convocation, est tenue d'être là ou de se faire représenter (1). » Que l'on y prenne garde, la dernière partie de cette définition en est la plus essentielle : quelqu'un a *droit* de convoquer, et ceux auxquels il adresse son appel seront *tenus* de paraître. Sans l'obligation qui lie ces derniers, il y aurait, non pas une Église, mais autant d'Églises différentes qu'il se formerait de réunions diverses, les unes s'assemblant ici, à un moment, les autres là, en un autre temps. « Il n'y a donc une église que là où se trouve une puissance certaine et connue, c'est-à-dire légitime, par laquelle chacun soit mis dans l'obligation de paraître lui-même ou de se faire représenter. » L'unité de cette puissance fait qu'à une multitude se substitue une personne. Mais qu'est-ce à dire, sinon qu'*État chrétien* et *Église* sont même chose sous deux noms ? *Église* et *État chrétien* ont *même matière* : car les mêmes hommes y sont compris ; et, de plus, *même forme*, puisque l'essence de l'un comme de l'autre consiste dans le pouvoir légitime de convoquer ici les sujets, là les fidèles (2).

L'argumentation qui précède est-elle reconnue valable, on doit souscrire à cette première conséquence : *plusieurs États chrétiens ne peuvent former à eux ensemble une seule Eglise en personne* ; ou, s'ils le peuvent, ce n'est que par consentement mutuel et à la condition de composer un État supérieur. Il arrive, nous l'avouons, que l'on dise : *l'Eglise universelle* ; mais on nomme par là simplement un corps mystique ayant pour tête le Christ, tout comme on dit qu'ils appartiennent à un même royaume, les hommes qui croient en Dieu, roi du monde (3). En second lieu, l'élection des ecclésiastiques, ou de ceux qui exercent dans l'Église une charge publique, appartiendra au Souverain. Le pouvoir de lier et de délier, que Jésus-Christ délégua aux Apôtres, a bien été conféré par lui aux futurs pasteurs. Mais qui ne voit que si ces derniers possédaient en leur nom individuel cette immense attribution, « toute crainte

_____
(1) *De Cive*, ch. XVII, § 20. — (2) *Ibid.* § 21. — (3) *Ibid.* § 22.

des princes et des magistrats civils serait détruite et que c'en serait fait de tout gouvernement civil..., personne n'étant assez insensé pour ne pas préférer obéir à ceux qui ont crédit de remettre et de délier les péchés, plutôt que d'obtempérer aux ordres des rois les plus puissants ? » En cet énorme pouvoir, Hobbes distingue avec soin deux choses : la *condamnation* qui prononce qu'un acte est péché et la *rémission* ou la *rétention* de la faute. « La première, qui est juger s'il y a péché, regarde *l'interprète de la loi*, c'est-à-dire le *suprême juge* ; la seconde, qui est remettre ou retenir le péché, regarde le *pasteur*, et c'est la puissance de lier et de délier (1). » Par ce moyen, l'État abandonne aux dignitaires de la Religion les biens de pure forme et se ménage pour lui seul l'autorité substantielle, les droits solides et effectifs.

Non moins profondément devront se modifier les opinions qui ont cours, parmi les peuples, au sujet de l'*excommunication*. Le mot, primitivement, voulait dire éjection hors de la synagogue. Ceux qui s'étaient mis en dissidence avec l'Église et s'en tenaient à l'écart, on les tenait pour abandonnés à l'ange du mal. Le *règne de Satan* ne signifiait pas autre chose. Cette éviction entraînait la perte des privilèges spirituels, l'exclusion des assemblées et des sacrements ; bref, la mise au ban de la communauté chrétienne. Or, si l'on se souvient que nous avons identifié l'Église avec l'État, il est clair qu'un *État chrétien ne saurait encourir l'excommunication*, puisqu'il faudrait pour cela que l'Église s'excommuniât elle-même. Pas davantage l'Église ne doit redouter les foudres d'une autre Église, soit universelle, soit particulière. Universelle ? Il n'en existe réellement pas. L'anathème qu'elle lancerait se perdrait dans le vide, puisque l'excommuniante n'aurait pas d'assemblée commune avec l'excommuniée. C'est pourquoi : 1° *personne* (l'allusion historique est transparente) *ne peut excommunier en bloc les citoyens d'un État absolu* ; 2° *le Prince qui détient la Souveraineté ne peut être l'objet d'une*

---

(1) *De Cive*, ch. XVII, § 25.

excommunication, lors même qu'il serait païen, vu que la doctrine du Christ interdit de lui retirer la moindre parcelle de sa puissance. Or, ne ferait-il pas bien pis que d'amoindrir son autorité, celui qui prétendrait bannir de l'assemblée le maître de l'État et ne commettrait-il pas, au premier chef, le crime de lèse-majesté ? Combien, à plus forte raison, notre maxime vaudra-t-elle, si le Prince est Chrétien ! Non seulement, en ce cas, le Souverain est l'État lui-même, mais encore il est l'Église, puisque État et Église en lui se confondent. « Or, l'Église n'excommunie personne, sinon de par l'autorité du Prince ; un Prince ne s'excommunie pas lui-même. Il ne saurait donc être excommunié par ses sujets (1). » Dans le *Léviathan*, il est établi, en surplus, que l'excommunication encourue par un sujet qui obéit aux lois de son Souverain est nulle et de nul effet. Ainsi, que l'on ne se laisse pas effrayer par de vains mots ! « La *foudre de l'anathème*, était une pure imagination de l'évêque de Rome, qui se croyait le Roi des Rois, tout comme les païens firent de Jupiter le Roi des Dieux et mirent un tonnerre en ses mains. » Sa chimère reposait sur une double erreur : de juger, contrairement aux paroles expresses du Sauveur, que le royaume de Dieu fût « de ce monde » et de se prétendre le Vicaire de Jésus-Christ à l'égard, non-seulement de ses propres sujets, mais encore de tous les Chrétiens (2).

VII. — Hobbes a tenu parole. Le Souverain du *Léviathan* possède bien la plénitude de la puissance humaine, la totalité des attributs qu'il est donné à l'ambition d'envier. Son empire embrasse même l'existence ultra-terrestre, puisque ses ordres déterminent ce qu'il convient d'espérer par delà cette vie et suivant quels rites nous devons prier et adorer. Chef au spirituel comme au temporel, il n'a pas à rendre de comptes. Personne n'a juridiction sur lui. Les foudres usurpatrices de l'étranger ne sauraient l'émouvoir.

(1) *De Cive.*, ch. xvii, § 26.
(2) *Lev.*, *Of. a Christian Commonwealth*, ch. xlii.

Sous l'égide de sa toute-puissance, la conscience de ses sujets n'a pas à être troublée, et, en s'inclinant devant lui, dès là que l'on professe la divinité de Jésus, on ne peut être mauvais chrétien. Un instant, à vrai dire, on pourrait se flatter que ce théoricien de l'absolu en matière politique apporte un tempérament à l'omnipotence spirituelle du chef de l'État. Si l'interprétation des textes sacrés est une prérogative du Souverain, n'a-t-il, pas, cependant, le devoir de l'exercer par l'intermédiaire de pasteurs, ordonnés selon un rite ? Il est vrai ; mais cette concession est reprise à peine accordée. Outre qu'il élit les ecclésiastiques délégués à cette fonction, c'est encore le maître du pouvoir qui prend sur lui d'apprécier quels sujets sont d'ordre spirituel, quels d'ordre temporel. Lui seul est juge des cas où il ne lui appartient point de fixer le dogme. Aussi bien, à supposer que la clause restrictive eût une réelle portée, il n'importerait guère. Où serait la sanction ? Quelle autorité supérieure à la sienne réprimerait ses empiétements ? Il n'est comptable que devant Dieu, c'est-à-dire devant celui-là même de qui il a reçu la toute-puissance. « Tous les pasteurs, le Pasteur suprême excepté, exécutent leurs charges au nom et par l'autorité du Souverain civil, c'est-à-dire *jure civili*. Mais le Roi, et tout autre souverain, exécute son office de suprême pasteur par une autorité immédiate émanée de Dieu, c'est-à-dire au nom de Dieu, ou *jure divino* (1). »

Toutefois, ne pourrait-il arriver qu'il y eût contradiction flagrante entre la loi divine que la révélation promulgua et les commandements de celui dont les traits sont gravés sur le frontispice du Léviathan et qui tient en ses mains l'épée et la crosse, l'empire séculier et la domination religieuse ? A cette objection, où renaît l'hypothèse, précédemment écartée par nous, d'un conflit entre le droit naturel et la morale civile, on serait tenté de croire que la réponse est faite d'avance. Ne semble-t-il pas qu'il suffise de répliquer par une sorte de

(1) *Lev., Christ. Comm.*, ch. XLII.

question préalable? Avons-nous donc oublié que, comme le juste et l'injuste, le bien et le mal, de même ce qui est saint et ce qui est péché résulte de la définition qu'arrête le chef de l'État, arbitre sans appel, de qui émane la morale sacrée comme la profane et envers qui il est inconcevable que ce soit jamais œuvre pie de faire acte d'insubordination?

L'intrépide logicien ne s'en est pas tenu à cette riposte expéditive, et l'on dirait qu'il a, cette fois, un peu perdu de son assurance. Craignait-il d'attribuer au premier venu d'entre les princes une infaillibilité trop voisine de celle qu'il refuse au prince de l'Église romaine? L'évidence historique lui a-t-elle paru, sur ce point délicat, en désaccord avec la déduction? A-t-il craint de se voir entraîné à une manière d'idolâtrie, s'il faisait de tout souverain, quel qu'il fût, même d'un infidèle, l'organe certain de la volonté divine? Tant il y a que cette éventualité d'une opposition radicale entre ce que décrète le chef de l'État et ce que Dieu a commandé, il l'accueille, il la discute. Bien loin d'écarter dès l'abord la supposition comme absurde, il s'en explique volontiers, d'autant qu'il n'y a pas, selon lui, d'argument dont les fauteurs de séditions aient davantage tiré parti.

Une antinomie se dresse devant nous, dont les deux thèses sont favorisées par des autorités sans réplique : — Il faut obéir au souverain ; l'apôtre nous le commande. « Les scribes et les Pharisiens, a dit notre Seigneur, siègent dans la chaire de Moïse ; tout ce qu'ils vous disent, observez-le donc et faites-le (1). » — Non, il ne faut pas obéir au Prince, quand on ne le peut faire sans enfreindre les arrêts divins. C'est aussi le Sauveur qui nous en donne l'ordre : « Ne craignez pas ceux qui tuent le corps, mais ne peuvent tuer l'âme (2). » En effet, ne serait-ce pas folie, par crainte des maux que peut infliger une puissance terrestre, d'encourir la damnation? (3) En cette alterna-

---

(1) Matth., XXIII, 2 et 3. — (2) Matth., x, 28.
(3) *Lev., Christ. Comm.*, ch. XXXIII.

tive, à quel parti se résoudre? Flotter de l'un à l'autre écueil serait, « ainsi qu'il arrive aux navigateurs entre Charybe et Scylla, courir le risque de se briser contre les deux (1). »

Dès là qu'il faut choisir, toute hésitation doit tomber. Comme la mort éternelle est infiniment plus redoutable que la mort terrestre, peine la plus terrible dont le Souverain puisse frapper un rebelle, c'est contre le premier de ces maux que nous devons à tout prix nous prémunir. Avant tout, nous aurons à cœur de faire notre salut. Demandons-nous donc s'il est pour le salut des conditions absolument requises.

On en compte deux : 1° L'*obéissance* : vertu qui consiste, non dans le fait actuel, mais dans la volonté continue de se soumettre à Dieu. Elle comprend en elle l'*amour* de Dieu et la *charité* ou amour du prochain. Lorsque le premier de ces sentiments nous anime, comment ne prendrions-nous pas la loi de Dieu pour directrice? Et peut-on être possédé du second sans se conformer en tout à la morale naturelle? 2° La *foi chrétienne*. D'une manière générale, le mot de *foi* (2) est usité quand l'assentiment que l'on accorde à une proposition se fonde, non sur des raisons tirées de la proposition elle-même, mais sur l'estime que l'on porte à la personne dont elle émane et sur le grand cas que l'on fait de sa sincérité et de sa compétence. La foi n'est donc pas *l'opinion*, laquelle se réclame de la raison. Elle n'est pas la *science*, laquelle a ceci en propre d'examiner ce qu'on lui présente et de le ruminer lentement, au lieu que la foi avale tout et d'un trait (3). Cela posé, qu'est-ce qu'avoir la foi chrétienne? C'est professer que Jésus est le Christ, c'est-

---

(1) *De Cive*, ch. xviii, § 1. — (2) *Ibid*, § 2 et 3.
(3) *Illius autem integram* [*propositionem*] *deglutire....; acciditque homini qui mysteria fidei ratione naturali conatur demonstrare, idem quod ægroto qui pilulas salubres sed amaras, vult prius mandere, quam in stomachum demittere; ex quo fit, ut statim revomantur, quæ alioqui devoratæ eum sanassent.* (*De Cive, ibid.* § 4.)

à-dire celui qui, aux termes des Prophéties, devait venir en ce monde fonder le règne de Dieu. Oui, d'article de foi, indispensable au salut, il n'en existe véritablement qu'un : *Jésus est le Christ* (1). En ces quatre mots est renfermé tout le symbole des Apôtres (2), ainsi que tout le credo de l'ancien Testament (3).

Le devoir des sujets chrétiens devient ainsi très clair à l'égard de leurs maîtres temporels. Ceux-ci font-ils profession de christianisme, ils ne sauraient enjoindre à leurs peuples de renier ou d'outrager Jésus. En cette première éventualité, la règle est simple, et il suffit de se souvenir que les membres d'un État chrétien doivent, sur toutes choses, religieuses et civiles, pleine soumission au pouvoir suprême. Reste l'autre hypothèse, la seule à vrai dire en prévision de laquelle ait été soulevé ce débat. Nous voulons parler du cas où le gouvernement tombe aux mains d'un infidèle. Cette fois la théorie se trouve, on l'avouera, serrée d'étrangement près par l'objection. Mais laissons la parole à Hobbes. « Ceux qui commandent ne sont-ils pas chrétiens : il est hors de contestation que, dans toutes les choses *temporelles*, un citoyen même chrétien leur doit pareille obéissance; dans les *spirituelles*, c'est-à-dire en ce qui concerne la manière de rendre un culte à Dieu, il faut suivre quelque *Eglise* de *Chrétiens*. En effet, que Dieu, dans les choses surnaturelles, ne s'exprime que par les interprètes chrétiens de l'Ecriture sacrée, c'est la donnée même de la foi chrétienne. Mais quoi? Quand on ne doit pas obéir aux princes, faut-il pour cela résister? Point du tout : car ce serait porter atteinte au pacte civil. Que faire donc? Aller au Christ par le martyre. (4) »

Telle est la ressource désespérée que Hobbes laisse à la conscience religieuse, dans ce cas exceptionnel où des sujets chrétiens, gouvernés par un incrédule, seraient mis en demeure de renier leur Dieu : une résistance passive qui ne lutte point et ne se rend par là que plus invincible.

---

(1) *De Cive*, ch. XVIII, § 5 et 6. — (2) *Ibid.*, § 6. — (3)*Ibid.*, § 11. — (4) *Ibid.* § 13.

Mais non, il ne faut pas dire : résistance. Ce terme est impropre : il entraînerait quelque idée de protestation contre l'usage que fait de son droit absolu le persécuteur. La seule opposition qu'un chrétien fidèle se puisse permettre à l'égard du pouvoir civil consistera, non à le braver, à ruser avec lui, à lui tenir tête, mais à mourir. En tout ce que le souverain exige, obéissance aveugle ! Ce devoir est universel et n'admet, conjoncture extrême, qu'une dérogation, celle qui revêt la forme du martyre. Martyre résigné, respectueux du bras qui tourmente, parce que c'est Dieu qui l'arma. L'auteur du *De Cive* ne s'est pas fait illusion sur le peu de chances qu'offraient ses préceptes d'emporter l'adhésion de ses lecteurs. « Peut-être bien est-ce là chose dure à énoncer, » remarque-t-il assez sagement. Mais que celui qui serait tenté de se récrier rentre en lui-même et s'interroge sincèrement. Homme de peu de foi, il découvrira vite que ses répugnances tiennent à ce qu'il ne croit pas de tout son cœur, de toute son âme « que Jésus est le Christ, fils du Dieu vivant, car alors il préférerait périr et se trouver avec Christ. Mais non, ce qu'il veut, c'est, en simulant la foi chrétienne, éluder le pacte d'obéissance à l'État (1). »

VIII. — Et maintenant l'État se dresse, protégeant de ses forces démesurées et contre le dehors et contre elle-même cette communauté humaine qui a fait de lui le dépositaire de toutes ses énergies. A l'ombre du géant peuvent vivre et grandir de moindres formes de l'État et comme des réductions d'empires, que soutiennent des principes analogues à ceux sur lesquels sont assises les sociétés civiles. C'est d'abord la domination du maître sur ses esclaves. Sans parler du cas où le servage est une suite de la défaite et où l'obligation de subir la loi d'un vainqueur résulte pour le vaincu de ce qu'il a obtenu la vie sauve, le droit du maître peut lui venir *per generationem*. Dans cette hypothèse, il faut distinguer encore entre l'esclave en qui

(1) *De Cive*, ch. XVIII, § 13.

l'on a confiance et celui qu'on tient en suspicion. Le pacte d'obéissance dérive pour le premier de cela seul qu'il n'est pas enchaîné et que de sa liberté on ne retranche que le minimum nécessaire, à savoir ce qui favoriserait sa fuite. Quant au second, il n'est astreint à quoi que ce soit. Qu'il tue son maître, les lois naturelles ne sont en rien transgressées. Il ne viole pas la morale, il n'enfreint aucun devoir, attendu qu'il n'est obligé par nulle promesse, comme le prouvent éloquemment les chaînes mêmes dont on l'a chargé (1). Il existe encore une autre miniature de l'État : la famille. Néanmoins ce raccourci d'empire constitue un cas plus complexe, et la souveraineté dont sont investis les chefs de ces petits peuples a une origine moins apparente. Ce n'est pas le moins du monde une vérité analytique que la génération entraîne l'autorité sans limites sur les enfants, et *maître* n'est pas inclus dans *père*, ni par conséquent dans *Sophronisque*, de la même manière qu'*animal* dans *homme* et, par suite, dans *Socrate*. D'autant que la souveraineté est, on l'a vu, indivisible : or deux personnes concourent à la génération (2). Il faut donc se reporter à la condition de nature et découvrir, dans la genèse de la famille, un fait du même ordre que celui qui survient, lorsque le vainqueur désarme et se soumet le vaincu. L'autorité sur l'enfant appartient à celui des deux générateurs qui l'a le premier en sa puissance. Et qui sera-ce, sinon la *mère* ? En vain alléguerait-on, en faveur du père, la supériorité de son sexe. L'inégalité n'est point telle que le mâle puisse s'assujettir la femelle sans combat. N'oublions pas, d'ailleurs, qu'en l'état de nature, seule la mère a compétence pour désigner le père. « L'enfant est de qui veut la mère ; donc il est à la mère. *Partus ventrem sequitur* (3). » Toutefois, sous le régime de la société civile, en vertu du contrat que les lois reconnaissent et

---

(1) C'est en cela que diffèrent les *servi* et les *ergastuli*. — *De Cive*, ch. VIII, § 1-4.

(2) *Ibid*., ch. IX, § 1. — (3) *Ibid*. § 2 et 3.

que l'on appelle *mariage*, les droits sur l'enfant passent de la mère au père, tout comme les mêmes lois ont placé la femme sous la domination du mari. Enfin, pour ce qui concerne les devoirs de l'enfant, sa sujétion envers le père et la mère ressemble à celle qui lie le serf au maître, le sujet au souverain. Cette sujétion a-t-elle pris fin, le fils comme le serf prennent d'ordinaire l'engagement de rendre à qui les affranchit les honneurs par lesquels le subordonné témoigne son respect à ses supérieurs. Donc le précepte : *honore tes parents*, est dicté par la morale naturelle. C'est une loi, non seulement de gratitude, mais aussi de justice et qui a dans un pacte son fondement (1).

Par la réunion en une personne des parents, des enfants et des esclaves, se formera cette cité rudimentaire : la *famille*. Se multiplie-t-elle, par la descendance, à ce point et l'acquisition de nouveaux esclaves la rend-elle à ce degré populeuse qu'on ne la puisse subjuguer sans guerre : la famille prend le nom de *royaume patrimonial* (2). — Peut-être les rapprochements qui précèdent entre l'État proprement dit et ces rudiments de sociétés civiles suggèreront-ils l'objection qu'à ce compte il ne subsiste plus la moindre différence entre un homme libre et un esclave ! Si fait, réplique Hobbes. Dans l'État les citoyens, dans la famille les fils, ont sur les serfs cette supériorité de pouvoir prétendre soit aux dignités de l'État, soit aux honneurs de la famille, ainsi que de posséder davantage de superflu. Mais il est une différence plus essentielle encore : l'homme libre ne s'incline que devant l'État ; l'esclave subit en outre la loi d'un particulier. Car, à quoi se ramène, en dernier ressort, la liberté du citoyen ? A n'avoir que le souverain pour maître (3).

En résumé, dès qu'une société se fonde, si naïve ou si savante qu'en puisse être l'organisation, que l'on ait devant soi l'empire brutal du vainqueur, l'empire consenti du conquérant, l'empire affectueux du chef de

---

(1) *De Cive*, ch. IX, § 5-8. — (2) *Ibid.* § 10. — (3) *Ibid.* § 9.

famille ou l'empire délibérément constitué par les citoyens, on peut, dans tous les cas, tenir le cadre de gouvernement pour identique. Le transfert des droits a beau différer de mode, la qualité des pouvoirs assumés ou obtenus est égale. La puissance absolue déférée à qui gouverne n'est donc pas quelque but lointain vers lequel une logique instinctive aurait lentement orienté l'évolution des sociétés. Cet archétype, dès les premières démarches par lesquelles un groupe humain reçut d'une volonté unique sa direction, s'est trouvé reproduit *ipso facto*. Le progrès des civilisations a bien pu l'embellir, mais non pas le créer, réalisé qu'il était à la première étape de ce progrès lui-même. La subordination de tous à celui ou à ceux en qui l'État s'incarne : c'est là, pour parler en métaphysiciens, à la fois la cause efficiente et la cause finale des transformations politiques ; ce fut la condition première, comme ce sera l'exigence ultime à laquelle toute société civile était, est et sera tenue de satisfaire. Il ne semble pas que Hobbes, dans quelque avenir que ce soit, conçoive pour nos neveux une méthode, nous ne disons pas meilleure, mais simplement autre, de vivre en commun. Il ne souhaite pas un instant que tant de liens par lesquels les volontés individuelles sont comme tenues en faisceau, se rompent ou se desserrent. Tout relâchement serait à ses yeux une cause de décadence, toute diminution du pouvoir suprême un symptôme de mort. Par delà le régime d'universelle et stricte obéissance, son imagination n'entrevoit, son cœur ne désire point d'autre idéal.

IX. — Ce plan d'empire absolu ne s'adapte pas exclusivement, comme ont paru le croire de trop nombreux critiques, aux institutions de la *monarchie*. Il peut tout aussi bien s'accommoder d'une *aristocratie* ou d'une *démocratie* : désignations que l'on doit préférer aux mots de *tyrannie*, d'*oligarchie* et d'*anarchie*, lesquels ne dénotent guère que l'aversion de ceux qui en usent à l'égard des régimes politiques ainsi dénommés. La dernière expression surtout est inacceptable. Que serait-ce qu'un gouver-

nement anarchique ? Une contradiction dans les termes.
Quoi qu'il en soit des étiquettes, la différence entre les types n'a rien de fondamental. Elle ne porte pas sur le degré du pouvoir, puisque la souveraineté est, par définition, sans limites, mais seulement sur les personnes qui ont en dépôt l'autorité suprême (1). « Le premier, dans l'ordre du temps, est la démocratie, et il en doit nécessairement être ainsi, parce qu'une aristocratie et une monarchie supposent la nomination de personnes choisies; ce choix, quand il est l'œuvre d'une grande multitude d'hommes, doit consister dans le consentement de la majorité. Or, là où le vote de la majorité implique celui de tous, il existe actuellement une démocratie (2). » Les hommes dont les suffrages ont institué l'empire composent une *démocratie*, qui dure aussi longtemps qu'en leur réunion ou permanente ou périodique résidera le pouvoir souverain. « Deux éléments la constituent : δῆμος ou la perpétuelle prescription des assemblées : *le peuple;* τὸ κράτος ou la pluralité des voix : *le pouvoir.* » Ce n'est pas tout ; il faut que ces assemblées se tiennent en des lieux, à des dates connues et que les séances n'en soient pas assez espacées pour mettre l'État en péril. Dans cette forme politique, le gouvernement repose sur les pactes mutuels des particuliers et non point, comme on pourrait imaginer, sur leurs pactes respectifs envers le peuple, attendu que le peuple n'existe à titre de personne qu'une fois l'État créé, c'est-à-dire une fois conclus engagements et contrats (3). — L'aristocratie, ou *curia optimatum*, prend dans la démocratie sa source : car elle ne possède de droits que ceux que l'assemblée plénière des contractants, par conséquent le peuple en sa qualité de personne, lui a transférés. Ainsi que tout à l'heure le peuple dans la démocratie, de même, dans l'aristocratie, la *curia optimatum* se trouve dégagée de

---

(1) *De Cive*, ch. vii, § 1-3.
(2) *De Corp. polit.*, ch. ii, § 1 ; cf. *De Cive*, ch. vii, § 11.
(3) *De Cive, ibid.* § 7.

toutes obligations. Et comment ne le serait-elle pas ? Elle n'a contracté ni envers les particuliers, puisqu'elle n'a eu à traiter qu'avec l'assemblée plénière, ni avec le peuple qui, sitôt l'aristocratie fondée, se trouve dissous *ipso facto*. De même enfin que l'assemblée démocratique, la *curie* est tenue de se réunir à des intervalles raisonnables (1). La monarchie ne diffère point, dans son origine, de l'aristocratie. Le peuple nomme à la pluralité des suffrages son unique chef et lui transfère ses droits. Lui, non plus, le Monarque n'est lié envers quiconque (2). Ses pactes, s'il en concluait avec un ou plusieurs de ses sujets, seraient non avenus, parce qu'il ne lui appartient pas de rien aliéner de ses droits ni de ses pouvoirs (3). A la différence du *Démos* et des *Optimates*, tenus de se rassembler à des périodes plus ou moins régulières, il délibère et décrète en tout temps et en tout lieu. Avec sa volonté personnelle se confond la volonté civile. N'ayant point conclu de pacte, au lieu que tous ont contracté envers lui, il ne saurait commettre envers personne d'injustice. Non, certes, qu'il ne puisse faillir, comme quand il se rend coupable d'une cruauté, d'une iniquité, d'un outrage. Mais, en ce cas, il ne viole que les lois naturelles (4). Une d'elles, par exemple, fait au monarque à temps un devoir d'empêcher que sa mort n'entraîne la dissolution de l'État. Cette dictée du code de nature se déduit de celle qui interdit aux hommes l'ingratitude. Par conséquent, s'il arrive que le peuple qui l'a élu n'ait rien décidé concernant qui le remplacera, le chef doit ou fixer la date et le lieu de la réunion plénière chargée d'élire son successeur ou le désigner lui-même. Au cas où l'assemblée populaire avait elle-même pris ce soin, il en va différemment. Pendant toute la durée du règne, la nue propriété du pouvoir ne cesse point d'appartenir au peuple ; au monarque il n'en a été octroyé que l'usufruit (5).

(1) *De Cive*, ch. VII, § 8-10. — (2) *Ibid.*, § 12. — (3) *Ibid.*, § 17. — (4) *Ibid.*, § 12-14. — (5) *Ibid.*, § 16.

Nous en avons fini avec les formes possibles de gouvernement. Ces trois types de souveraineté, Hobbes est loin de les mettre au même niveau. Il n'a garde de nous taire ses préférences ; aussi bien elles se fondent beaucoup moins, nous prévient-il, sur des motifs d'expérience que sur des raisons théoriques (1). « Les inconvénients de la *monarchie* suivent *l'homme*, non *l'unité*. » Au contraire, les désavantages de l'État démocratique tiennent, si l'on peut dire, au régime même de la polyarchie. Les exploits d'un Néron ne sont pas essentiels à la domination d'un seul. Mais ces méfaits d'un despote fussent-ils chose plus habituelle, le gouvernement d'un homme continuerait de l'emporter sur le pouvoir populaire. Quand un seul commande, le nombre des condamnations injustes est moins considérable que quand tout un peuple gouverne. Les rois ne sévissent guère que contre qui les importune, leur porte ombrage ou leur résiste. Les traits d'un Caligula ou d'un Néron ne tombent, somme toute, que sur les courtisans et les gens en vue. « Sous la monarchie, quel que soit le prince, il n'y a qu'à vivre caché pour être exempt de périls... Sous la domination d'un peuple, il peut y avoir autant de Nérons que d'orateurs à flatter le peuple (2). » On dira que la monarchie comporte une moindre liberté. Sous cette objection se dissimule une équivoque. Ce que l'on réclame, sous couleur de liberté, c'est ou l'exemption de l'obéissance civile, concession à laquelle nul État ne se pourrait prêter sans disparaître, ou bien, cas de beaucoup le plus ordinaire, la soumission pour les autres, mais pour soi la domination (3). Et que l'on ne fasse pas valoir en faveur de la démocratie le droit reconnu à chacun de participer aux affaires et d'y déployer ses talents, perspective riante aux hommes ! Le

---

(1) Dans le *Léviathan*, nous devons avouer qu'elles s'accusent moins énergiquement qu'en ses autres écrits. C'est que, lorsqu'il achevait ce chef-d'œuvre, la dissolution de la monarchie légitime venait, en Angleterre, de s'accomplir. Nous avons vu comment lui fut plus tard imputée à crime cette apparence de d éfection.

(2) *De Cive*, ch. x, § 7. — (3) *Ibid.*, § 8.

tableau a si bien son revers ! Les froissements, les haines que l'on soulève, tant d'amertumes de mille sortes, sont-ce des avantages aussi? (1) On ne serait guère mieux inspiré de faire à ce régime un titre de gloire de ses assemblées. Plus nombreux on est à délibérer, moindres sont les chances pour que de sages résolutions soient prises. Il y a tant de choses à savoir ! Et pour peu que la réunion soit populeuse, il s'y trouve tant d'inhabiles !

Démocratie est, ce semble, pour Hobbes, quelque peu synonyme de parlementarisme. Ce dernier système, dont il avait pu noter de près les abus, est l'objet de son aversion, et il en fait le procès en forme. Entre autres griefs, il en est un sur lequel il ne tarit pas : il ne peut pardonner au régime parlementaire les longueurs et le clinquant des discours. Oui, le fléau en est l'éloquence, cette habileté menteuse dont tout l'office est de grandir ou de rapetisser soit le bien, soit le mal, selon la fin que l'on se propose. « C'est cela persuader, et l'on a beau raisonner, on procède, non de principes vrais, mais d'ἐνδόξοις, c'est-à-dire d'opinions déjà communément reçues, d'ordinaire erronées pour la plupart, et l'on tâche d'accommoder son discours non pas à la nature des choses, mais aux passions des âmes... Et il ne faut pas s'en prendre à l'homme, mais à l'éloquence elle-même, dont la fin (comme l'enseignent les maîtres de la Rhétorique) réside, non pas dans la vérité, sauf par accident, mais dans la victoire, et dont la mission est de persuader, non d'instruire (2). » Un peu plus bas, il est vrai, cette condamnation se fera moins catégorique. Du moins Hobbes admettra une distinction et ne réprouvera plus en bloc toutes les formes de l'art oratoire. Il consentira qu'il puisse exister une éloquence élégante, bien pondérée, faite de la connaissance des choses et du choix exact des termes, fille de la logique et sœur de la sagesse. Mais, à côté de celle-là, il en est une autre, commotrice des âmes, ennemie de toute mesure et où sont passés maîtres les séditieux, celle que Salluste attribuait à un

---

(1) *De Cive*, ch. x, § 9. — (2) ch. x, § 11.

Catilina, quand il disait du grand agitateur : *eloquentiæ satis, sapientiæ parum* (1). Or, si nous en croyons notre anti-parlementaire, c'est la seconde seule qui résonne dans les assemblées. Autre vice : avec le parlementarisme, les factions se perpétuent. Le parti vaincu rumine sans trêve sa revanche. On se donne le mot pour arriver en nombre à la séance suivante et enlever par surprise, en mettant à profit l'absence de négligents adversaires, le rappel de la décision précédemment votée. La minorité se croit-elle de meilleures chances sur le champ de bataille qu'au scrutin, elle en appelle aux armes. — Mais, va-t-on répondre, ces conséquences extrêmes ne se produisent pas nécessairement ! — Que ne dit-on aussi : les orateurs ne désirent pas nécessairement la gloire ? (2) A tant de maux s'ajoutent l'instabilité des lois, sans cesse remaniées, selon que se modifient les forces numériques des partis, la divulgation des plus importants secrets, une grande assemblée ne pouvant pratiquer la discrétion. Vainement arguera-t-on contre la monarchie de l'inconvénient des tutelles, en souvenir du proverbe : « Malheur au royaume où le roi est enfant. » Ce sont là des dommages accidentels, causés surtout par l'intrusion de conseillers qui n'ont cure que de distraire à leur profit une part du suprême pouvoir. Ce qui revient à dire que le grand mal des minorités tient principalement à ce qu'alors « l'Etat est administré démocratiquement (3) ».

Ce rapprochement entre les régences dans les monarchies et le régime de minorité permanente essentiel aux démocraties, Hobbes, dans le *Léviathan,* le reprend avec plus de force en des pages où chaque ligne évoque dans nos esprits le nom de Cromwell et la mémoire de son usurpation. « Il n'y a pas de grande république déléguant à une assemblée la souveraineté, qui ne soit, quant aux consultations sur la paix et la guerre et la confection des lois, dans la même condition que si le gouvernement était aux mains d'un enfant... » Un roi mineur n'a pas

(1) *De Cive,* ch. XII, § 12. — (2) *Ibid.,* ch. X, § 12. — (3) *Ibid.,* § 16.

assez d'indépendance de jugement pour repousser le conseil du guide qu'on lui a donné ; il a besoin d'un tuteur ou protecteur qui veille sur son autorité et sur sa personne. Or, n'en va-t-il pas exactement de même avec les grandes républiques parlementaires ? Elle aussi, l'assemblée souveraine, est enchaînée par toute résolution bonne ou mauvaise où se porte la majorité. Elle aussi, dans les temps de troubles, « a besoin de *custodes libertatis*, c'est-à-dire de dictateurs ou protecteurs de son autorité, qui ne sont pas moins que des monarques temporaires, auxquels elle peut commettre, pour un temps, l'entier exercice de son pouvoir ; et, au bout de ce temps, il lui est arrivé plus souvent encore qu'aux rois enfants d'être dépossédée par ses protecteurs, régents ou tous autres tuteurs (1) ». — Enfin, à l'avantage du gouvernement d'un seul, l'expérience historique autorise une dernière considération : sous la menace de l'ennemi, ne voit-on pas démocraties et aristocraties conférer à un général unique les pouvoirs les plus absolus ? Qu'est-ce à dire, sinon qu'en cas de guerre la monarchie prévaut ? Or, bon nombre de républiques ne sont guère que des camps retranchés, en armes les uns contre les autres (2). Concluons : la meilleure condition politique est celle dont nous jouissons, « quand nous sommes l'héritage de celui qui commande », attendu qu'il est dans la nature humaine que chacun veille de son mieux à préserver son patrimoine. Quant à l'aristocratie, elle sera d'autant préférable qu'elle se rapprochera davantage de la forme monarchique (3).

X. — Le parallèle que l'on vient de suivre est des moins flatteurs pour le gouvernement populaire ; le régime de l'aristocratie n'en tire également que peu de gloire. Mais, en dépit des déclarations de Hobbes qui affirmait tout à l'heure ne s'inspirer, dans ces rapprochements, que de

---

(1) *Lev.* part. II, ch. XIX. — (2) *De Cive*, ch. X, § 17. — (3) *Ibid.*, § 18 et 19 ; cf. *Lév.*, Part. II, ch. XIX.

raisons à priori et nullement de considérations empiriques, on nous permettra de supposer que son tableau du parlementarisme eût été moins noir, sans les discordes sanglantes qui, dans sa patrie, depuis tant d'années, minaient ce genre de gouvernement. Quoi qu'il en dise, tous les orateurs ne sont pas plus des Catilinas que tous les monarques n'ont été des Nérons. Ému qu'il était par le spectacle des maux présents, il a subi comme une illusion d'optique, et il s'est persuadé que des malheurs d'un jour étaient de l'essence même des formes politiques qu'il critiquait. L'expérience des siècles nous a d'ailleurs appris que ces trois types d'États ne sont point séparés par des distances infinies ; que des compromis peuvent se produire ; que la monarchie, par exemple, peut avoir à répondre de sa politique devant de grandes assemblées délibérantes et partager avec elles la souveraineté effective ; que, par contre, la démocratie parlementaire s'est, plus d'une fois, prêtée à une centralisation des pouvoirs aussi complète (on le vit bien en France, avec la Convention Nationale) que le gouvernement personnel du despote le plus obéi. En réalité, les caractères distinctifs que Hobbes a relevés entre le régime démocratique et le commandement d'un seul, caractères qui lui ont paru créer au second une si grande supériorité, sont des différences dues aux temps, aux circonstances, aux lieux et ne font pas le moins du monde partie intégrante de la notion d'État populaire. Sans aucun doute, le système dans lequel tous les pouvoirs passent à un prince réalise la plus parfaite unité politique ; tout au moins il est celui où cette unité se fait le plus fortement sentir. Mais, à dire vrai, ce ne sont encore là que des distinctions de degrés, le plus souvent accidentelles. Où éclate le grand et définitif contraste, c'est entre la condition de nature et l'État. En ce qu'elles nous arrachent à la première, les divers types du second sont de valeur sensiblement égale : car ils attestent, au même titre, un progrès inappréciable sur la primitive licence. Monarchie, aristocratie, démocratie, ne diffèrent, en dépit de tout, que par des nuances. Hobbes, aussi bien, n'en tombe-t-il pas implicitement d'accord, lorsqu'il blâme Aristote d'avoir divisé les gouvernements en deux classes, selon qu'ils se proposaient le bien des gouvernants ou celui des gouvernés? (1) Comme si maux et biens, en tant que l'institution de l'État les fait naître, n'étaient pas communs aux diverses formes qu'il peut revêtir ! Par cela seul qu'existe un gouvernement, et quelle qu'en soit la nature, la paix entre les citoyens est sauvegardée, leur défense garantie, un rempart les protège contre les maux de l'anarchie. Quant à redouter les suites des immodérés prélèvements d'argent, c'est une appréhension dont il n'y a pas à tenir compte. De deux choses l'une : ou bien le Souverain multipliera les taxes au point d'affaiblir ses sujets, et cela, il ne peut le vouloir, puisque de leurs poitrines et de leurs trésors il fait le boulevard de son empire et de ses richesses; — ou il imposera ses sujets dans la mesure que réclame la bonne gestion de l'État : en ce cas, nul tort ne leur est fait, et tout va au mieux pour les gouvernés comme pour le gouvernant. Au reste, « comment imaginer que les richesses *publiques* puissent être désavantageuses aux citoyens *privément* ? (2) »

XI. — En échange des prérogatives dont ils l'ont comblé, le Souverain, homme ou assemblée, n'aura-t-il pas à s'acquitter envers ses commettants? A tous les droits dont le pacte social l'a investi, des devoirs déterminés ne correspondent-ils pas? En aucune manière. A la différence des contrats ordinaires, le pacte politique n'est point bilatéral. Tous les citoyens sont liés envers le souverain; lui-même ne l'est qu'envers Dieu. Ses devoirs sont des prescriptions de la morale naturelle, mais qui ne comportent, sur cette terre du moins, aucune rémunération, par la raison qu'il n'y a que des sanctions civiles et qu'il s'en trouve être l'unique dispensateur. Il décide seul de sa

---

(1) Artt. *Polit.* VII., ch. xiv. (Didot : t. I., chap. xiii, § 4.)
(2) *De Cive*, ch. x, § 1 et 2.

conduite ; nul arbitre au monde n'est en situation de le faire paraître à sa barre. Et, à cette occasion, ne serait-il point piquant de mettre Hobbes sur la sellette, de remontrer à cet ombrageux défenseur des privilèges royaux que ses traités politiques constituent des empiétements sur l'omnipotence souveraine? Car enfin, qui lui a donné charge de prescrire aux conducteurs de peuples, comme il fait en son *De Cive* (1), le long détail de leurs devoirs ? N'est elle pas bien téméraire, cette prétention de son *Léviathan*, de tracer les cadres nécessaires dans lesquels devront rentrer les institutions ecclésiastiques et de dicter des recettes obligatoires en vue de prévenir, dans l'État chrétien, la contagion des doctrines pernicieuses ? (2) La sollicitude de Hobbes pour les intérêts du monarque se fait trop impérieuse. Le chef de l'État n'est-il pas bon juge des voies et moyens à suivre pour remplir sa mission ? Libre à ce dernier, sans doute, de solliciter des avis; libre aussi de n'en avoir cure. Que notre philosophe, en composant son manuel à l'usage des pasteurs d'hommes, prenne donc la modeste attitude d'un conseiller bénévole et qu'il dépouille ce dogmatisme d'infaillible logicien de qui les déductions feront loi et pour les peuples et pour les gouvernements.

Mais ce serait se jouer, et nous ne retiendrons pas cet argument *ad hominem*. — A la question de savoir si des devoirs incombent au maître de l'État, le *De Cive* répond autrement que par un simple non, et Hobbes, cette fois, relâche quelque peu de son absolutisme. Le détenteur du suprême pouvoir a ses obligations, que résume cette maxime : *le salut du peuple est la suprême loi*. Par *peuple*, il faut entendre ici, non pas, comme précédemment, une personne, à savoir l'État qui gouverne, mais bien la multitude des gouvernés (3). Ce devoir est universel, et les conquérants eux-mêmes n'en sont pas

---

(1) Ch. xiii.
(2) V. surtout Part. IV., *Of the Kingdom of Darkness*.
(3) *De Cive*, ch. xiii. § 3.

exemptés (1). Or, au temporel, le salut des citoyens réclamera du prince quatre sortes de soins : — la défense contre l'étranger ; — le maintien de la paix intérieure ; — l'accroissement aussi grand que possible de la fortune des particuliers, sous cette unique réserve que la sécurité de l'État n'en soit pas compromise ; — la jouissance de la liberté, dans la mesure où elle est inoffensive (2). Au spirituel, ce demeure un point douteux de décider si les princes ne sont pas, en conscience, tenus à faire prêcher la saine doctrine, à rendre le vrai culte obligatoire et à exclure tout autre rite. Hobbes incline cependant à les y croire obligés, parce qu'agir d'autre sorte serait favoriser l'éternelle perdition des citoyens et se rendre à leur égard coupable ou d'ingratitude ou d'imprévoyance.

Mais encore, insisterons-nous, s'il arrive que le souverain se dérobe à sa mission primordiale, s'il néglige d'assurer le salut de son peuple, n'y aura-t-il rien de modifié dans la situation des sujets vis-à-vis de lui, et le pacte d'obéissance ne sera-t-il point périmé ? — A cette difficulté pressante, qui est celle de savoir s'il se présente ou non des conjonctures où les sujets se voient déliés de leurs serments, le *De Cive* apporte une solution sans ambages : il n'existe qu'un cas de résiliation légitime, celui où il devient évident, d'une évidence matérielle, qu'il n'y a plus de souveraineté. Quand il n'est plus personne à qui se soumettre, comment serait-il parlé encore du devoir de soumission ? Or, n'est-ce pas bien ce qui arrive, quand le chef de l'État abdique, — ou lorsque le territoire de l'empire tombe au pouvoir de l'ennemi, — ou, enfin, quand le monarque ne laisse pas de successeur ? (3) — Le *De Cive*, somme toute, glisse légèrement sur ces hypothèses extraordinaires, où les engagements des citoyens envers le chef élu se trouveraient brusquement annulés. La dissolution de ce pouvoir suprême, pour lequel il rêverait la perennité, est, aux yeux de Hobbes, une telle calamité, qu'il eût aimé la croire irréalisable. Il

---

(1) *De Cive*, ch. XIII, § 4. — (2) *Ibid.*, § 6. — (3) *Ibid.*, ch. VII, § 18.

a fallu l'impérieux avertissement des faits pour lui arracher l'aveu tardif de cette grande loi du devenir, à laquelle, ainsi que toute chose en notre univers, l'État est assujetti. Dans le *Léviathan*, ces leçons de l'expérience se font entendre bien plus fortement encore. Les conjonctures où les sujets peuvent, sans parjure, forfaire au serment de fidélité n'ont plus, à ce qu'il semble, le caractère si exceptionnel qu'elles offraient dans le *De Cive*. « On entend que l'obligation des sujets au souverain dure aussi longtemps et non plus que son aptitude à les protéger. Car il n'y a pas de pacte qui puisse faire renoncer les hommes au droit que leur donne la nature de se protéger eux-mêmes, quand personne d'autre n'en a le moyen. Le souverain est l'âme de l'État ; une fois partie du corps, les membres ne reçoivent plus d'elle leur mouvement. La fin de l'obéissance est la protection : or, partout où l'homme la découvre, que ce soit en sa propre épée ou en celle d'un autre, la nature y applique son obéissance et dirige son effort à la maintenir. Et, bien que la souveraineté, dans l'intention de ceux qui la créent, soit immortelle, néanmoins, elle est, de sa propre nature, non seulement sujette à la mort violente par une guerre étrangère, mais aussi, par suite de l'ignorance et des passions humaines, elle renferme, en conséquence de son institution même, bien des germes de mortalité naturelle par la discorde intestine (1) ». Le souverain abdique-t-il et en son nom et au nom de ses héritiers, les citoyens retombent sous la loi de nature. Après une guerre malheureuse, a-t-il accepté le joug du vainqueur, c'est à ce dernier désormais qu'ils doivent reporter leur soumission. Du moins, à cette phase de sa discussion, l'auteur du *Léviathan* prenait-il soin d'ajouter que, si le prince n'était prisonnier que de corps et n'avait point aliéné son indépendance, l'obligation des sujets envers lui subsistait intacte. Mais la dernière partie de l'ouvrage (celle qui porte pour titre : *Revue et Conclusion*) développe une thèse moins chevale-

---

(1) *Lev.*, II., ch. xxi.

resque. Quand la souveraineté a subi des défaites, que la vie et les ressources des particuliers sont au pouvoir des garnisons ennemies, les sujets doivent au vainqueur la contribution qu'il exige pour les protéger. Puis donc qu'une contribution de ce genre, « en tant qu'on ne s'y peut refuser, est partout tenue pour légitime (malgré qu'elle constitue une assistance à l'ennemi), une soumission totale, laquelle aussi ne consiste qu'en une assistance à l'ennemi, ne saurait être réputée illégitime. » Le devoir des soldats est, à vrai dire, plus étroit, et leur obligation envers le souverain persiste, en dépit de ses désastres, aussi longtemps qu'il tient la campagne et qu'il leur fournit les vivres. Ces conditions ne sont-elles plus satisfaites, le soldat, à son tour, devient libre « de chercher sa protection où il a le meilleur espoir de l'obtenir, et il peut légitimement se donner un autre maître. »

De telles restrictions n'ont rien de bien héroïque. Mais il faut avouer qu'elles cadrent à souhait avec le système. La souveraineté n'ayant de raison d'être que la sauvegarde de ceux qui l'instituèrent, du jour où éclate son impuissance à leur assurer protection, les contractants retombent dans l'anarchie naturelle, à moins de se lier par de nouveaux serments envers d'autres chefs, capables de les sauver. C'est la conclusion logique de cette morale de fer, assise sur la défiance ; morale dans laquelle tout désintéressement, toute abnégation n'est que le vernis léger de l'égoïste appétit (1). Le chef de l'État hobbien n'est pas, comme en d'autres doctrines, une incarnation sacrée de la majesté divine, tenant directement de l'auteur des choses sa dignité. Il est un dieu, oui, mais fait de la main des hommes, et qui se brise sitôt que cette main se retire. Ce n'est nullement par une idolâtrie de sa personne que ses semblables selon la nature se donnèrent le mot pour

(1) Cette impuissance finale du système politique de Hobbes à enserrer dans des mailles définitives le vouloir individuel a été fortement opposée par M. Renouvier au grand déductif anglais. (V. Renouvier, *Classification systématique des doctrines philosophiques*, 2ᵉ partie, 5ᵉ opposition : Le Bonheur et le Devoir.)

l'élever si haut au-dessus de leurs têtes. C'était afin de goûter, à l'abri de sa force, les bienfaits d'une paix indéfinie. Que cette force tombe, le dieu factice s'écroule, et ses adorateurs d'un jour n'ont plus qu'à s'en façonner un autre. En vain nous a-t-on dit que le détenteur du pouvoir suprême était exempt de toute obligation. Si fait, cependant, il existe une loi qu'il ne doit pas enfreindre, la seule qui entraine pour lui une sanction civile : la loi qui lui commande d'être toujours heureux. Que les mauvais jours se lèvent pour lui, ses droits s'ébranlent ; que l'adversité l'accable, son empire est à bas. Le triste vers

Tempora si fuerint nubila, solus eris

n'est pas seulement la plainte des sages, c'est la leçon des gouvernements et la moralité de la politique.

CONCLUSION

Après la construction de sa cité géante, Hobbes dut se reposer dans la contemplation d'une œuvre qui donnait à toute sa philosophie un superbe achèvement. Mener à bien ce couronnement avait été sa tâche de prédilection, abordée dès la première heure, poursuivie sans nulle relâche. Il avait tenu cette gageure architecturale de terminer la coupole, avant que ne fussent jetés les fondements de l'édifice (1). Mais ces singularités n'affectèrent que l'ordre même de l'exécution. Dès le principe, la doctrine, en son tout, était arrêtée dans l'esprit de l'auteur. Une fois complétée, elle n'a plus rien retenu des passagères incohérences de sa composition, et elle se déploie à nos yeux dans sa fière unité.

La politique du *Léviathan* ne forme pas, en effet, un tout qui se suffise. Elle ne se pourrait retrancher du sys-

---

(1) On a vu, ailleurs, les raisons contingentes qui motivèrent cet intervertissement. Une lettre de Hobbes à son traducteur et ami Sorbière, lettre que l'on peut lire dans le beau manuscrit de la Bibliothèque Nationale où est transcrit une part considérable de la correspondance savante de Sorbière, nous apprendrait, si nous l'ignorions, que l'auteur du *De Cive* était le premier à se reprocher cette dérogation au plan de son entreprise, qu'il s'en excusait un peu sur sa « paresse », beaucoup sur son désir de porter les deux parties encore absentes des *Elementa*, au degré de perfection de celle qu'il avait menée à terme. « *Quod in Elementorum meorum sectione prima,* écrit-il en juin 1846, *tamdiu versor, partim quidem causa est pigritia, sed maxime quod in sensibus meis explicandis non facile placeo mihimet ipsi. Nam quod in doctrina morali fecisse me spero, id quoque in Philosophia prima et in Physica facere studeo ne locus relictus sit contrascriptoris. Attamen de ea absolvenda intra annum venientem, modo vivam et valeam, minime dubito.* (*Epistolæ Samuelis Sorbière, etc. Parisiis, 1673.* Bibl. Nat., mss. 10,352. Suppl. lat. 63.)

tème qu'elle termine, que par une mutilation qui la rendrait elle-même mal intelligible. A son intime connexion avec la doctrine générale des *Éléments* elle doit les deux principaux traits qui lui donnent sa physionomie et dont l'un caractérise sa nature, l'autre sa forme et sa méthode.

I. — Et d'abord cette philosophie de l'État nous apparaît comme radicalement matérialiste, au sens familier de ce mot. Nul idéal ne la domine; une inspiration l'anime à un degré que peu d'utilitaires ont connu. Le gouvernement civil y est compris à la manière d'un contrat d'assurance, garantissant aux souscripteurs, jusqu'alors anxieux du lendemain, la possession de ces biens tangibles : sécurité des vies, propriété des richesses acquises, faculté d'aller, de venir, de trafiquer, d'agir à sa guise, dans les limites que le pacte a marquées. En un sens, le *De Cive* et le *Léviathan* ont touché juste. Ces garanties indispensables, bases de toutes les autres, les institutions sociales sont, avant toutes choses, tenues de les procurer. Mais où l'auteur de ces chefs-d'œuvre s'abuse, c'est quand il se persuade que, pour atteindre une telle fin, tous les moyens soient bons qui paraissent expéditifs et que, quel que soit l'itinéraire, il faut le suivre, s'il mène sûrement au but. C'est ainsi qu'à des biens nécessaires, d'une nécessité immédiate, nous en convenons, il en vient à sacrifier sans regrets d'autres biens, au défaut desquels la vie ne vaudrait pas qu'on la vécût. La liberté d'apprendre et de comprendre, le droit de croire, celui de faire passer dans nos paroles et nos actes notre foi, sont laissés, avec les autres pouvoirs que nous tenions de la nature, à la merci de qui gouverne. Il faudra penser par son ordre; tenir pour vrai, pour juste, pour sacré même, ce qu'il aura jugé convenable que nous professions tel. Ce n'est plus seulement de nos bras et de nos volontés que nous le rendons maître, c'est aussi de nos intelligences et de nos cœurs. Nous dépouillons ce qui fait notre dignité d'hommes, ce qui prête à notre existence terrestre le prix qu'elle vaut. Et pourquoi? Parce que, sans cette abdication, le chef de l'État n'aurait plus toutes facilités de remplir sa mission, qu'il ne nous protègerait plus aussi infailliblement contre les agressions soit du dedans, soit du dehors, qu'enfin il ne pourrait plus absolument répondre de nos existences et de nos fortunes. Qu'est-ce à dire, sinon que, pour mettre nos vies en sûreté, nous devons renoncer d'abord aux raisons que nous avons de vivre ?

En second lieu, cette construction politique a été dessinée sur les mêmes plans d'une inexorable géométrie auxquels s'étaient conformées la physique et la psychologie des *Éléments*. Le mécanisme du *De Corpore* et du *De Homine* ne s'est en rien démenti, dans le *De Cive* et le *Léviathan*. Ce mouvement, que nous avons suivi dès son apparition, lorsque, émanant d'un lointain indéfini, il ébranlait en nous l'appareil psycho-sensoriel, y déterminait la sensation, la connaissance, la passion et enfin ce dénouement de la fuite ou de l'appétit : la volonté, n'est-ce pas encore lui qui se prolonge et retentit dans l'organisme plus complexe qu'est l'homme citoyen ? Morale et politique concourent, selon notre auteur, à discipliner, par la crainte, ce vouloir dont toutes les aspirations visent à la conservation de soi, à la paisible satisfaction des tendances naturelles, à l'exemption de toute douleur présente comme de toute souffrance à venir. L'*Animal politique*, ouvrage de la civilisation, ne diffère essentiellement pas de l'être affectif et sensationnel, produit de la nature. De celui-ci à celui-là, la transition est insensible, et à cette continuité la politique doit de posséder mieux qu'une valeur théorique, d'exercer une influence efficace et déterminante. L'homme civil n'étant plus qu'une manière d'automate mû par des tendances relativement simples, il suffira, pour le manier, de connaître et de faire jouer convenablement ses ressorts. Ou, si l'on préfère, il est un pur mobile dont la vitesse comme la direction sont données et la loi civile est maîtresse d'infléchir cette direction, de ralentir ou d'accélérer cette vitesse. Le déterminisme que la volonté subit est pour le législateur un gage de succès.

Ici, également, Hobbes s'est jeté dans un extrême, et l'outrance de sa méthode l'a entraîné à défigurer l'être qu'il s'efforçait de comprendre. C'est le grand danger auquel expose cette forme de raisonner s'appliquant à des objets qui ne sont plus, comme en géométrie, les conditions les plus générales de l'existence dans l'étendue. A traiter ainsi mathématiquement d'objets non mathématiques, on aboutit à des conclusions impeccables, mais qui ne valent peut-être que pour des ombres.

II. — Soyons justes, toutefois. Cette mathématique humaine réussit à miracle et rend admirablement compte de la marche que suivent les événements sociaux et politiques, en certains moments solennels où l'État n'est et ne doit plus être qu'un cœur, une âme, une pensée tendue vers un unique objet. Alors la déduction du *De Cive* triomphe et serre d'étonnamment près la réalité. C'est quand un peuple est menacé soit par l'invasion étrangère, soit par une faction civile. En de telles heures, les dictatures s'élèvent, le pouvoir souverain, quelque forme qu'il affecte, réunit vraiment tous les droits dont peut disposer une autorité terrestre. Les citoyens ne composent désormais qu'une volonté, confondue avec celle du suprême chef. A de tels moments, tous les autres désirs, préoccupations, impatiences, qui, en des temps ordinaires, meuvent si diversement les hommes, pâlissent et s'effacent devant une seule anxiété : l'État sauvera-t-il son indépendance et, du même coup, la vie et la fortune des citoyens ? C'est ainsi qu'en la Convention nationale s'incarna la France, alors que la coalition européenne marchait contre la Révolution. De menacé qu'il était, l'État prend-il une offensive téméraire pour imposer aux nations sa loi, il arrive que la même cohésion s'impose : tel est le cas des grands empires militaires; ainsi, celui de Napoléon. Si même, laissant là batailles et conquêtes, l'État médite quelque refonte sociale de nature à renouveler un peuple jusqu'en ses profondeurs, on conçoit qu'il s'arroge, pour y réussir, les mêmes absolus pouvoirs : sans quoi, la résistance d'un petit nombre réduirait à l'impuissance les intentions des réformateurs.

Hors ces crises exceptionnelles qui peuvent, certes, marquer des dates mémorables dans l'histoire d'une nation, mais ne sauraient, sous peine de ruine, se changer en sa condition normale, comme une telle politique est opprimante ! On étouffe dans cette cité. La notion de progrès n'y a plus de signification. Du premier coup, pour peu que le souverain sache aller jusqu'à la limite de ses prérogatives, la perfection politique est pour jamais obtenue. L'expérience des siècles n'ajoutera guère au catéchisme civique, car il tient tout en ce mot : obéir. Les assemblages humains ne diffèrent plus de ces républiques de fourmis ou de ces monarchies d'abeilles dont le moraliste du *De Cive* avait pris à tâche de les distinguer. L'effacement des individualités est, de part et d'autre, le même. L'instinct de ces animaux n'est qu'une raison silencieuse, comme notre raison à nous-mêmes un instinct babillard.

L'état de siège à perpétuité, telle serait la condition la plus enviable que pût rêver pour elle-même l'humanité policée. Plus une nation offrirait l'image d'une armée en campagne, où des règles de fer maintiennent une alerte incessante, plus la faudrait-il estimer prospère. Une pareille conception de la vie civile pèche, avouons-le, par son excès même d'énergie ; elle nous effraye par sa désolante rigidité. Mais ne nous y trompons pas : les objections si graves auxquelles prête la philosophie sociale de Hobbes mettent en cause l'éthique qui lui sert de fondement. La politique est une morale en acte ; or, la théorie des devoirs formulée dans les *Éléments* comme dans le *Léviathan* se résume en la thèse que déjà Platon faisait plaider à Calliclès et à Thrasymaque : devant le plus fort, le plus faible n'a qu'à s'incliner. Que si cette morale nous apparaît comme un peu courte, n'en faut-il pas accuser l'étroitesse de la doctrine psychologique qu'elle traduit, doctrine incisive et attristante, d'où tout élément altruiste est banni, d'où toute trace de liberté est absente, où chaque démarche de l'esprit aussi bien que chaque aspiration du cœur ne consiste qu'en un prolongement de l'invincible appétit? Enfin, cette psychologie, à son tour, ne pouvait être différente de ce que nous l'avons vue. Plus libérale, elle eût démenti la philosophie première dont elle procède et qui est née toute, il nous en souvient, d'un double fantôme : celui d'espace et de mouvement.

III.—D'autres analystes de la nature humaine ont poussé plus avant leur examen des principes. Au lieu de s'arrêter à l'idée d'étendue, comme à la seule génératrice de l'être et de la science, il en est qui ont mis en regard une idée supérieure, par l'intuition immédiate de laquelle l'esprit déjoue les ruses du scepticisme et entre en possession de la vérité sur laquelle se modèlera toute certitude : nous voulons dire l'idée même de la pensée, consciente d'elle et de ses objets. — Il en est aussi qui ont dépassé ce point de vue encore et demandé à l'unité le point de départ de leurs synthèses. Il leur a paru que l'étendue, indéfiniment et en tous les sens sillonnée par le mouvement, ne saurait à aucun titre passer pour un *primum quid*, simple et irrésoluble. Ils l'ont donc résorbée, les uns dans le concept d'ordre, de l'ordre suivant lequel coexisteraient les objets de la pensée, spirituels eux-mêmes, bien que parvenus à des degrés inégaux de perception de soi; les autres, dans la notion de forme esthétique à priori, en laquelle devraient s'épandre ces impressions qui émanent d'un dehors inconnaissable et dont la mise en œuvre par notre pure raison est la condition de notre science, mieux encore, la vie même de notre esprit. La première thèse est celle du dualisme classique; la seconde, celle ou de l'absolu spiritualisme ou de l'idéalisme transcendantal.

Nulle de ces positions n'a été adoptée par le philosophe des *Elementa*. Il n'a pas porté son investigation, si fine et si savante, par delà la sphère du spatial. Dans le mouvement, il a voulu voir le primitif par excellence. C'est dire que sa construction était d'avance inféodée au matérialisme. Mais, d'autre part, la déduction à priori étant à ses yeux la bonne méthode, la seule, en tous cas, dont il se fît une loi d'user, il devait arriver que ce matérialisme tout abstrait se déployât suivant le mode et présentât le décor d'une philosophie des idées pures. Par là, nous expliquerons-nous deux choses : la situation éminente et solitaire qu'il occupe dans l'histoire philosophique de son pays et l'influence partagée qu'il exerça sur les générations suivantes. Il est le métaphysicien de la moderne Angleterre; il en est presque le seul. Nous n'excepterions même pas Berkeley, dont l'immatérialisme exquis est, en fin de compte, le fruit d'une psychologie de la sensation. Mais, en même temps, l'inévitable équivoque qui plane sur le Hobbisme nous rend moins surprenantes les admirations si vives qu'il excita dans des camps opposés. On serait vraiment tenté de croire qu'en ce penseur hors de pair, il y ait eu lutte entre une inspiration individuelle puissamment ontologiste et l'action d'un milieu intellectuel, éminemment empiriste. Le dénouement du conflit aura été l'érection de ce système original et ambigu, qui, selon qu'on le considère sous tel ou tel angle, apparaît comme un monument élevé en l'honneur de la raison ou n'est plus qu'un trophée à la gloire de l'expérience. Aussi voyons-nous qu'en son siècle même, Hobbes était invoqué à la défense d'intérêts contradictoires. Les uns dénonçaient sa philosophie prétendue religieuse comme le bréviaire de l'athéisme (1); d'autres, en bien moindre nombre, il est vrai, y prétendaient découvrir le rempart de la foi en Dieu (2). Leibniz le proclama l'un des princes de l'âge

---

(1) C'est le cas, entre tant d'exemples que nous pourrions citer, pour le pamphlet d'Adam Rechenberg : *Thomæ Hobbesii* Εὕρημα (Leipzig, 1674) où l'auteur du *Léviathan* est entrepris sur sa théorie des conditions nécessaires au salut, théorie qui serait grosse d'un « athéisme syncrétiste ».

(2) Ce cas inverse, de beaucoup plus rare, se produit avec l'*Epistolica Dissertatio de principiis justi et decori*. (Amsterdam, 1651). L'auteur, si nous nous en rapportons à une ancienne note

philosophique nouveau ; mais, bien avant cet hommage, Spinoza avait fait mieux qu'admirer le moraliste du *De Cive* ; il l'avait consulté, imité même et en avait adapté à son propre monisme la sociologie (1). Un siècle plus tard, en quels rangs se rencontreront ses plus ardents apologistes ? Chez les chefs de la libre pensée et parmi l'extrême gauche de l'Encyclopédie : les Diderot et les d'Holbach. De nos jours, le nom de Hobbes est plus célèbre que ses écrits ne sont recherchés. Les métaphysiciens trouvent peu d'attrait à une doctrine dont la forme intellectualiste leur ménage une déception si vive ; les disciples de l'expérience ont en trop parfait dédain les méthodes à priori pour passer condamnation sur l'emploi exclusif que le maître anglais en a fait, en faveur du matérialisme d'où il part et de l'utilitarisme où il aboutit. En vain leur représenterait-on, à son excuse, que, s'il a raisonné en pur géomètre, son sens merveilleux de la réalité l'a conduit à retracer le processus moral et sociologique des institutions humaines, à peu de chose près suivant le plan même que leurs inductions ont fait adopter aux psychologues de l'évolution. Ces derniers verront toujours une entité d'ontologiste dans cette intelligence anonyme qui anime, soutient, dirige, discipline, organise les membres de la Cité Hobbienne, alors que, selon eux, les fondations politiques même les plus compliquées ne sont qu'un tardif effet, physiquement réalisé, mais non pas à priori nécessaire, de l'universelle loi qui a de plus en plus fait passer le réel, d'une homogénéité indistincte à une hétérogénéité harmonieuse, condition de tout progrès pour la nature comme pour l'humanité.

---

manuscrite, serait Lambertino Velthuysen.) Cet opuscule justifie, du point de vue de l'orthoxie, les doctrines religieuses du *De Cive*.

(1) La dette de Spinoza envers Hobbes a été fort bien mise en lumière par M. Paul Janet dans son *Histoire de la Philosophie morale* (l. IV., ch. ı, 1858). Il ne faut toutefois rien grossir et Diderot tombe dans une erreur manifeste lorsqu'il déclare que le Dieu de Hobbes « diffère peu de celui de Spinoza. » (*Encyclopédie*, art. *Hobbisme*.)

En dépit des malentendus qu'elle soulève, Hobbes a laissé une œuvre digne de ne point périr. Sans parler de l'intérêt historique qui s'y attache et des beautés qui y brillent, elle mérite par elle-même de retenir longtemps l'attention du lecteur moderne. Rarement écrivain aura réuni à ce point des perfections aussi diverses. On apprendra beaucoup à consulter un tel guide dont les fautes elles-mêmes sont fertiles en enseignements. Au logicien l'on demandera des leçons de rigueur, au psychologue d'incomparables observations sur la nature humaine, à l'écrivain politique ses vues profondes sur la genèse et la décadence des États, au philosophe tout entier la clé de sa dialectique une, continue, serrée, qui va droit devant elle, sans égard aux préventions probables, aux scandales possibles. La science pure aura été l'objet de son culte jaloux. Lors même qu'il se trompa, ce fut pour l'avoir trop aimée. Cette passion de comprendre nous livre le secret du charme que le système exerce ainsi que de l'echec réservé à ses conclusions. On se laisse, d'abord, captiver au spectacle de cette intelligence intrépide qui proscrit de partout la contingence et porte son égale lumière même aux régions défendues. Puis, à la longue, on se reprend; le sens de l'individuel proteste en nous contre cette fureur d'analyse; la réflexion nous détrompe et enfin se dévoile à nos yeux l'erreur maîtresse qui égara ce beau génie. Qu'importe que son système des êtres soit l'œuvre jalouse de la pensée? Cette pensée demeure, pour nous, un abstrait, qui, par une dérivation sur laquelle planent d'épaisses ténèbres, est émané de cet autre abstrait, plus insaisissable encore : l'éternel et infini mouvement. La philosophie de Hobbes nous plonge en un désert, où il n'y a place ni pour l'amour ni pour l'action. Le monde, qu'elle a recomposé, est peuplé par les choses; l'âme s'en est retirée.

FIN

TABLE DES MATIÈRES

	Pages
CHAPITRE PREMIER. — La vie et l'œuvre.	1
CHAPITRE II. — Controverse métaphysique avec Descartes	28
CHAPITRE III. — Nominalisme. Méthode	38
CHAPITRE IV. — Philosophie première. Déduction des concepts fondamentaux.	54
CHAPITRE V. — Principe causal et universelle nécessité. Problème de la réalité objective. Fondements d'une théologie. Théorie de l'inconnaissable.	68
CHAPITRE VI. — Psychologie. Perception et conception. Imagination et association des idées. Raison et science.	92
CHAPITRE VII. — Psychologie (suite). Sensibilité affective. Théorie des passions.	110
CHAPITRE VIII. — Psychologie (fin). La volonté	132
CHAPITRE IX. — Morale.	148
CHAPITRE X. — État. Politique	168
CONCLUSION	212

A LA MÊME LIBRAIRIE

AUTRE OUVRAGE DE M. GEORGES LYON

L'Idéalisme anglais au XVIIIᵉ siècle

1 vol. in-8 de la *Bibliothèque de philosophie contemporaine* : 7 fr. 50

Étudier, dans ses origines françaises, faire suivre par delà le détroit, en ses avatars successifs, la grande hypothèse scientifique que Berkeley a portée à sa perfection et qui, de nos jours, a eu John Stuart Mill pour son plus subtil interprète : tel a été le dessein de l'auteur. Très frappé de l'influence énorme qu'exercèrent sur la pensée anglaise les spéculations de Descartes et de Malebranche, M. Georges Lyon a eu la bonne fortune de mettre la main sur des œuvres de premier ordre, à peu près ignorées en France, à peine mieux connues en Angleterre, et que ces spéculations ont inspirées. L'*Essai sur la Raison*, de Burthogge ; la *Théorie du Monde idéal*, de Norris ; la *Clef universelle*, de Collier ; les *Éléments*, de Johnson, édités par le grand Franklin ; l'*Esprit*, de J. Edwards : tels sont les principaux de ces livres, qui forment autant d'anneaux de la chaîne idéaliste, dont nous tenons avec Descartes le premier et avec Hume le dernier chaînon.

LIBRAIRIE FÉLIX ALCAN

AUTRES OUVRAGES

SUR LA PHILOSOPHIE ANGLAISE

BACON. **Étude sur François Bacon**, par M. J. Barthélemy-Saint-Hilaire (de l'Institut). 1 vol. in-18. . . . . 2.50
— **Philosophie de François Bacon**, par M. Ch. Adam (Ouvrage couronné par l'Institut). 1 vol. in-8. . . 7.50
CARLYLE. **L'Idéalisme anglais**, étude sur Carlyle, par H. Taine (de l'Académie française). 1 vol. in-18. . . . . . . 2.50
DARWIN. **Descendance et Darwinisme**, par Oscar Schmidt. 1 vol. in-8, cart. 5e édit. . . . . 6 »
— **Le Darwinisme**, par E. de Hartmann. 1 v. in-18. 2.50
HERBERT-SPENCER. **La Philosophie de Herbert Spencer**, par Howard Collins, avec préface de M. Herbert-Spencer. 1 vol. in-8. . . . . 10 »
HAMILTON. **La Philosophie de Hamilton**, par J. Stuart Mill. 1 vol. in-8. . . . . 10 »
HUME. **Sa vie et sa philosophie**, par Th. Huxley, trad. de l'angl. par G. Compayré. 1 vol. in-8. . . . . 5 »
LOCKE. **J. Locke, sa vie, son œuvre**, par M. Marion. 1 vol. in-8 . . . . 2.50
RUSKIN (John). **L'Esthétique anglaise**, étude sur J. Ruskin, par Milsand. 1 vol. in-18. . . . . 2.50
STUART MILL. **La Philosophie de Stuart Mill**, par H. Lauret, 1 vol. in-8 . . . . 6 »

CARRAU (L.). **La Philosophie religieuse en Angleterre**, depuis Locke jusqu'à nos jours. 1 vol. in-8 . . . . . . 5 »
FERRI (Louis). **La Psychologie de l'association**, depuis Hobbes jusqu'à nos jours. 1 vol. in-8 . . . . 7.50
GOBLET D'ALVIELLA. **L'Évolution religieuse** chez les Anglais, les Américains, les Hindous, etc. 1 vol. in-8. . . . . 7.50
GUYAU. **La Morale anglaise contemporaine**. 1 vol. in-8, 2e édit. 7.50
LIARD. **Les Logiciens anglais contemporains**. 1 vol. in-18, 2e édit. 2.50
LYON (G.). **L'Idéalisme en Angleterre au XVIIIe siècle**. 1 vol. in-8. . . . . 7.50
RIBOT (Th.). **La Psychologie anglaise contemporaine**. 3e édit. 1 vol. in-8. . . . . 7.50

TOURS. — IMP. E. ARRAULT ET Cie, 6, RUE DE LA PRÉFECTURE.

www.ingramcontent.com/pod-product-compliance
Lightning Source LLC
Chambersburg PA
CBHW051907160426
43198CB00012B/1790